古典文獻研究輯刊

十五編

潘美月・杜潔祥 主編

第 16 冊

明代八股文編年史（第二冊）

陳文新／王同舟 著

國家圖書館出版品預行編目資料

明代八股文編年史（第二冊）／陳文新／王同舟　著 — 初版
— 新北市：花木蘭文化出版社，2012〔民 101〕
目 8+242 面；19×26 公分
（古典文獻研究輯刊 十五編；第 16 冊）
ISBN：978-986-254-999-5（精裝）
1. 八股文　2. 編年史　3. 明代
011.08　　　　　　　　　　　　　　　101015067

ISBN-978-986-254-999-5

9 789862 549995

古典文獻研究輯刊
十五編　第十六冊　　　　　　ISBN：978-986-254-999-5

明代八股文編年史（第二冊）

作　　　者	陳文新／王同舟
主　　　編	潘美月　杜潔祥
總 編 輯	杜潔祥
企劃出版	北京大學文化資源研究中心
出　　　版	花木蘭文化出版社
發 行 所	花木蘭文化出版社
發 行 人	高小娟
聯絡地址	新北市永和區中正路五九五號七樓
	電話：02-2923-1455 ／傳真：02-2923-1452
網　　　址	http://www.huamulan.tw 信箱 sut81518@gmail.com
印　　　刷	普羅文化出版廣告事業
初　　　版	2012 年 9 月
定　　　價	十五編 26 冊（精裝）新台幣 42,000 元

明代八股文編年史（第二冊）

陳文新／王同舟　著

目

次

明憲宗成化十六年庚子（西元 1480 年）

八　月

兩京及河南、山東、陝西、山西、浙江、湖廣、江西、福建、廣東、廣西、四川、雲南等十二布政司鄉試；貴州士子附雲南鄉試。

浙江鄉試，王陽明之父王華中舉。

查繼佐《罪惟錄》志卷十八《科舉志》：「（成化）十六年，浙江鄉榜初以王華爲首，監試以華白衣，置之，而首李旻。後兩皆狀元，華，辛丑；旻，甲辰。」張萱《西園聞見錄》卷四十四《禮部》三《科場・往行》：「成化庚子浙江鄉試。時楊中丞繼宗以按察使爲監試官，得二上卷，即具服焚香再拜。同事者詰之，答曰：『人臣以得士爲功，二子皆奇才也，他日當大魁天下，吾爲朝廷得人賀耳。』及開卷，乃王華、李旻也。復曰：『儒士王華當作首，但非由學校作養，無以激勸後人。』因以李旻爲首。後王華中辛丑狀元，李旻亦中甲辰狀元，眾咸服其知人。」

浙江鄉試，李旻以《易經》發解。

李調元《制義科瑣記》卷二《五色鳥》：「錢塘李了陽旻，少有文名。成化庚子秋試，八月二日與同輩入學，晨參，忽五色一鳥飛入明倫堂，盤旋不去。諸生喧縱聚觀，竟棲止於梁間二日，眾以爲文明之兆。子陽爲詩慶之，曰：『文采翩翩世所稀，講堂飛止正相宜。定因覽德來千仞，不但希恩借一枝。羨爾能知鴻鵠意，催人同上鳳凰池。解元魁選皆常事，更向天池作羽儀。』是歲，果以《易經》發解。」

明憲宗成化十七年辛丑（西元 1481 年）

正　月

《詩經》《尚書》二經，各增會試同考官一員。

《明憲宗實錄》卷二百十一：成化十七年春正月，「癸巳，禮部言：二月初九日會試天下舉人，合用同考試官。舊例，《易》《春秋》《禮記》三經各二員，《書》《詩》二經各三員。緣今《書》《詩》二經試卷加多，乞每經各增一員。上曰：『科舉取士，務在得人。使鑒別不精，寧免其無濫進者乎？今《詩》《書》卷比前科加多，而額數有限，可每經增同考試官一人，庶得詳於校閱，而人才無遺也。』」

二　月

辛亥，命太常卿兼學士徐溥、少詹事兼學士王獻為會試考官，取中趙寬等三百人。（據《館閣漫錄》卷六《成化十七年》）

《明憲宗實錄》卷二百十二：成化十七年二月，「庚午，禮部引會試中式舉人趙寬等三百人陛見。」

本科會試題。

本科會試題有《論語》「出門如見大賓，使民如承大祭」；《中庸》「執其兩端，用其中於民，其斯所以為舜乎」；《孟子》「君子之所為，眾人固不識也」。

會元趙寬出吳寬門下。《欽定四書文》化治文卷三錄趙寬墨卷《論語》「出門如見大賓」二句題文。

李調元《制義科瑣記》卷二《同鄉》：「成化十七年辛丑，吳寬作房官，會元趙寬出其門。趙，吳江人，論者頗以同鄉為嫌。吳乃集鄉人開宴，命趙作《玉延亭賦》，援筆而成，時論乃息。」趙寬《論語》「出門如見大賓」二句題文：「聖人教賢者以為仁，隨在而致其敬也。夫敬者，德之聚也。出門、使民而皆懋敬焉，仁其有不存乎？夫子答仲弓曰：天下之道莫大於仁，而求仁之學必先於敬。子欲為仁，可不先主敬乎？彼時而出門，其地若易忽也，而此心之奉以步趨者，則如大賓之見而寅畏以作其所焉。素履而往，非以明交際也，而恍乎七介以相通；鳴佩而趨，非以致尊讓也，而儼乎五贄以相與。蓋視天下無不可敬之地，而不越乎家庭行止之常，若接乎冠裳佩玉之士矣。以此存心，而吾心之真宰有常主也，奚嘗失之馳驅耶？時而使民，其人若易狎也，而此心之奉以周旋者，則如大祭之承而欽翼以致其齊焉。恭己臨民，非以郊天神也，而顯然駿奔於有事；昭德范眾，非以享人鬼也，而肅然奏格於無

言。蓋視天下無不可敬之人，而不出於匹夫匹婦之間，如登於清廟明堂之上矣。以此存心，而吾心之神明其常定也，奚嘗失之戲豫耶？吁！出門而敬，則未出門之時可知矣；使民而敬，則未使民之時可知矣。敬無往而不存，斯仁無往而不在。雍也勉乎哉！」評謂：「出門、使民，乃持己實下工夫處。兩『如』字亦必用實貼，然後見其為敬之至也。後人約略寫大意，直似易以他語亦得，則仲弓『請事』者安據耶？雅澹深密，經學熟而傳注明，斯其有精理秀氣。」

三 月

王華、黃珣、張天瑞等二百九十八人進士及第、出身有差。是科未考選庶吉士。

《明憲宗實錄》卷二百十三：成化十七年三月，「戊子，上御奉天殿，親策舉人趙寬等二百九十八人」，「辛卯，上親閱舉人所對策，賜王華等二百九十八人進士及第，出身有差」。《館閣漫錄》卷六《成化十七年》：「三月乙亥朔。庚辰，命禮部左侍郎兼學士徐溥仍為講官。戊子，命太子太保、吏部尚書兼謹身殿大學士萬安，太子少保、戶部尚書兼文淵閣大學士劉珝，太子少保、禮部尚書兼文淵閣大學士劉吉，太子太保、吏部尚書尹旻，太子太保、威寧伯兼都察院左都御史王越，戶部尚書翁世資，掌鴻臚寺事、禮部尚書施純，兵部尚書陳鉞，太子少保、刑部尚書林聰，工部尚書劉昭、通政使何琮、大理卿宋旻、詹事府詹事彭華為殿試讀卷官。戊戌，授第一甲進士王華為修撰，黃珣、張天瑞編修。」據《成化十七年進士登科錄·玉音》：「成化十七年三月十三日，禮部尚書臣周洪謨等於□□□奏為科舉事，會試天下舉人，取中二百九十八名。本年三月十五日殿試，□□□□官太子太保吏部尚書兼謹身殿大學士萬安等五十二員。其進士出身等第，恭依太祖高皇帝欽定資格，第一甲例取三名，第一名從六品，第二第三名正七品，賜進士及第。第二甲從七品，賜進士出身。第三甲正八品，賜同進士出身。奉聖旨：是，欽此。讀卷官：資政大夫太子太保吏部尚書兼謹身殿大學士萬安，戊辰進士；資政大夫太子少保戶部尚書兼文淵閣大學士劉珝，戊辰進士；資政大夫太子少保禮部尚書兼文淵閣大學士劉吉，戊辰進士；榮祿大夫太子太保吏部尚書尹旻，戊辰進士；奉天翊衛推誠宣力守正文臣特進光祿大夫柱國太子太保威寧伯兼都察院左都御史王越，庚未進士；資政大夫戶部尚書翁世資，壬戌進士；資善大夫掌鴻臚寺事禮部尚書施純，丙戌進士；資善大夫兵部尚書陳鉞，丁丑

進士；資德大夫正治上卿太子少保刑部尚書林聰，己未進士；資善大夫工部尚書劉昭，辛未進士；嘉議大夫通政使司通政使何琮，甲戌進士。嘉議大夫資治尹大理寺卿宋旻，辛未進士；嘉議大夫詹事府詹事彭華，甲戌進士；禮部尚書周洪謨，乙丑進士；嘉議大夫禮部左侍郎徐溥，甲戌進士；嘉議大夫禮部右侍郎謝一夔，庚辰進士。監試官：文林郎山東道監察御史許進，丙戌進士；文林郎福建道監察御史黃傑，丙戌進士。受卷官：翰林院侍講焦芳，甲申進士；翰林院修撰陸釴，甲申進士；吏科都給事中董□，丙戌進士；戶科都給事中劉昂，己丑進士。彌封官：翰林院修撰儒林郎吳希賢，甲申進士；翰林院編修文林郎楊守阯，戊戌進士；嘉議大夫太常寺卿林章，儒士；中大夫光祿寺卿艾福，庚辰進士；嘉議大夫太常寺少卿兼司經局正字謝宇，監生；□□大夫尚寶司少卿李璋，儒士；□□郎禮科都給事中成寶，丙戌進士；□□郎兵科都給事中吳原，甲申進士。掌卷官：左春坊左中允周經，庚辰進士；翰林院編修文林郎李仁傑，壬辰進士；承事郎刑科都給事中王垣，己丑進士；文林郎工科都給事中張鐸，甲申進士。巡綽官：昭勇將軍錦衣衛指揮使朱驥；懷遠將軍錦衣衛指揮同知陳璽；懷遠將軍錦衣衛指揮同知趙璟；懷遠將軍錦衣衛指揮同知劉綱；懷遠將軍錦衣衛指揮同知孫瓚；懷遠將軍錦衣衛署指揮同知劉良；明威將軍金吾前衛指揮僉事高璽；懷遠將軍金吾後衛指揮同知徐能。印卷官：奉政大夫禮部儀制清吏司郎中趙繕，庚辰進士；奉訓大夫禮部儀制清吏司員外郎邵新，己丑進士；承德郎禮部儀制清吏司主事劉紳，乙未進士；承直郎禮部儀制清吏司主事閻倫，乙未進士。供給官：奉政大夫光祿寺少卿秦玘，甲戌進士；奉政大夫光祿寺少卿郭良，丁丑進士；將仕佐郎禮部司務王均美，己卯貢士；禮部精膳清吏司署員外郎事主事高敞，壬辰進士；承德郎禮部精膳清吏司主事王傅，乙未進士；承德郎禮部精膳清吏司主事金溥，儒士。」《成化十七年進士登科錄‧恩榮次第》：「成化十七年三月十五日早，諸貢士赴內府殿試，上御奉天殿親賜策問。三月十七日早，文武百官朝服侍班。是日錦衣衛設鹵簿於丹陛丹墀內，上御奉天殿，鴻臚寺官傳制唱名，禮部官捧黃榜，鼓樂導引出長安左門外，張掛畢，順天府官用傘蓋儀從送狀元歸第。三月十八日，賜宴於禮部，宴畢，赴鴻臚寺習儀。三月十九日，賜狀元朝服冠帶及進士寶鈔。三月二十日，狀元率諸進士上表謝恩。三月二十一日，狀元率諸進士詣先師孔子廟行釋菜禮，禮部奏請命工部於國子監立石題名。」查繼佐《罪惟錄》志卷十八《科舉志》：「（成化）十七年辛丑，試貢

士，得趙寬等三百人，賜王華、黃珣、張天瑞等及第、出身有差。華為守仁之父，得贈新建伯。先是，內閣劉珝使其子束西席黃珣：『漢七制、唐三宗、宋遠過漢唐者八事宜知之。』珣露此束案上。頃王華看珣，得束，預構以應試，遂及第第一，黃次之。同榜李旺，係榆林衛軍。」

據《成化十七年進士登科錄》，第一甲三名，賜進士及第。履歷如下：

王華，貫浙江紹興府餘姚縣，民籍，儒士，治《禮記》。字德輝，行二，年三十六，九月二十九日生。曾祖與準。祖傑，國子生。父天敘。母岑氏。具慶下。兄榮。弟兗、冕、儞、戲。娶鄭氏。浙江鄉試第二名，會試第三十三名。

黃珣，貫浙江紹興府餘姚縣，民籍，國子生，治《禮記》。字廷璽，行二，年四十四，十二月十二日生。曾祖子芳。祖文。父廉，京衛知事。母戴氏，繼母韓氏。具慶下。兄琛。弟珍、珮。娶朱氏。浙江鄉試第一名，會試第二百五十九名。

張天瑞，貫山東東昌府清平縣，軍籍，國子生，治《詩經》。字天祥，行一，年三十一，七月二十二日生。曾祖得祿。祖明善。父浩。母韓氏。具慶下。娶王氏。山東鄉試第三名，會試第二十六名。

據《成化十七年進士登科錄》，第二甲九十五名，賜進士出身。第三甲三百名，賜同進士出身。

明憲宗成化十九年癸卯（西元 1483 年）

八 月

兩京及河南、山東、陝西、山西、浙江、湖廣、江西、福建、廣東、廣西、四川、雲南鄉試；貴州士子附雲南鄉試。

明憲宗成化二十年甲辰（西元 1484 年）

二 月

二月戊午朔。丙子，命詹事府詹事兼學士彭華、左春坊左庶子劉健為會試官，取中儲巏等三百人。（據《館閣漫錄》卷六《成化二十年》）

《明憲宗實錄》卷二百四十九：成化二十年二月，「乙酉，禮部引會試中式舉人儲巏等三百人陛見。」查繼佐《罪惟錄》志卷十八《科舉志》：「（成化）二十年甲辰，試貢士，得儲巏等三百人，賜李旻、白鉞、王敕等及第、出身有差。是科，巏及旻、鉞皆由解元，敕試亦第二，稱一時之盛。雜流中式總旗張綸、衛吏王璠。」

本科會試題。

本科會試題有《論語》「人能弘道，非道弘人」；《孟子》「物皆然，心爲甚。王請度之」。

三　月

李旻、白鉞、王敕等三百人進士及第、出身有差。是科未考選庶吉士。

《明憲宗實錄》卷二百五十：「成化二十年三月戊子朔，上御奉天殿親策舉人儲巏等，制曰：『朕聞治道之要有三，曰立賢、責任、求賢。古帝王心法相傳，理欲明辨，建官分職，賢俊畢登，於斯三者，無不至矣。其君臣之間，所以交相儆畏，與其事功之詳，治功之盛，可歷言歟？後世願治之君，孰不以唐虞三代爲法，然究其實，不能無疑。石渠講經，連屏書事，崇儒有論，鑒古有記，立志篤矣，何躬修玄默、質任自然者，治效獨優歟？公卿省寺，兩府臺諫，兼攝有宜，總察有方，責任當矣，何日不暇給，役己利物者，功業獨盛歟？郡國公府，皆得薦士，四科九品，隨材甄擢，舉賢博矣，何杖策相從，躬駕枉顧者，得人獨異歟？之數君者，其所建立施爲，果皆本於儆畏所致，抑亦隨其才力所就而然與？迹其事功治化，視唐虞三代，可能企及否歟？朕嗣守祖宗鴻業，夙夜祗勤，惟恐制治保邦，未盡其道，期於大小庶官，咸稱厥任，窮陬部屋，罔有遺逸，如古帝王熙皞之世，果何修而致是歟？諸生博古通今之學，明習濟時之務，其參酌內外本末，悉心以對，毋徒膠於見聞，而爲故常之論，朕將資以裨治焉。』」「庚寅，上親閱舉人所對策，賜李旻等三百人進士及第、出身有差。」《館閣漫錄》卷六《成化二十年》：「三月戊子朔。丙申，授第一甲進士李旻爲修撰，白鉞、王敕爲編修。」《弇山堂別集》卷八十二：「二十年甲辰，命詹事府詹事兼翰林院學士彭華、左春坊左庶子劉健爲考試官，取中儲巏等。廷試，賜李旻、白鉞、王敕及第。」

據《明清進士題名碑錄索引》，成化二十年甲辰科第一甲三名（李旻、白

鉽、王敕），第二甲九十四名，第三甲二百三名。

李旻狀元及第。

郎瑛《七修類稿》卷四十七：「吾杭史部侍郎李子陽旻，號東崖。少有文名，未第。成化庚子秋試，八月二日李與同輩入學晨參，忽五色一鳥飛入明倫堂，盤旋不去。諸生喧縱聚觀，竟棲止於梁間，凡二日乃去。眾以此殆文明之兆歟？東崖為詩慶之：『文采翮翮世所稀，講堂飛上正相宜。定應覽德來千仞，不但希恩借一枝。羨爾能知鴻鵠志，催人同上鳳凰池。解元魁選皆常事，更向天衢作羽儀。』是歲，東崖果以《易經》發解。明年下第春官。癸卯冬，杭西城人瑣戀堅，以《謁金門》詞餞云：『人鱟著畫船，馬披上錦韉。催赴瓊林宴，塞鴻聲裏暮秋天，綠酒金杯勸。留意方深，離情漸遠，到京師應中選。今秋是解元，來春是狀元，拜舞在金鑾殿。』已而甲辰廷對，果魁天下。一鳥一詞，豈非先兆歟！」《國榷》卷四十：「成化二十年三月戊子朔，廷策貢士儲巏等三百人，賜李旻、白鉽、王敕等進士及第、出身有差。」

楊循吉中進士。其鄉試、會試、殿試名次皆第十八名。

查繼佐《罪惟錄》志十八《科舉志》「科舉盛事・五十四之讖」：「楊循吉未遇，父為禱夢，兆五十四，尋鄉試次十八名，以為不驗。久之會試、殿試皆十八名，合之恰如五十四之數。」

會元儲巏成二甲一名進士。《欽定四書文》化治文卷四錄其墨卷《中庸》「是故君子戒慎乎其所不睹」二句題文。

文謂：「君子之主靜，以道之不可離也。夫道根於人心之至靜者也，苟不知所以存之，斯離道之遠矣。君子之戒懼也，有以哉！子思示人之意，若曰：道原於命而率於性，本無須臾之可離者也，君子欲不離道以為學，何以密存養之功耶？是故心之寂感，雖由乎物交；而心之神明，則發乎耳目。時乎不睹，宜若無事於戒慎矣，君子曰睹而後敬，則能敬於睹之所及，而不能敬於睹之所不及，而真睹忘矣。故視於無形，常若有所謂睹者，非睹之以目也，而實睹之以心。是其目雖未睹也，而吾心之真睹者無不明矣。不睹而敬，則凡睹之之時可知也已，君子之戒慎有如此者。時乎不聞，宜若無事於恐懼矣，君子曰聞而後畏，則能畏於聞之所加，而不能畏於聞之所不加，而真聞喪矣。

故聽於無聲，常若有所謂聞者，非聞之以耳也，而實聞之以心。是其耳雖未聞也，而吾之眞聞者無不聰矣。不聞而畏，則凡聞之之時可知也已，君子之恐懼有如此者。夫君子主靜之功如此，則物交無以引於外，而神明有以宰於中。性於是乎定，命亦於是乎凝矣。孰謂君子之道而有須臾之離哉？」評謂：「每扇有許多轉折，而氣脈渾厚，開闔無痕。」「『不睹、聞』，對『未發之中』。說『戒愼』、『恐懼』，所謂敬以直內，立天下之大本也，用周子『主靜』二字，自屬定解。其該睹、聞處，措詞尤爲細密。」

蔡清成二甲七十三名進士。《欽定四書文》化治文卷二錄其「吾十有五而志於學」一章題文。

文謂：「聖人希天之學，與時偕進也。夫學與天爲一，學之至也。然而有漸也，故與時偕進。聖人且然，況學者乎？若曰：人生之初，渾然天也，少長而趨於物欲，則喪其天。故吾於成童之時，用志不分，以其全力而嚮於學，務求純乎天德而後已。志學，固知所用力矣，猶未得力也，加以十五年之功，三十而壯，則天德爲主而人欲不能奪之矣；立，則固守之也，非固有之也，加以十年之力，四十而強，則心源澄徹而渣滓爲之渾化矣。不惑，固明諸心也，未及一原也，又十年而五十，而義理之所自來、性命之所自出，一以貫之而無遺矣；知天命，固與天通也，或未合一也，又十年而六十，則聲入心通者，若決江河，莫之能禦矣。吾未七十，猶未敢從心也，從之猶未免於踰矩，未與天一也。自六十而又進焉，然後天即我心，我心即天，念念皆天則矣。吁！始而與時偕行，終而與時偕極，聖人之學蓋如此。」評謂：「段段於交會中勘出精意，見得聖人逐漸進學，並非姑爲設教語意。」「文如講義，然此題須體貼聖學功候，非實理融浹於胸中，詎能言之簡當若此？」

《欽定四書文》化治文卷四錄蔡清墨卷《中庸》「天命之謂性」一章題文。

文謂：「《中庸》明道原於天而備於人，必詳言君子體道之事也。夫道原於天而備於人，是故君子之所當體者也。體道之功既至，則位育之化有不成乎？子思子憂道學之失傳而作《中庸》以詔天下也，蓋謂：天下有性焉，有道焉，有教焉，夫人之所知也；而其所以爲性，爲道，爲教者，夫人之所未知也。何謂性？天之所命於人、物者之謂也，外天以言性，非吾之所謂性矣；

何謂道？人、物各循其性之自然者之謂也，外性以言道，非吾之所謂道矣；何謂教？聖人因是道之在人、物者而修之之謂也，外道以言教，非吾之所謂教矣。是則道之大原出於天而不可易，其實體備於己而不可離。使其可離於須臾，是豈所謂率性之道哉？是故君子時雖不睹不聞也，而亦戒懼之常存，不敢離之於靜也；時雖至隱至微也，而亦慎獨之無間，不敢離之於動也。體道之功如此，夫豈外吾心而為之哉？誠以心之喜怒哀樂，情也；其未發，則性也。無所偏倚，則謂之中；及其發皆中節也，無所乖戾則謂之和。是中也，固百為萬事之所從出者也，而離之於靜焉，將何以立天下之大本耶？是和也，固天下古今之所共由者也，而離之於動焉，將何以行天下之達道耶？又必由戒懼而約之以極其中，使大本之益以固；由慎獨而精之以極其和，使達道之行益以廣。將見吾之中即天地之中，雖不期於天地之位也，而一理感通，上下其有不奠位者乎？吾之和即萬物之和，雖不期於萬物之育也，而一氣融貫，萬物其有不咸若者乎？此學問之極功、聖神之能事，初非有待於外，而修道之教亦在其中矣。」評謂：「絲理微密，意味深厚，真學者之文。」「於白文、朱注表裏澄澈，故順題成文，略加虛字點逗於斷續離合間，而神氣流溢、動蕩合節。學者不能得其氣味而倣其形貌，則為淺為率而已矣。」

明憲宗成化二十二年丙午（西元 1486 年）

八 月

兩京及河南、山東、陝西、山西、浙江、湖廣、江西、福建、廣東、廣西、四川、雲南等十二布政司鄉試；貴州士子附雲南鄉試。

應天鄉試，欽承之以《詩經》發解。程敏政《篁墩文集》卷二十六《雙桂堂詩序》：「欽承之舉成化丙午。……丙午之秋，予實奉詔試士南都。承之之文校諸《詩》八百人最優，而不為分考者所賞識。予得之落卷中，驚惜不已，擢魁其經。同寅汪公憮然曰：『非其先人有大積德，不及此！』既啟卷，則欽也，一堂闐然，以為得士。」

十一月

更定會試取士額數：南、北卷各退二卷，為中卷。

《明憲宗實錄》卷二百八十四：成化二十二年十一月，「丙寅，更定會試取士額數。時四川左布政使潘積等言：舊例，會試天下舉人以百名為率，南數取五十五名，北數取三十五名，中數取一十名，未免不均。事下禮部會議，尚書周洪謨等覆奏：請於南北數內各以一名添補中數。有旨，以所議未當，令再議。至是，洪謨等又言：今天下鄉試解額，南數五百四十七名，北數四百二十名，中數一百九十三名。宜酌量俱以十名之上取中一名，仍以百名為率，南數取五十三名，北數取三十三名，中數取一十四名。比之舊數，南北各減二名，中數增多四名，庶取士均平，人心愜服。從之。洪謨與內閣學士萬安俱四川人，故積迎合建言，與議者皆知其非，然以安與洪謨故，皆唯唯順從而已。」《國榷》卷四十：「成化二十二年十一月丙寅，更定會試：取士南數五十三人，北數三十三人，中數十四人。」案，此例僅行於成化二十三年丁未科。弘治二年七月丙子，禮部尚書耿裕等奏准今後會試取士仍照宣德間所定南、北、中之數。

本　年

羅玘輸粟入國學。

《東洲初稿》卷十四《禮部尚書羅文肅公行狀》：「長樂謝公士元守郡，選校學士文高等者優品之，輒《尚書》，以《詩經》卒業。講下不逾歲，而通曲義。然以文格力追古作家，往往逸程度。經五六試科，竟不利。成化乙巳，關中大饑，例得入粟補上舍。季弟景遠挾資代輸，得度支牒，誤書今名『玘』。眾喧議須易之，先生因憶往歲以母病禱大華山，有異夢與王者坐，指其掌，解繡裳授之，於今名義為協。遂承其誤，安之。」《明史・羅玘傳》：「年四十困諸生，輸粟入國學。」（案：關中大饑在成化二十一年，羅玘入國學在成化二十二年。蓋詔佈天下，援例輸粟，非頃刻可辦。）

羅玘領京闈鄉試第一。《欽定四書文》化治文卷四錄其墨卷《中庸》「致中和」一節題文。

《明史・羅玘傳》：「博學，好古文，務為奇奧。年四十困諸生，輸粟入國學。丘濬為祭酒，議南人不得留北監。玘固請不已，濬罵之曰：『若識幾字，倔強乃爾！』玘仰對曰：『惟中秘書未讀耳。』濬姑留之，他日試以文，乃大驚異。成化末，領京闈鄉試第一。明年舉進士，選庶吉士，授編修。益肆力古文。」《欽定四書文》化治文卷四錄其墨卷《中庸》「致中和」一節題文：「君

子盡性情之德，而一體者應之矣。蓋天地萬物本吾一體也，性情之德既盡，而位、育之效有不至乎？且天下之道，統於一心而無遺；而吾人之心，體乎天地萬物而無外。人惟中和未致，始與天地不相似，與萬物不相關耳。君子知中爲道之體也，自戒懼而約之，渾乎天命之性，無一時之不中，則中致，而大本之立益以固；知和爲道之用也，自謹獨而精之，粹乎率性之道，無一處之不和，則和致，而達道之行益以廣。由是吾之心即天地之心，以中感中，而天地之心亦正；吾之氣即天地之氣，以和召和，而天地之氣亦順。呼吸動靜，相爲吻合而不殊；志意精神，與之默契而無間。乾道以之而清，坤道以之而寧，陰陽剛柔，各止其所，貞觀之所以不毀者，吾有以參乎其中也，天地有不位乎？民以之而時雍，物以之而咸若，休養生息，各遂其性，群類之所以不乖者，吾有以贊乎其間也，萬物有不育乎？是中和之功，盡於一心；而位育之化，成於一體。君子修道之極如此。噫！人但知天地之爲天地，萬物之爲萬物也，孰知吾心一天地也，吾身一萬物也。中和不致，則吾之天地萬物且不能位育，而況於天地，況於萬物乎？故君子不敢以一飲一食傷天地之和，而天地間苟有一悖戾不祥之物，皆吾身責也。學者欲得於此，盍於太極觀其本原乎？《西銘》觀其實體乎？《定性》觀其存養省察之要乎？」評謂：「當時解元文章如此。朱子謂『解經當如破的』，又云『讀書細，看得通徹後，都不見注解，但見正經有幾個字在，方好。』圭峰文可以語是矣。」

明憲宗成化二十三年丁未（西元 1487 年）

二 月

丁丑，命太子少保、兵部尚書兼學士尹直，右春坊右諭德吳寬爲會試考官，取中程楷等三百五十人。（據《館閣漫錄》卷六《成化二十三年》）

查繼佐《罪惟錄》志卷十八《科舉志》：「（成化）二十三年丁未，試貢士，得程楷等三百五十人，賜費宏、劉春、涂瑞等及第、出身有差。」

本科會試題。

本科會試題有《論語》「先有司，赦小過，舉賢才」；《中庸》「考諸三王

而不繆，建諸天地而不悖，質諸鬼神而無疑，百世以俟聖人而不惑。質諸鬼神而無疑，知天也。百世以俟聖人而不惑，知人也」；《孟子》「樂天者保天下，畏天者保其國」。

成化以後，始有八股之號。

顧炎武《日知錄》卷十六《試文格式》：「經義之文，流俗謂之八股，蓋始於成化以後。股者，對偶之名也。天順以前經義之文，不過敷演傳注，或對或散，初無定式，其單句題亦甚少。成化二十三年會試『樂天者保天下』，文起講先提三句，即講樂天四股，中間過接四句，復講保天下四股，復收四句，再作大結。弘治九年會試『責難於君謂之恭』，文起講先提三句，即講責難於君四股，中間過接二句，復講謂之恭四股，復收二句，再作大結。每四股之中，一反一正，一虛一實，一淺一深。其兩扇立格，則每扇之中各有四股，其次第之法，亦復如之。故今人相傳，謂之八股，若長題則不拘此。嘉靖以後，文體日變，而問之儒生，皆不知八股之何謂矣。《孟子》曰：大匠誨人，必以規矩。今之爲時文者，豈必裂規偭矩矣乎！」李贄《焚書》卷三《時文後序》：「時文者，今時取士之文也，非古也。然以今視古，古固非今，由後觀今，今復爲古。故曰文章與時高下。……彼謂時文可以取士，不可以行遠，非但不知文，亦且不知時矣。夫文不可以行遠而可以取士，未之有也。國家名臣輩出，道德功業，文章氣節，於今爛然，非時文之選與？故棘闈三日之言，即爲其人終身定論。苟行之不遠，必言之無文，不可選也。」戴名世《戴名世集》卷四《丁丑房書序》：「經義之文，自天順以前，作者第敷衍傳注，或整或散，初無定式。而成化以後，始有八股之號。嗣是以來，文日益盛，而至於隆慶及萬曆之初，其法益巧以密。然而其波瀾意度各自然者，歷數百年未之有異也。今之論經義者有二家，曰鋪敘，曰凌駕。鋪敘者，循題位置，自首及尾，不敢有一言倒置，以爲此成化、弘治諸家之法也。……今夫成化、弘治諸家之文具在，其鴻文名篇世所號爲鋪敘者，未嘗不扼題之要而盡題之趣、極題之變，反覆洞悉乎題之理，而非如今之講鋪敘者僅僅循題位置，尋討聲口，遂以爲盡題之能事也。特其時風氣渾樸，含蓄不盡，故但見爲鋪敘，而不知其鋪敘之中未嘗無凌駕者在也。至於隆慶、萬曆以來，其法益巧以密，人但見其爲凌駕，而不知以題還題者，無以異於成化、弘治諸家，蓋又以凌駕爲鋪敘者也。」

三　月

費宏、劉春、涂瑞等三百五十一人進士及第、出身有差。改程楷、蔣冕等三十人為翰林院庶吉士。（據登科錄）

《明憲宗實錄》卷二百八十八：成化二十三年三月，「乙卯，上御奉天殿策試舉人程楷等三百四十九人。」「丁巳，上親閱舉人所對策，賜費宏等進士及第、出身有差。」「丁卯，授第一甲進士費宏為翰林院修撰，劉春、涂瑞編修。選進士程楷、蔣冕、屈伸、袁達、黃穆、傅珪、萬弘璧、倪阜、華巒、吳儼、李漢、仲棐、羅玘、蘇葵、鄭炤、歐陽鵬、伍符、翁健之、李遜學、鄒智、石珤、李充嗣、唐希介、蔡杲、毛紀、劉丙、任儀、閻价、楊廉、潘楷三十人改為翰林院庶吉士讀書，命右春坊右庶子汪諧、左春坊左諭德兼翰林院檢討傅瀚教之。仍令有司給酒饌紙筆器物如例。其餘分撥諸司辦事。」《館閣漫錄》卷六《成化二十三年》：「丁卯，授第一甲進士費宏為修撰，劉春、涂瑞編修。選進士程楷、蔣冕、屈伸、袁達、黃穆、傅珪、萬弘璧、倪阜、華巒、吳儼、李漢、仲棐、羅玘、蘇葵、鄭炤、歐陽鵬、伍符、翁健之、李遜學、鄒智、石珤、李充嗣、唐希介、蔡杲、毛紀、劉丙、任儀、閻价、楊廉、潘楷三十人，改為庶吉士讀書，命左（右）春坊右庶子汪諧、左春坊左諭德兼檢討傅瀚教之。」徐溥《謙齋文錄》卷二《奉敕撰丁未科進士題名記》：「惟丁未之春，士之會試京師者，既取之如制。乃三月十五日廷試，越二日，傳臚，賜費宏等三百五十一人登進士第。已而禮部循故事，奏請立石題名於國子監。」羅玘《圭峰集》卷十二《進士題名記·庶吉士月課》：「皇明自洪武辛亥開科，迄今上御極之二十有三年丁未，為年者百有二十，為科者三十有五，率由成憲，益畏益祗，罔敢越作。於時春，天下士集於禮部者四千有奇。以士論，故詔集廷臣議酌南北中之數而平準之，南損二、北損二，以益於中。蓋以地計，而不專於文藝，而論始定。暨合而度之，得三百五十人。三月乙卯，又合前此遺於廷試者，偕進之於廷。上親策以體統、紀綱、制度之目。越二日丁巳，上御奉天殿，傳臚賜費宏等三百五十一人進士及第、出身有差。揭榜長安左門外，翼日賜宴於禮部，乃錄以傳。某月某日詔工部如故事於國子監立石，而命臣玘為之記。」《成化二十三年進士登科錄·玉音》：「成化二十三年三月十二日，太子少保禮部尚書臣周洪謨等，於奉天門奏為科舉事。會試天下舉人，取中三百五十一名。本年三月十五日殿試，合請讀卷官及執事等官少傅兼太子太師吏部尚書華蓋殿大學士萬安等五十三員。其進士出身等第恭依太祖高皇帝欽定資格，第一甲例取三名，第一名從

六品。第二第三名正七品，賜進士及第。二甲從七品，賜進士出身。第三甲正八品，賜同進士出身。奉聖旨：是，欽此。讀卷官：光祿大夫柱國少傅兼太子太師吏部尚書華蓋殿大學士萬安，戊辰進士；光祿大夫柱國少保兼太子太傅戶部尚書謹身殿大學士劉吉，戊辰進士；資善大夫太子少保兵部尚書兼翰林院學士尹直，甲戌進士；資政大夫吏部尚書李裕，甲戌進士；資善大夫刑部尚書杜銘，乙丑進士；資善大夫都察院右都御史劉敷，辛未進士；正議大夫資治尹吏部左侍郎兼翰林院學士徐溥，甲戌進士；嘉議大夫戶部右侍郎李嗣，甲戌進士；正議大夫資治尹兵部左侍郎何琮，甲戌進士；嘉議大夫工部左侍郎賈俊，庚午貢士；嘉議大夫大理寺卿馮貫，甲申進士；翰林院侍讀學士奉訓大夫李傑，丙戌進士。提調官：資德大夫正治上卿太子少保禮部尚書周洪謨，乙丑進士；嘉議大夫禮部左侍郎黃景，己丑進士；嘉議大夫禮部右侍郎倪岳，甲申進士。監試官：承事郎浙江道監察御史范珠，丙戌進士；文林郎廣西道監察御史朱瓚，乙未進士。受卷官：翰林院侍讀董越，己丑進士；翰林院編修文林郎江瀾，戊戌進士；從仕郎吏科掌科事給事中王質，甲辰進士；徵仕郎戶科掌科事給事中陳壽，壬辰進士。彌封官：嘉議大夫鴻臚寺掌寺事禮部左侍郎賈斌，監生；通議大夫太常寺卿林章，儒士；亞中大夫光祿寺卿胡恭，癸酉進士；中順大夫尚寶司掌司事通政使司左通政李溥，秀才；中憲大夫太常寺少卿何遷，監生；翰林院侍講王臣，己丑進士；翰林院檢討徵仕郎劉機，戊戌進士；翰林院檢討徵仕郎楊廷和，戊戌進士；徵仕郎禮科掌科事給事中韓重，戊戌進士；徵仕郎兵科掌科事給事中吳凱，壬辰進士。掌卷官：左春坊左中允周經，庚辰進士；翰林院編修文林郎劉震，壬辰進士；從仕郎刑科掌科事給事中趙竑，甲辰進士；徵仕郎工科掌科事給事中王玠，乙未進士。巡綽官：驃騎將軍錦衣衛都指揮使朱驥；昭勇將軍錦衣衛指揮使季成；昭勇將軍錦衣衛指揮使錢通；懷遠將軍錦衣衛指揮同知孫瓚；懷遠將軍錦衣衛署指揮同知劉良；明威將軍錦衣衛指揮僉事楊綱；明威將軍金吾前衛指揮僉事高璽；明威將軍金吾後衛指揮僉事高德。印卷官：奉訓大夫禮部儀制清吏司署郎中事員外郎閻倫，乙未進士；承德郎禮部儀制清吏司署員外郎事主事龍壽，戊戌進士；承直郎禮部儀制清吏司主事喬宇，甲辰進士；禮部儀制清吏司主事王爵，甲辰進士。供給官：奉政大夫光祿寺少卿張禎叔，己丑進士；光祿寺少卿賀思聰，乙未進士；登仕郎禮部司務方佐，壬午貢士；奉訓大夫禮部精膳清吏司署郎中事員外郎周宏，乙未進士；承德郎禮部精膳清吏司署員外郎事主事徐說，戊戌進士；承直郎禮部精膳清吏司

主事胡積學，辛丑進士。」《成化二十三年進士登科錄・恩榮次第》：「成化二十三年三月十五日早，諸貢士赴內府殿試，上御奉天殿親賜策問。三月十七日早，文武百官朝服侍班。是日錦衣衛設鹵簿於丹陛丹墀內，上御奉天殿，鴻臚寺官傳制唱名，禮部官捧黃榜，鼓樂導引出長安左門外，張掛畢，順天府官用傘蓋儀從送狀元歸第。三月十八日，賜宴於禮部。宴畢，赴鴻臚寺習儀。三月十九日，賜狀元朝服冠帶及進士寶鈔。三月二十日，狀元率諸進士上表謝恩。三月二十一日，狀元率諸進士詣先師孔子廟行釋菜禮，禮部奏請命工部於國子監立石題名。」《弇山堂別集》卷八十二：「二十三年丁未，命太子少保兵部尚書翰林院學士尹直、右春坊右諭德吳寬為考試官，取中程楷等。廷試，賜費宏、劉春、涂瑞及第。逾月，改進士程楷、蔣冕、屈伸、袁達、黃穆、傅珪、萬弘璧、倪阜、華巒、吳儼、李漢、仲棐、羅玘、蘇葵、鄭炤、歐陽鵬、伍符、翁健之、李遜學、鄒智、石瑤、李充嗣、唐希介、蔡杲、毛紀、劉丙、任儀、閻价、楊廉、潘楷（下當缺『為庶吉士』四字），命右庶子汪諧、左諭德傅瀚教習。弘璧，少師大學士安孫也，父翼，為南京禮部左侍郎。」「是歲，尹作《試錄序》稱，宣德丁未大學士楊士奇議會試取士分南北卷，北四南六，既而以百乘除，各退五，為中數，是年以言者又各退二，以益中數云。」

據《成化二十三年進士登科錄》，第一甲三名，賜進士及第。履歷如下：

費宏，貫江西廣信府鉛山縣，民籍，國子生，治《書經》。字子充，行二，年二十，二月二十六生。曾祖榮祖。祖應麒，贈工部主事。父璠。母余氏。重慶下。兄憲。弟寧、官、宗、完、宇、寓、宷、宗、密。娶濮氏。江西鄉試第二十名，會試第二十一名。

劉春，貫四川重慶府巴縣，民籍，國子生，治《禮記》。字仁仲，行二，年二十八，十一月二十九日生。曾祖克明。祖剛，驛丞。父規，州判，前監察御史。母鄧氏。重慶下。兄相。弟台。娶蹇氏。四川鄉試第一名，會試第七十七名。

涂瑞，貫廣東廣州府番禺縣，民籍，國子生，治《書經》。字邦祥，行一，年四十，三月十八日生。曾祖伯善。祖俊生。父昺，前任主簿。母夏氏，具慶下。弟瓚；琛；瑾，同科進士；珣；璉。娶黃氏。廣東鄉試第一名，會試第二十九名。

據《成化二十三年進士登科錄》，第二甲一百一十名，賜進士出身。第三甲二百三十八名，賜同進士出身。

費宏狀元及第。

陸楫《蒹葭堂雜抄》:「太保費文憲公,年十六領癸卯鄉薦,赴試禮部,道經呂梁洪時,公從父某爲主事,有事於此,一見公即曰:『吾侄此行不第,當卒業北雍。』公愕然問故,答曰:『近得一夢,吾見侄在北監領簽出館,簽上寫「彭時」二字。彭公狀元宰相也,吾侄勉之。』已而,公是年果不第。即入北監讀書,專事博洽,以資策學。至丁未,果狀元及第,官至少師大學士。計得夢時彭公尚在。及後,彭公卒於官,諡文憲。公以嘉靖乙未再召入閣,亦卒於官,諡亦如之。二公不但科第祿位偶同,雖考終賜諡如出一轍,亦異矣。」張萱《西園聞見錄》卷四十四《禮部》三《科場‧往行》:「費宏,字子元,鉛山人。成化丁未狀元及第,歷官華蓋殿大學士,諡『文憲』。公甫弱冠,領鄉薦,甲辰上春官不第,世父公瑄方以都水司主事出治呂梁,貽之書曰:『汝脫下第,毋南歸,宜入北監讀書。』丙午還,訊之曰:『伯父何以逆知宏之弗第,而必令入北監耶?』復庵笑曰:『此爾遠到之兆也,蓋吾嘗夢爾入監,領班簽,簽乃彭文憲公故物也。文憲嘗遊北監,中狀元矣,汝第勉之。』至是果然,人咸異之。正德辛未會試天下士,公以禮部左侍郎知貢舉,試院諸需,舊皆取之順天府宛、大二縣,裁數百金,而民不堪,用且不給。公議以各省鄉試用度皆有羨餘,請俱令解部,轉貯順天府庫而取用之,遂加舊額三之二,諸用以足。」

程楷爲本科會元,廷試二甲一名。《欽定四書文》化治文卷四錄其闈墨《中庸》「考諸三王而不謬」合下節題文。

文謂:「論君子極制作之善,見君子知天人之理。蓋無所不合,見君子制作之善矣,其洞燭天人之理,不於斯可見哉!且聖人居天子之位,盡三重之道。彼禹湯文武,固有已然之迹也,然君子之制作,爲於今而稽於古,則今日之爲即三王之爲,往古來今渾然一揆,與其已然者無所戾;天高地下,固有自然之道也,然君子之制作,立於此而參於彼,則在我之道即兩儀之道,天地與人浩乎一體,與其自然者無所拂。屈伸變化而爲造化之迹者,鬼神也,鬼神固難明者,以是制作而質之,則幽驗於明,不以隱秘而有疑;出類拔萃而生百世之下者,後聖也,後聖固難料者,以是制作而俟之,則遠驗於近,不以將來而有惑。然質諸鬼神而無疑,非探賾索隱以爲之者,吾知其於天之理,至精至微,已洞燭於此心之中矣。蓋幽明雖不同,而理則同也,知天之

理，則鬼神之幽可以理知也。鬼神且然，至顯之天地，夫何悖乎？百世以俟聖人而不惑，非讖緯術數以為之者，吾知其於人之理，至纖至悉，已昭察於此心之內矣。蓋遠近雖不一，而理則一也，知人之理，則後聖之心可以理度也。後聖且然，已往之三王夫何繆乎？噫！以真知至理之心，為制作三重之道，君子如此，豈驕乎？」評謂：「上截『三王』、『後聖』，往與來對；『天地』、『鬼神』，隱與顯對。下截『知天』、『知人』，乃舉來以該往，即隱以該顯，實總結四句。是作天造地設，不少贅虧。」「順題平敘，不用過接摶縮，而理蘊精氣，結聚流通，堅凝如鑄。」

九　月

朱佑樘即位，是為孝宗。

《明鑑綱目》卷四：「綱：九月，太子佑樘即位。（是為孝宗。）目：以明年為弘治元年。」

十一月

丘濬進《大學衍義補》。

《明史紀事本末》卷四二：「（憲宗成化二十三年十一月）禮部右侍郎丘濬進所著《大學衍義補》，擢禮部尚書。先是，濬以真西山《大學衍義》有資治道，而治國平天下之事缺焉。乃采經、傳、子、史有關治國平天下者，分類彙集，附以己意，名曰《大學衍義補》。至是書成，進之。上覽之，甚喜，批答曰：『卿所纂書，考據精詳，論述該博，有輔政治，朕甚嘉之。』賜金幣，遂進尚書。仍命禮部刊行。」

明孝宗弘治二年己酉（西元 1489 年）

八　月

兩京及河南、山東、陝西、山西、浙江、湖廣、江西、福建、廣東、廣西、四川、雲南等十二布政司鄉試；貴州士子附雲南鄉試。

九　月

閣臣劉吉聞監中一老舉人以詩嘲吉，吉恨之，奏舉人監生三科不中者不許會試。舉人林潤陳請再寬一科，許之，逾年弛此例。（據查繼佐《罪惟錄》志卷十八《科舉志》）

《明孝宗實錄》卷三十：弘治二年九月，「己卯，會試舉人林潤等奏：近例，舉人三試不中者，不許復試。臣等艱苦萬狀，臨試猝遇此令，坐守者有空歸之歎，遠來者有徒行之勞。乞下所司，別為議處。禮部覆議：前日移文初下，各處舉人未及週知。其令明年再入試一次，以後仍依近例。從之。」案，此一「近例」其實從未執行過。

明孝宗弘治三年庚戌（西元 1490 年）

二　月

命禮部尚書兼文淵閣大學士徐溥、詹事府少詹事兼翰林院侍講學士汪諧為會試考官，取中錢福等三百人。

初，上命禮部右侍郎周經充會試知貢舉官，經入院後，聞子病，而左侍郎倪岳又以親屬入試迴避，乃上疏援尚書姚夔入院例，上請命尚書耿裕代之。（據《館閣漫錄》卷七《弘治二年》）《遊藝塾續文規》卷四《了凡袁先生論文》：「弘正間，當以錢與謙福、顧東江清為總。東江脈正氣清，如萬里長空，纖雲絕點，而意味差薄；鶴灘舉業極細，開闔起伏，曲盡變態，而少軒昂弘遠之氣；其於濟之，皆具體而微者也。王伯安守仁無意為文，而識見高邁，自是加人一等。一時並出：倫伯疇文敘如壘土成臺，愈竣愈絕；湛元明若水如長老談禪，時露本色；陸子淵深如公孫大娘舞劍，空中打勢爭奇；呂仲木柟如純棉布袍，自然成錦；鄒謙之守益如山中宰相，不求榮達，而富貴有餘；馬伯循理如大海納流，無所不有，而波瀾湧然；崔子鍾固如老驥長驅，善識人意；汪青湖應軫如刻玉鏤金，良工心苦；王夢澤廷陳如老吏斷獄，言簡而意深；皆所謂盛明之文也。」

本科會試題。

本科會試題有《論語》「好仁者，無以尚之；惡不仁者，其為仁矣，不使

不仁者加乎其身」；《中庸》「誠則形，形則著，著則明，明則動，動則變，變
則化，唯天下之至誠爲能化」；《孟子》「經正則庶民興，庶民興，斯無邪慝
矣」。

三　月

錢福、劉存業、靳貴等二百九十八人進士及第、出身有差。是科未考
選庶吉士。

《明孝宗實錄》卷三十六：弘治三年三月，「丙寅，監察御史李興等言：
『我祖宗於進士一科，特加崇重，奈行之滋久，不能無弊。往歲殿試時，嘗
聞司彌封者，或爲人默記字型大小，送至高官檢閱，即置上列。其讀卷，又
類以官位之崇卑，爲甲第之先後。以是未愜輿論。茲當皇上龍飛第一科，乞
敕禮部同讀卷等官，痛懲前弊，均分較閱，務在精當，庶稱皇上求賢之盛意。』
上曰：『科目要在得人，御史所訐已往事情，未知有無。今次各官，其務加謹
愼。』」「丁卯，上御奉天殿策試禮部會試中式舉人錢福等。」「弘治三年三月
庚午，上御奉天殿，賜錢福等進士及第、出身有差，文武群臣行慶賀禮。」「辛
未，賜進士恩榮宴於禮部，命英國公張懋主宴。」「壬申，賜狀元錢福朝服冠
帶及諸進士寶鈔。」「癸酉，狀元錢福率諸進士上表謝恩。」「甲戌，狀元錢
福率諸進士詣先師孔子廟行釋菜禮。」「丙子，授第一甲進士錢福爲翰林院修
撰，劉存業、靳貴爲編修。命二甲、三甲進士各留十之五於各衙門辦事，餘
放回原籍聽用。」《館閣漫錄》卷七《弘治三年》：「丁卯，命少傅兼太子太師、
吏部尚書、謹身殿大學士劉吉，太子太保、吏部尚書王恕，禮部尚書兼文淵
閣大學士徐溥、戶部尚書李敏，詹事府掌府事、禮部尚書丘濬，兵部尚書馬
文升、刑部尚書何喬新、工部尚書賈俊、都察院右都御史屠滽、禮部右侍郎
兼翰林學士劉健，通政司掌司事、工部右侍郎謝宇，大理寺卿馮貫、左春坊
左庶子兼侍講學士李東陽充殿試讀卷官。大學士劉吉等言：『舊制，禮部會試
中式舉人，先一日殿試，次日讀卷，又次日放榜，以日時迫促，致閱卷未得
精詳。自今請再展一日，至第四日始放榜，庶得各竭考校之力。其讀卷執事
官，仍舊寓宿禮部，以絕浮議。』從之。丙子，授第一甲進士錢福爲翰林修
撰，劉存業、靳貴爲編修。」《弘治三年進士登科錄·玉音》：「弘治三年三月
十二日，禮部尚書臣耿裕等於奉天門奏爲科舉事。會試天下舉人，取中三百
名。本年三月十五日殿試，合請讀卷官及執事等官少傅兼太子太師吏部尚書

謹身殿大學士劉吉等五十三員。其進士出身等第，恭依太祖高皇帝欽定資格，第一甲例取三名，第一名從六品，第二第三名正七品，賜進士及第。第二甲從七品，賜進士出身，第三甲正八品，賜同進士出身。奉聖旨：是，欽此。讀卷官：光祿大夫柱國少傅兼太子太師吏部尚書謹身殿大學士劉吉，戊辰進士；榮祿大夫太子太保吏部尚書王恕，戊辰進士；資善大夫禮部尚書兼文淵閣大學士徐溥，甲戌進士；資善大夫戶部尚書李敏，甲戌進士；資善大夫詹事府掌府事禮部尚書丘濬，甲戌進士；資政大夫兵部尚書馬文升，辛未進士；資善大夫刑部尚書何喬新，甲戌進士；資善大夫工部尚書賈俊，庚午進士；資政大夫都察院右都御史屠滽，丙戌進士；嘉議大夫禮部右侍郎兼翰林院學士劉健，庚辰進士；正議大夫資治尹通政使司掌司事工部右侍郎謝宇，監生；通議大夫大理寺卿馮貫，甲申進士；奉議大夫左春坊左庶子兼翰林院侍講學士李東陽，甲申進士。提調官：資政大夫禮部尚書耿裕，甲戌進士；嘉議大夫禮部左侍郎倪岳，甲申進士；嘉議大夫禮部右侍郎周經，庚辰進士。監試官：山西道監察御史徐同愛，乙未進士；福建道監察御史李興，乙未進士。受卷官：翰林院侍講謝鐸，甲申進士；翰林院檢討楊時暢，戊戌進士；承事郎吏科都給事中宋琮，戊戌進士；從仕郎戶科給事中祝俓，甲辰進士。彌封官：通議大夫鴻臚寺掌寺事禮部左侍郎賈斌，監生；正議大夫資治尹太常寺卿林章，儒士；中大夫光祿寺卿胡恭，癸酉貢士；奉政大夫修政庶尹尚寶司卿李璋，儒士；翰林院修撰武衛，戊戌進士；翰林院編修黃珣，辛丑進士；徵仕郎禮科左給事中韓鼎，辛丑進士；承事郎兵科都給事中劉聰，戊戌進士。掌卷官：翰林院侍講劉戩，乙未進士；翰林院侍講楊傑，戊戌進士；翰林院編修江瀾，戊戌進士；徵仕郎刑科左給事中趙竑，甲辰進士；從仕郎工科給事中柴昇，丁未進士。巡綽官：驃騎將軍錦衣衛掌衛事都指揮使朱驥；昭勇將軍錦衣衛指揮使季成；昭勇將軍錦衣衛指揮使錢通；懷遠將軍錦衣衛指揮同知劉綱；懷遠將軍錦衣衛指揮同知孫瓚；懷遠將軍錦衣衛指揮同知劉良；懷遠將軍金吾前衛指揮同知翟通；懷遠將軍金吾後衛指揮同知徐能。印卷官：奉訓大夫禮部儀制清吏司署郎中事員外郎徐說，戊戌進士；承德郎禮部儀制清吏司署員外郎事主事胡玉，辛丑進士；承直郎禮部儀制清吏司主事王爵，甲辰進士；承直郎禮部儀制清吏司主事祁仁，甲辰進士。供給官：奉政大夫光祿寺少卿賀思聰，乙未進士；奉議大夫光祿寺少卿陳瑞，戊戌進士；登仕郎禮部司務郝本，乙酉貢士；禮部精膳清吏司郎中金福，戊戌進士；承德郎

禮部精膳清吏司署員外郎事主事程愈，辛丑進士；承直郎精膳清吏司主事陳鎬，丁未進士。」《弘治三年進士登科錄・恩榮次第》：「弘治三年三月十五日早，諸貢士赴內府殿試，上御奉天殿親賜策問。三月十八日早，文武百官朝服侍班。是日錦衣衛設鹵簿於丹陛丹墀內，上御奉天殿，鴻臚寺官傳制唱名，禮部官捧皇榜，鼓樂導引出長安左門外，張掛畢，順天府官用傘蓋儀從送狀元歸第。三月十九日，賜宴於禮部。宴畢，赴鴻臚寺習儀。三月二十日，賜狀元朝服冠帶及進士寶鈔。三月二十一日，狀元率諸進士上表謝恩。三月二十二日，狀元率諸進士詣先師孔子廟行釋菜禮，禮部奏請命工部於國子監立石題名。」陳洪謨《治世餘聞》上篇卷一：「華亭錢福性敏甚，為文不屬草。是春舉會試第一，廷試策三千餘言，詞理精確，若宿構者。彌封官以無稿難之，眾謂科場必欲具稿者，防代作之弊，今殿陛間眾目所矚，何嫌之避！時劉閣老得其策，嘖嘖不容口，乃請於上，賜第一。」查繼佐《罪惟錄》志卷十八《科舉志》：「（弘治）三年庚戌，試貢士，得錢福等三百人，賜錢福、劉存業、靳貴等及第、出身有差。福廷試無草。」

據《弘治三年進士登科錄》，第一甲三名，賜進士及第。履歷如下：

錢福，貫直隸松江府華亭縣，匠籍，國子生，治《書經》。字與謙，行二，年三十，三月二十七日生。曾祖復。祖昌。父中，州同知。母陸氏。具慶下。兄塘。弟祚。娶顧氏。應天府鄉試第九名，會試第一名。

劉存業，貫廣東廣州府東莞縣，竈籍，國子生，治《禮記》。字可大，行一，年三十一，閏十一月初十日生。曾祖勢孫。祖源。父閏。母李氏。慈侍下。娶衛氏。廣東鄉試第二名，會試第一百六十六名。

靳貴，貫直隸鎮江府丹徒縣，民籍，縣學生，治《易經》。字充道，行一，年二十七，十二月二十日生。曾祖誠。祖榮。父瑜，府經歷。母范氏。慈侍下。娶王氏。應天府鄉試第一名，會試第二名。

據《弘治三年進士登科錄》，第二甲九十名，賜進士出身。第三甲二百五名，賜同進士出身。

錢福舉會試、廷試第一。《欽定四書文》化治文錄其文六篇。

卷二錄其闈墨《論語》「好仁者無以尚之」二段題文，文謂：「聖人論人之成德，有以好仁之篤言者，有以惡不仁之至言者。蓋好仁而物無以加，則好之也篤；惡不仁而物無所累，則惡之也至。人之成德有如此，此所以難得

也與？夫子意若曰：天下之道二，仁與不仁而已。凡出於天理之公者，不必皆同，而均謂之仁；凡出於人欲之私者，不必皆同，而均謂之不仁。自夫人有秉彝好德之心，孰不知仁之足好，而或不能無不好者，以拒之於內，則所好爲不篤，猶不好也，吾所謂未見好仁者，豈謂若人哉，蓋必氣稟純粹而眞知是仁之可好，其於仁也，雖天下之物而無以加其好焉，吾知其甚於水火，甘於芻豢，內重而見外之輕，得深而見誘之小，生所好也，而仁在於死，則殺身以成仁，財所好也，而仁在於施，則散財以行仁，推之天下之物，更有孰能尙之者哉，好仁而無以尙之，則其好之可謂篤，而成德之事在是矣；自夫人有羞惡是非之心，孰不知不仁之可惡，而或不能無不惡者，以挽之於中，則其惡爲未至，猶不惡也，吾所謂未見惡不仁者，豈謂若人哉，蓋必資稟嚴毅而眞知不仁之可惡，其爲仁也，不使有一毫不仁之事有以加乎其身焉，吾知其避之如蛇蠍，遠之如鴆毒，出乎彼而入乎此，不爲不仁而所爲皆仁，視聽言動之運於吾身也，而或非禮之害乎仁者，不忽焉以少累，聲色貨利之接於吾身也，而或不仁之妨乎仁者，不暫焉以少處，微極於纖悉之過，尙肯使之加乎身哉，惡不仁者而不使加，則其惡之可謂至，而成德之事在此矣。然則夫子未見之歎，夫豈偶然之故哉？」評謂：「太史公之文所以獨高千古者，以其氣雄也。此文當觀其一往奔放、氣力勝人處，如徒摘水火、芻豢、蛇蠍、鴆毒語爲先輩訾議，則以小失大矣。」卷三錄其《論語》「邇之事父」一節題文，文謂：「內有以資其孝，外有以資其忠，此《詩》所以當學也。蓋學以明倫，而《詩》則無不備者也。事父事君，不學《詩》而何資乎？昔夫子勉人學《詩》，意謂：夫人倫之道，莫備於《詩》；而人倫之大，莫備於君父。是故以國而視家，家其近者也。一家之中，惟父爲大焉，事之之道，豈易盡乎？蓋必詠《蓼莪》之篇而後知親有罔極之恩，不得乎親，眞不可以爲人矣；誦《小弁》之什而後知親無可絕之理，不順乎親，眞不可以爲子矣。感發於《陟岵》之幽思，奮激於《凱風》之悔責，與凡六義之所規諷者，何莫而非資其事父之孝者乎？《詩》之道，非止於父也而重乎父，以父而言，則在家之倫，如夫婦之琴瑟、兄弟之塤篪，皆備之矣。以家而視國，國其遠者也。一國之中，惟君爲尊焉，事之之道，豈易能乎？蓋必涵泳夫《天保》之章而忠愛之意以興，將順其美，務欲兼吾歷於夏商焉；優游乎《卷阿》之歌而規諫之情以得，匡救其惡，務欲納吾君於唐虞焉。讀《四牡》而靡鹽於王事，誦《烝民》而匪懈於夙夜，與凡三經之所美刺者，何莫而非資其事君之忠者乎？《詩》

之道，非止於君也而重乎君，以君而言，則在國之倫，如友生之相求、賓主之式燕，皆備之矣。是則內而事父，外而事君，學之為道，無以加此，而《詩》皆備之。若之何而不學《詩》也耶？」評謂：「深於《詩》訓，義舉其要。愨實雅茂，久而愈新。後之作者，不過就此推衍耳。」卷四錄其《中庸》「父為大夫」至「無貴賤一也」題文，文謂：「觀聖制葬祭喪服之禮，各惟其分而已。蓋禮莫大於分也，因分以盡情，其善於推己及人者歟？《中庸》意謂周公之制禮，不惟孝以事先人，而且孝以治天下。是故自葬祭之禮言之，如父為大夫、子為士歟？則葬以三月，稱有家也；而祭之，則禮惟三鼎爾矣，樂惟二佾爾矣，雖禴祭也，而君子不以為隘。如父為士、子為大夫歟？則葬以踰月，明有位也；而祭之，則禮用五鼎爾矣，樂用四佾爾矣，雖備物也，而君子不以為濫。蓋葬從其爵，反始也，貽死者以安也；祭從其祿，致愛也，伸生者之情也。何莫而非協於義乎？自喪服之禮言之，期之喪，達乎大夫，何也？是諸父昆弟之喪也，其分殊者其情疏，而大夫則降、諸侯則絕焉；三年之喪，達乎天子，何也？是父母之喪也，其恩深者其報重，而貴不加損、賤不加益焉。蓋服有降殺，貴貴也，所以曲而殺也；服無貴賤，親親也，所以經而等也。何莫而非達其情哉？是則葬祭以爵祿而定者，追王上祀之遺意也；喪服無貴賤之別者，天理民彝之至情也。信乎禮通上下而為作者之聖歟？」評謂：「文之能繁而不能簡者，非才有餘，正才不足也。細看此文，有他人連篇累牘說不盡處。『斯禮也』，祇是說祭葬，是緣祭而及喪服，又是緣葬祭而及三者。雖俱禮制，就此章言之，則祭為主，喪葬為賓，即下章『達孝』亦是以祭祀之禮言之可見也。一起一結，大指躍然。」卷六錄其《孟子》「孔子登東山而小魯」一節題文：「大賢於聖道之大，必先擬之而後質言之也。夫道莫大於聖門也，遊之斯知之矣。大賢擬之而後質言之，有以哉。其意曰：孔子以天縱之資，承群聖之統，道莫有大焉者也。欲觀聖人之道，胡不即登山者以觀之乎？躋東山之巔，則魯地之七百一覽無餘；履太山之巖，則禹服之五千極目可得。何也？所處益高，而視下益小耳。夫登高既不足於下，視大必不足於小。欲觀聖人之道，胡不即觀海者以觀之乎？鼓楫於北溟，則河濟孟津之險，視若衣帶；揚航於東渤，則洞庭彭蠡之浩，渺若蹄涔。何也？所見既大，則小者不足觀耳。聖人之門，妙道精義鍾焉，猶地之有東山、太山也，猶水之有滄海也。遊聖人之門，見聖人之道，然後知其可放可捲而天下莫能載；可行可藏而天下莫能容。百家之說，坐見其偏；諸子之論，頓覺其弊。

其與登山觀海者何以異哉？」評謂：「此以山、海作對，而掣出末句重講，體制尤得，且使『孔子』與『聖門』字首尾相應也。」「朱子謂此節上三句興下一句，文因此以立格。」同卷又錄其「春秋無義戰」一章題文：「聖經不與諸侯之師，以其不知有王而已。夫所謂義戰者，必其用天子之命者也。敵國相征，則無王矣，人之稱斯師也何義哉？此《春秋》尊王之義，而孟子述之以詔當世也。蓋曰：夫《春秋》何為者也？夫《春秋》假魯史以寓王法，撥亂世而反之正，如斯而已。是故來戰於郎，戰於艾陵，戰之終始也；鄭人伐衛，楚公子申伐鄭，伐之終始也。然或諱不書敗，或雖敗不諱，其辭不同，要皆隨事以示譏而已，以為合於義而許之者誰與？或稱『人』以賤之，或稱『師』以譏之，所書不同，要皆因文以見貶而已，以為合於義而許之者誰與？但就中而言，若召陵以義勝，而猶有借名之力；城濮以威勝，而不無假義之功。則固有彼善於此而已矣，而要之皆非義戰也。是何也？天下有大分，上下是已；天下有大權，征伐是已。其分也，不可得而犯也；其權也，不可得而僭也。故諸侯而有賊殺其親則正之，所以正之者，天子之命也，而大司馬不過掌其制而已矣；諸侯而有放弒其君則殘之，所以殘之者，天子之命也，而方伯連帥不過修其職而已矣。惟辟作威，而勢無嫌於兩大；大君有命，而柄不至於下移。是征也者，上伐下之謂也，未聞敵國而相征者也。敵國相征，是無王也，無王，是無義也。春秋之戰，皆敵國而相征者也，此春秋所以無義戰也。然則春秋之諸侯，不皆先王之罪人耶？孔子之《春秋》其容已於作耶？」評謂：「止清題面，不旁雜閑意泛辭，而操縱斷續之勢畢備。『稱人』、『稱師』，沿襲舊說，實非經義。九伐獨舉其二，以司馬、方伯分承，於文律亦疏。而規模骨格，守溪而外，惟作者嶢然而秀出，故唐荊川代興以後，天下始不稱『王錢』。」同卷又錄闈墨《孟子》「經正」至「斯無邪慝矣」題文：「惟常道有以化民於善，則異端無以惑人之心。甚矣，邪正不兩立也。苟能盡常道以化民興起於善，則民心皆正，而何異端之惑哉！昔孟子論狂狷以及鄉原，而終之以此。謂夫鄉原亂德，固聖人之所惡；而反經辟邪，實君子之所為。是故不越乎彝倫日用之間，而寓萬世不易之道者，所謂經也；不為索隱行怪之事，而無同流合污之行者，所謂正也。君子既有以正是經之綱紀而不偏不陂，則為之民者，莫不觀感興起，而蕩蕩乎會極歸極之風，求一人之弗興於善者，無有焉；既有以正是經之準則而不側不欹，則為之民者莫不感慕奮發，而熙熙乎遵義遵道之俗，求一人之弗起於善者，無有焉。夫民既興於其善，而是

非坦然其明白，則彼以是爲非之邪慝，斯不得以簧鼓斯民之聰明；民既興於其善，而曲直判乎其昭彰，則彼闇然媚世之邪說，自不得以眩惑斯民之心志。向嘗溺於其說而非之無舉矣，今則人人皆能舉其非，雖有之而不爲害也，他如『爲我』之害義者，又非吾正經之義而自息乎？向嘗惑於其邪而刺之無刺矣，今則人人皆能刺其惡，雖有之而不爲累也，他若『兼愛』之害仁者，又非吾正經之仁而自止乎？此可見正勝則邪息，而出此則入彼。孰謂闢異端之道而有在於反經之外哉？」評謂：「質直明銳，題義豁然。『邪慝』正指『鄉原』，兼該楊墨。既得孟子心事，於書意亦遠近不失。但股分而義意不殊，又股頭義意不殊而股尾忽分兩柱，乃前輩局於風氣處，不可不分別觀之。」

靳貴以解元舉會試第二、廷試第三。

沈德符《萬曆野獲編》卷十六《三試分占三名》：「弘治庚戌科，直隸丹徒人靳文康貴，以解元舉會試第二、廷試第三，分次第占三名，最爲奇事。又二科丙辰，京師人陳瀾以順天鄉試第二，爲會元、廷試第三人，雖占第三名，然稍錯綜矣。至正德三年辛未科，四川新都人楊愼以鄉試第三、會試第二、廷試爲狀元，較靳又以次順占爲尤奇。而弇州紀《盛事》云靳爲榜眼，則誤矣。吾浙科名雖盛，然而無如此奇者。直至嘉靖戊戌科，而慈溪人袁元峰煒以鄉舉第二人，登嘉靖戊戌會元，廷試探花，刻一印記曰：『天下一二三人。』向來無與爲對者。至萬曆己丑，浙之會稽人陶石簣望齡繼之，其鄉會廷對名次與袁毫不爽，相去五十年，又同二百里內人也。袁不及下壽，陶不滿五旬，又俱無後，此其所同。袁入政府，官至少傅一品，得下諡文榮。陶官至祭酒四品，得上諡文簡，此其所異，然品行則不啻薰蕕矣。後又十五年而慈溪人楊昆阜守勤，亦以鄉試第三，登甲辰會元、狀元，科名又勝袁，且同一邑，其志趣亦頗相似云。浙中又有楊守阯，爲鄞縣人，以鄉試登第三，成化戊戌會試第四，廷試第二，亦分占三名而少第一。其嫡兄守陳，已先浙江解元，恰好補之。後守陳、守阯同官詞林，又同時爲翰林學士，對掌南北詞林印，尤爲極盛。此又在靳文康之前，恰與袁文榮同郡，亦浙中佳話也。」

《欽定四書文》化治文卷五錄靳貴程文《孟子》「老者衣帛食肉」四句題文。

文謂：「惟仁政成於國中，則王業成於天下。夫舉一國之民而皆遂其養，

則仁政成矣，王業其有不成乎？昔孟子論興王在於保民，故詳言制民常產之法而舉其成功。謂夫待帛而暖、待肉而飽，老者之所願，未易遂也。今也常產立而蠶桑畜養之有制，則杼柚其盈，而五十者咸得以衣帛；孕字日蕃，而七十者咸得以食肉。非惟一人為然，而舉國之老者皆有以老之矣。無食則饑、無衣則寒，黎民之所患，未易免也。今也常產立而耕耘收穫之以時，則食雖不肉，而亦可以無饑；衣雖不帛，而亦可以無寒。非惟一民為然，而舉國之幼者皆有以幼之矣。庠序之教由是而立，孝弟之風由是而行。仁政之成也如此，則保民之功大矣，而有不王者哉！吾見老者既老，則天下之老莫不有盍歸之願；幼者既幼，則天下之氓莫不有受廛之心。甲兵不必試也，土地可闢，秦楚可朝，九圍之廣將於我乎式矣，孰敢有不臣者乎？權謀不必用也，中國可蒞，四夷可撫，一統之命將於我乎凝矣，孰敢有自外者乎？謂之曰『未之有也』，信乎王業之必成矣。為人君者，可不推是心以行仁政哉？」評謂：「『老者』二句與上文『老吾老』一層為首尾，是保民之實政；『王』字直繳，轉『保民而王』。此文近收本節，遠束通章，根脈獨完。」「中間若無『庠序之教』數語，則題蘊未盡，與下二句語氣亦未融。可覘先輩補題之法。」

明孝宗弘治四年辛亥（西元 1491 年）

十 月

令今後鄉試務遵依定制，事該簾內官管理者，簾外官不許干預。如考官不能勝任，而取士弗當，刊文有差，連舉主坐罪。

《明孝宗實錄》卷五十六：「弘治四年十月己巳，禮部都給事中林元甫等言：『各處鄉試所請考試官多不得人，致所去取悉從外簾，甚至為監臨等官所斥辱，甚非賓禮儒臣之意。今後請令巡按監察御史各會同京府並布、按二司，先期移文各處提學憲臣，擇有學行者應聘，御史等官以禮相待，除私弊糾察外，其文章純駁，悉聽去取，不許巧立簾外《五經》官以奪其權。如考官取士不足服人，並罪其原請者。』禮部覆奏：『宜如所言。』上曰：『今後鄉試務遵依定制，事該簾內官管理者，簾外官不許干預。』」王圻《續文獻通考》卷四十五《選舉考·舉士三》：「孝宗弘治四年，令各處鄉試簾內事不許簾外干預，考官務以禮待，不許二司並御史欺凌斥辱；文章純駁，悉聽去取，不

得簾外巧立《五經》官以奪其權。如考官不能勝任，而取士弗當，刊文有差，連舉主坐罪。又令各處提學官平日巡歷地方，將教官考定等第，以備科舉聘取，若有不堪，即從彼處提學官於等第內別舉，不許徇私。」

明孝宗弘治五年壬子（西元 1492 年）

八　月

兩京及河南、山東、陝西、山西、浙江、湖廣、江西、福建、廣東、廣西、四川、雲南等十二布政司鄉試；貴州士子附雲南鄉試。

王守仁舉浙江鄉試。

　　王守仁《王文成公全書》卷三十二《年譜一》：「（弘治）五年壬子，先生二十一歲，在越，舉浙江鄉試。是年，場中夜半，見二鉅人，各衣緋綠東西立，自言曰：『三人好作事。』忽不見。已而，先生與孫忠烈燧、胡尚書世寧同舉。其後，宸濠之變，胡發其奸，孫死其難，先生平之，咸以爲奇驗。……明年春，會試下第，縉紳知者咸來慰諭。宰相李西涯戲曰：『汝今歲不第，來科必爲狀元！試作來科狀元賦。』先生懸筆立就。諸老驚曰：『天才，天才！』退，有忌者曰：『此子取上第，目中無我輩矣。』及丙辰會試，果爲忌者所抑。」

若干年後，王守仁曾與弟子徐愛談及入場前之種種事宜。

　　王守仁《王文成全書》卷二十四《示徐曰仁應試》：「君子窮達，一聽於天。但既業舉子，便須入場，亦人事宜爾。若期在必得，以自窘辱，則大惑矣。入場之日，切勿以得失橫在胸中，令人氣餒志分，非徒無益而又害之。場中作文，先須大開心目，見得題意大概了了，即放膽下筆，縱昧出處，詞氣亦條暢。今人入場，有志氣局促不舒展者，是得失之念爲之病也。夫心無二用，一念在得，一念在失，一念在文字，是三用矣，所事寧有成耶？祇此便是執事不敬，便是人事而未盡處，雖或幸成，君子有所不貴也。將進場十日前，便須練習調養。蓋尋常不曾起早得慣，忽然當之，其日必精神恍惚，作文豈有佳思？須每日雞初鳴即起盥櫛，整衣端坐，抖擻精神，勿使昏惰。日日習之，臨期不自覺辛苦矣。今之調養者，多是厚食濃味，劇酣謔浪，或

竟日偃臥，如此是撓氣昏神，長傲而召疾也，豈攝養精神之謂哉？務須節飲食，薄滋味，則氣自清；寡思慮，屏嗜欲，則精自明；定心氣，少眠睡，則神自澄；君子未有不如此而能致力於學問者。茲特以科場一事而言之耳。每日或倦甚思休，少偃即起，勿使昏睡。既晚即睡，勿使久坐。進場前兩日，即不得翻閱書史，雜亂心目。每日衹可看文字一篇以自娛，若心勞氣耗，莫如勿看，務在怡神適趣。忽充然滾滾，若有所得，勿便氣輕意滿，益加含蓄醞釀，若江河之浸，泓衍泛濫，驟然決之，一瀉千里矣。每日閑坐時，眾方囂然，我獨淵默，中心融融，自有眞樂，蓋出乎塵垢之外而與造物者遊，非吾子概嘗聞之，宜未足以與此也。」

顧清魁應天府鄉試。

孫承恩《文簡集》卷五四《故南京禮部尙書顧文僖公墓誌銘》云：「四試不利而不少挫。弘治壬子，吳郡王文恪公主南畿試事，閱公文曰：『昔歐陽子謂當讓蘇子瞻一頭地。斯人也，我固當讓矣。』遂薦爲第一，輿論允愜。明年癸丑，長沙李文正公主會試，公名第二。廷試，吳文肅公爲掌卷官。或欲導公往見，公辭曰：『昔人所謂呈身者，吾愧之。』竟不往。泊吳得公卷，極力讚美。以九重字失，提置二甲一人，改翰林庶吉士，讀書中秘。時傅文穆公與李文正公宗伯、程公敏政，皆負文章重名，愼許可。公每試，必在甲乙，亟加歎賞。公與同年毛文簡公澄、羅文莊公欽順、汪宗伯俊，又每以名節自相砥礪。」梁章鉅《制義叢話》卷四：「俞桐川曰：顧東江清潔己奉公，恬淡樂道，故其文亦有高峻之風。凡在科第者，以受知大賢爲榮，以識拔多才爲雋，一不可得，況於能兼。東江登賢書，主司爲王文恪；捷南宮，主司爲李文正。及丁丑禮闈，拔得倫、舒、崔、汪諸君子，並有名當世。師弟淵源，可謂極盛而已。復能以文章配之，所以光前而裕後也。」

《欽定四書文》化治文錄顧清文三篇。

卷二錄《論語》「學而不思則罔」一節題文，文謂：「聖人論學與思廢一不可也。夫君子，合內外而成性者也。思也，學也，可偏廢哉？且君子所當用力者，心與事而已矣。心原於一，而足以管天下之理；事散於萬，而實不外於一心之微。是心與事爲一，則學與思不可偏廢者也。學者，習其事也，博文以益其知，考迹以利其用，其誰能廢學也？然學者，事也。事必有理以

主之，理具於心，而心之官則思而已矣。不思則不能通微，故學必待思，而後可以融至理也。不然，則記誦徒勤，玩物而非窮理；成法雖效，蹈襲而非體驗。義理之精微，終歸於茫昧而已，安望其浹洽於中哉？思者，求諸心也，測度以探其精微，紬繹以索其旨趣，其誰能廢思也？然思者，理也。理必有事以載之，事資於學，而學之道則習而已矣。不習則不能悅心，故思必待學，而後可以收實效也。不然，則審慮雖詳，非有考據之眞見；研窮徒切，未嘗實踐於躬行。事理之精當，終歸於惶惑而已，安望其怡然理順哉？是知學而能思，學益明矣；思而能學，思益實矣。交養互發之機熟，其進豈能已哉？」評謂：「穩切深透，語皆明潔。」同卷又錄其「子謂韶盡美矣」二句題文，文謂：「聖人讚有虞之樂，文備而情亦備焉。夫樂，乃功德之形容也，大舜之樂，有以極情文之備如此，豈復有過之者哉？夫子稱而讚之，所感深矣。且一代之興，必有一代之樂。羲黃以降，作者非一人矣，而舜之《韶》何其盛乎？蓋其本蘊蓄於升聞紹位之初，而其制大備於治定功成之日。笙鏞琴瑟，有以極音律之和，而聞之者心融；干戚羽旄，有以備物采之華，而觀之者忘倦。歌九德而間九功，雍雍乎鳳鳥之和鳴也，而聲孰尙之？舞九韶而協九奏，蹌蹌乎百獸之率舞也，而容孰尙之？謂之盡美，信乎其文之備而無以復加矣。然其中又有盡善者存焉。蓋其聲之美，不止於音律之和也，而咸寧之化，實洋溢乎其中；其容之美，不止乎物采之華也，而至德之光，實交暢於四表。揄揚詠歎，依稀乎文明濬哲之風，音有盡而意無窮也；俯仰周旋，想象乎揖遜雍容之狀，心悅之而口不能言也。謂之盡善，則美之中又有實焉，而非徒以其文矣。《韶》之爲樂，其盛也一至此哉？」評謂：「文有合用傳注者，亦須鎔化，不可直寫。此作將功德即鎔化在美、善中，何等渾全。」卷六錄其《孟子》「由堯舜至於湯」一章題文，文謂：「大賢敘群聖相承之統而憂其莫之繼也。夫莫爲於後，則前之盛者難乎繼矣。孟子生於群聖之後，道統不有歸耶？其意曰：寄斯道之統存乎人，啓斯道之運存乎時；故五百餘歲而聖人出，其常也，有見知而始有聞知，亦其常也。吾觀堯舜至於湯，固此五百餘歲也，始則見知者有禹、皐陶，而湯得聞而知之，是湯之得統於堯舜，有以啓之者矣；由湯至於文王，固此五百餘歲也，時則見知者有伊尹、萊朱，而文王得聞而知之，是文王之得統於湯，有以啓之者矣；由文王至於孔子，亦此五百餘歲也，時則見知者有太公望、散宜生，而孔子得聞而知之，是孔子得統於文王，有以啓之者矣。是蓋作於前者有以俟後聖於不惑，故述於後者

得以考前聖於不謬。而見知之有無，固斯道之所由以絕續者也。今由孔子而來百有餘歲耳，世之近而其澤未斬也，地之近而其風可振也。正宜有見知者作焉以為聞知者地也，然而求之於今，所以身任斯道之責者既未見其人，而莫為之前矣；則要之於後，所以續斯道之緒者將不益難其人，而誰為之後耶？夫以數聖人之統則寄於孔子，而孔子之統則獨無所寄乎？天之未喪斯文也，將必有能與其責者矣。」評謂：「精神重注末節，一度一束，瀠紆跌宕，在化治先正中為自出新意者。」又：「邇年講化治先輩法者，遇有總提側注處，輒謂非當年體制。不知文章相承相變，必有一二作者微見其端緒，後人大暢厥指，因以成風。集中於歷代文字不拘一格，惟取其是，所以破學者拘墟之見。」

十一月

停納粟例。

《明鑑綱目》卷五：「綱：十一月，停納粟例。目：初，成化末，開納粟事例，賑陝西、河南諸省饑。及是，尚書王恕言：『永樂、宣德、正統間，天下亦有災傷，各邊亦有軍餉，當時無納粟例，糧不聞不足，軍民不聞困弊。比年來，一遇災歉，輒行捐例，人既以財進身，欲其砥礪廉隅為循吏，豈可得也？』帝即命止之。」

明孝宗弘治六年癸丑（西元 1493 年）

二 月

庚子，命太常少卿兼翰林侍講學士李東陽、詹事府少詹事兼翰林侍讀學士陸簡為會試考官，取中汪俊等三百人。（據《館閣漫錄》卷七《弘治六年》）

《明孝宗實錄》卷七十二：弘治六年二月，「壬戌，禮部會試，取中式舉人汪俊等三百名。」李東陽《懷麓堂集》卷二十八《會試錄序》：「弘治六年春二月，禮部當會試天下士。……合士之與試者，幾四千。經分地析，取其醇者三百人。文七萬有奇，刻其尤者二十二篇而彙書為錄。」王圻《續文獻通考》卷四十六《選舉考・舉士四》：「孝宗弘治三年二月，會試天下舉人，

命大學士徐溥、少詹事汪諧爲考試官，取錢溥等三百人。六年二月，會試天下舉人，命太常少卿兼侍講學士李東陽、少詹事兼侍講學士陸簡爲考試宮，取汪俊等三百人。九年二月，會試天下舉人，命詹事兼侍講學士謝遷、侍讀學士王鏊爲考試官，取陳瀾等三百人。……十五年二月，會試天下舉人，命吏部左侍郎兼學士吳寬、侍讀學士劉機爲考試官，取魯鐸等三百人。十八年會試天下舉人，命掌詹事府太常卿兼學士張元楨、左春坊大學士兼侍講學士楊廷和爲考試官，取董玘等三百人。」沈德符《萬曆野獲編》卷十四《科場·考官爭席》：「李文正西涯初在詞林，及居揆地，皆以和煦容物見稱。惟爲太常少卿時，典弘治癸丑會試，時耿文恪岳以禮部尚書知貢舉，初入簾大宴，與爭席，有違言，比壁經命題，其首題即爲『伯拜稽首，讓于夔龍』，以御調笑，亦可謂戲而不虐。其時同考修撰三人，而錢福列在楊時暢、涂瑞之前，錢後楊四科，後涂一科，凡詞林五品以下，俱論科不論官，況一官而攙越前輩乃爾，豈錢以鼎甲重耶？則涂亦鼎甲也。涂、錢俱治《書經》，有愧首題多矣。是年論刻二篇，俱膚甚。又刻一詔，更寥寥數語，不今不古。此時出格刻程，意必博奕驚人，不意技止於此。」

本科會試題。

本科會試題有《大學》「有德此有人，有人此有土，有土此有財，有財此有用」；《論語》「譬諸草木，區以別矣。君子之道，焉可誣也」；《孟子》「夫苟好善，則四海之內，皆將輕千里而來告之以善」。

三　月

毛澄、徐穆、羅欽順等二百九十八人進士及第、出身有差。

《明孝宗實錄》卷七十三：弘治六年三月，「庚辰，上御奉天殿策會試中式舉人汪俊等三百名。」「庚辰，命太子太傅、戶部尚書兼武英殿大學士徐溥，太子太保、禮部尚書兼文淵閣大學士丘濬，禮部尚書兼文淵閣大學士劉健，戶部尚書葉淇，太子少保、兵部尚書馬文升，刑部尚書彭韶，太子少保、工部尚書賈俊，吏部左侍郎張悅，都察院右副都御史翟瑄，掌通政司事工部右侍郎謝宇，大理寺左少卿屠勳，太常寺少卿兼翰林院侍講學士董越，詹事府少詹事兼翰林院侍講學士吳寬，充殿試讀卷官。」《弘治六年進士登科錄·玉音》：「弘治六年三月十二日，禮部尚書臣耿裕等於奉天門奏爲科舉事。會試

天下舉人，取中三百名。本年三月十五日殿試，合請讀卷官及執事等官太子太傅戶部尚書兼武英殿大學士徐溥等五十二員。其進士出身等第，恭依太祖高皇帝欽定資格，第一甲例取三名。第一名從六品。第二第三名，正七品。賜進士及第。第二甲從七品，賜進士出身。第三甲正八品，賜同進士出身。奉聖旨：是，欽此。讀卷官：榮祿大夫太子太傅戶部尚書兼武英殿大學士徐溥，甲戌進士；榮祿大夫太子太保禮部尚書兼文淵閣大學士丘濬，甲戌進士；資善大夫禮部尚書兼文淵閣大學士劉健，庚辰進士；資善大夫戶部尚書葉淇，甲戌進士；資德大夫正治上卿太子少保兵部尚書馬文升，辛未進士；資善大夫刑部尚書彭韶，丁丑進士；資政大夫太子少保工部尚書賈俊，庚午貢士；通議大夫吏部左侍郎張悅，庚辰進士；嘉議大夫都察院右副都御史翟瑄，甲申進士；正議大夫資治尹掌通政使司事工部右侍郎謝宇，監生；中順大夫大理寺左少卿屠勳，己丑進士；中順大夫太常寺少卿兼翰林院侍講學士董越，己丑進士；中順大夫詹事府少詹事兼翰林院侍講學士吳寬，壬辰進士。提調官：資德大夫正治上卿禮部尚書耿裕，甲戌進士；正議大夫資治尹禮部左侍郎倪岳，甲申進士；嘉議大夫禮部右侍郎費誾，己丑進士。監試官：湖廣道監察御史俞深，乙未進士；廣東道監察御史呂璋，戊戌進士。受卷官：翰林院侍講劉忠，戊戌進士；翰林院編修馬廷用，戊戌進士；承事郎吏科都給事中王質，甲辰進士；承事郎戶科都給事中孫珪，戊戌進士。彌封官：正議大夫資治尹太常寺卿林章，儒士；中大夫光祿寺卿胡恭，癸酉貢士；中順大夫鴻臚寺卿張俊，監生；中順大夫太常寺少卿馬紹榮，壬午貢士；中順大夫太僕寺少卿姜立綱，秀才；奉政大夫尚寶司卿胡恭，儒士；翰林院侍講張芮，戊戌進士；翰林院編修劉存業，庚戌進士；承事郎禮科都給事中林元甫，乙未進士；承事郎兵科都給事中藺琦，辛丑進士。掌卷官：翰林院修撰劉春，丁未進士；翰林院編修蔣冕，丁未進士；翰林院編修吳儼，丁未進士；承事郎刑科都給事中趙竑，甲辰進士；承事郎工科都給事中王敞，辛丑進士。巡綽官：昭勇將軍錦衣衛掌衛事都指揮僉事季成；昭勇將軍錦衣衛指揮使錢通；懷遠將軍錦衣衛指揮同知劉良；明威將軍金吾前衛指揮僉事高璽；昭勇將軍金吾後衛指揮使宋鑑。印卷官：奉政大夫禮部儀制清吏司郎中徐說，戊戌進士；奉訓大夫禮部儀制清吏司員外郎胡玉，辛丑進士；承德郎禮部儀制清吏司主事王綸，甲辰進士；承直郎禮部儀制清吏司主事龍霬，戊戌進士。供給官：奉政大夫光祿寺少卿賀思聰，乙未進士；奉議大夫光祿寺少卿李槃，戊

戌進士；登仕郎禮部司務戴儼，乙酉貢士；奉政大夫禮部精膳清吏司郎中金福，戊戌進士；奉訓大夫禮部精膳清吏司員外郎程愈，辛丑進士；承直郎禮部精膳清吏司主事彭桓，庚戌進士。」《弘治六年進士登科錄・恩榮次第》：「弘治六年三月十五日早，諸貢士赴內府殿試，上御奉天殿親賜策問。三月十八日早，文武百官朝服侍班。是日，錦衣衛設鹵簿於丹陛丹墀內，上御奉天殿，鴻臚寺官傳制唱名，禮部官捧黃榜，鼓樂導引出長安左門外，張掛畢，順天府官用傘蓋儀從送狀元歸第。三月十九日，賜宴於禮部。宴畢，赴鴻臚寺習儀。三月二十日，賜狀元朝服冠帶及進士寶鈔。三月二十一日，狀元率諸進士上表謝恩。三月二十二日，狀元率諸進士詣先師孔子廟行釋菜禮，禮部奏請命工部於國子監立石題名。」陸坤《篔齋雜著》：「國朝廷試，一甲三名，讀卷官先日圈點，於文華殿進讀，餘以次填榜，未必經御覽也。御批自永樂中曾棨後亦鮮見。乙未進呈凡十二卷，上一一詳覽，一甲俱御批，益以敕諭，並十二策錄之，前此未有也。豐城人李璣，對策切直，讀卷官不忍舍，然竟不敢置前，以尾卷備數。上擢置二甲首，曰：『是卷似讜言，以時務故，朕取之。』然則上之樂聞切直，獎拔草茅，眞帝王至公無我之心，而非常情俗慮之能窺矣。有君如此，而不能將順焉，得非臣下之責也？制題以『創守』爲問，李策不能盡載，大略以帝王之於天下，其創之也以仁，其守之也亦以仁。而仁之爲道四：曰公、儉、寬、敏。廣大而博之謂公，節制而當之謂儉，宏裕而容之謂寬，奮勵而勇之謂敏。公則澤周，儉則利溢，寬則恩流，敏則效著，四者合而成仁。陛下愛民之心雖不必衰，而弊端之在天下，或已漸形而不可不爲之所。其大且急者，曰藩封之祿未理，工作之興太濫，刑罰失平，軍伍不充。四弊不去，臣不敢欺陛下，以爲果無所歉於仁。臣願陛下究理亂之原，察是非之極，密愼獨之功，全躬行之實。而文藝之末，則姑以後焉可也。壯正人之氣，養公論之鋒，容峻激之辭，大茹納之量，而言有不適於用者，亦姑勿究焉可也。正學以端其本，用言以虛其受，合人己以成其德焉，則神智日益精明，聞見日益充拓，天下事將惟吾所建，而仁且底於如天之盛矣，於以去目前四弊何有哉！是策出入經傳數千言，明白剴切，洞達治體，愛深思遠，實賈誼、陸贄、蘇軾諸人之風，且流出肺腑，不爲剿說雷同，近科如此絕少。第二名蜀人趙貞吉，其文亦甚爾雅，間類兩漢，一甲似俱不及。」《館閣漫錄》卷七《弘治五年》：「三月。……庚辰，命太子太傅、戶部尚書兼武英殿大學士徐溥，太子太保、禮部尚書兼文淵閣大學士丘濬，禮部尚書

兼文淵閣大學士劉健，戶部尚書葉淇，太子少保、兵部尚書馬文升，刑部尚
書彭韶，太子少保、工部尚書賈俊，吏部左侍郎張悅，都察院右副都御史翟
瑄，掌通政司事、工部右侍郎謝宇，大理寺左少卿屠勳，太常寺少卿兼翰林
侍講學士董越，詹事府少詹事兼翰林侍講學士吳寬充殿試讀卷官。甲午，授
第一甲進士毛澄爲翰林修撰，徐穆、羅欽順爲編修。」

據《弘治六年進士登科錄》，第一甲三名，賜進士及第。履歷如下：

毛澄，貫直隸蘇州府崑山縣，匠籍，國子生，治《易經》。字憲清，行三，
年三十四，八月二十二日生。曾祖伯振。祖弼，遇例冠帶。父昇。母范氏。
重慶下。兄洪、浩。弟津、淵。娶徐氏。應天府鄉試第四十二名，會試第二
十五名。

徐穆，貫江西吉安府吉水縣，民籍，國子生，治《易經》。字舜和，行九，
年二十六，正月初九日生。曾祖彝倫。祖少安。父廷亮。母魯氏。重慶下。
兄順載、順美。娶趙氏。江西鄉試第二名，會試第三十四名。

羅欽順，貫江西吉安府泰和縣，軍籍，儒士，治《書經》。字允升，行一，
年二十九，十二月初八日生。曾祖存謙。祖鐸，訓導。父用俊，南京國子監
學正。母曾氏。具慶下。弟欽德、欽忠。娶曾氏。江西第一名，會試第七名。

據《弘治六年進士登科錄》，第二甲九十名，賜進士出身。第三甲二百五
名，賜同進士出身。

李夢陽成二甲十七名進士。《欽定四書文》化治文卷三錄其《論語》「管仲相桓公」四句題文。

文謂：「聖人稱大夫佐霸之功，被天下而及後世也。甚矣，春秋不可無管
仲也。匡一時，而後之人且利賴焉，得非仁者之功乎？此夫子所以錄其功也。
想其曉子貢之意，蓋曰：死天下之事易，成天下之事難。子疑仲之相桓爲未
仁也，抑孰知管仲以其君霸，而其所成者大乎？彼管仲之於齊也，被鮑叔之
薦，而膺仲父之寵，夫固桓公之相也。齊居東海之國，未嘗主盟於中夏，桓
公得其國而君之，亦未敢必其稱雄於列辟也。惟得管仲以爲之相，招攜以禮，
懷遠以德，而人心景從，遂爲諸侯之宗長焉。一舉葵丘，而臣不敢奸君，當
其時，知有共主而天下之大綱不至於陵夷者，仲匡之也；再盟召陵，而裔不
敢謀夏，當其時，知有上國而天下之大防不至於顚越者，仲匡之也。然豈特
終於仲之身而已哉？蓋自其身沒以來，勳名垂於奕世，於今尊獎之，而冠履

之嚴，猶昭然耳目之公焉，其雄風之所貽者，誠未易斬矣；聲施沿於列國，於今翊戴之，而兵車之強，猶赫然會盟之間焉，其餘威之所振者，誠未易熄矣。夫以仲之功，而人受其賜於不窮，迄今江漢之上，慨最盛之遺事，而頌管仲之功不衰。吾方幸齊桓得一相而天下定焉，後世賴焉，又安得以其相為疑也哉？信乎管仲雖無仁人之德，而實有仁人之功。賜也，何可以過訾之也？」評謂：「一氣排宴，樸老古淡之中，渾規矩變化於無迹。原評稱其筆之老峻，直邁王、唐，洵非溢美。」

明孝宗弘治八年乙卯（西元 1495 年）

四　月

監察御史曾鳳奏：請如兩京鄉試事例，命翰林院官一二員主考，或於六科及部屬推舉素有學行者。下所司知之。

《明孝宗實錄》卷九十九：「弘治八年四月癸酉，監察御史曾鳳奏：『各處布政司所聘鄉試考官多不得人，以致科場多弊。請如兩京鄉試事例，命翰林院官一二員主考，或於六科及部屬推舉素有學行者，酌量地里遠近，禮部臨期疏名請差。其同考試官，則巡按御史並布、按二司推舉學問優長、心術純正者以充，仍各注舉主姓名於其下，如有不稱，聽翰林院官並巡按御史劾奏連坐。』下所司知之。」

八　月

兩京及河南、山東、陝西、山西、浙江、湖廣、江西、福建、廣東、廣西、四川、雲南等十二布政司鄉試；貴州士子附雲南鄉試。

附學生應鄉試，自弘治八年始。

顧起元《客座贅語》卷八：「應天府鄉試，國初自府學生、增廣生、監生外，如未入流官吏、武生、醫生、軍餘、舍人、匠之類，皆得赴試，皆得取中。如成化元年，章玄（元）應以留守左衛軍餘中第八十七名；四年，謝崇德以內江人吏中第四十二名；十年，王鑷以犧牲所軍餘中第二十三名；十三年，李用文以武學生中第九名；十六年，喬衍以武學生中第二十四名；二十

二年，陳玉以沂州衛舍人中第十七名；楊俊以江陰衛軍中第八十五名；弘治五年，劉麟以武學生中第七十五名；齊貴以營繕所匠中第九十一名；十一年，史良佐以太醫院醫生中第八十五名；十四年，陳沂以太醫院醫生中第四十八名；邵鏞以羽林右衛舍餘中第七十一名；劉弼以錦衣衛舍餘中第七十七名；十七年，柴虞以驍騎右衛總旗中第八十九名。相傳兩畿額一百三十五名，其五名原爲離流設也。自嘉靖以後，遂不聞有中者。武生間亦考送入場，傳言不與謄錄，果爾，則亦非聖朝立賢無方之意矣！又附學生入試，自弘治八年始。吾鄉顧尚書璘以附學生中第十四名，應天試錄之有附學生，亦自此始也。」

浙江鄉試，龍霓代金達入場，中第八名。

李調元《制義科瑣記》卷二《代倩》：「弘治時，南京龍霓精於文義，中壬子《書》魁。乙卯，代金都御史澤子達入浙場，中第八，又與同中甲科。人有詩嘲之曰：『阿翁一自轉都堂，百計千方幹入場。金澤財多子孫劣，龍霓家窘手兒長。有錢使得鬼推磨，無學卻將人頂缸。寄與兩京言路者，好叩閽說彈章。』其詩盛傳於時。後二人皆不容於清議，一止浙僉，一止太僕丞。今科場要令，批首立貢院門內，辨同試者面貌方入，蓋由此始。」陳洪謨《治世餘聞》下篇卷二：「予同年一人，南京人，精於文義，中弘治壬子《書》魁。乙卯代貴官子入試浙場，貴官子高第，又與其人同中甲科。時人有詩云：『有錢買得鬼推磨，無力卻教人頂缸。某也位高身子厚，某也衣短手兒長。』其詩盛傳於時。後二人皆不容於清議，一止浙僉，一止太僕丞。今科場要令，批首立貢院門內，辨閱同試者面貌方入，蓋由此始。聞其人入試日，亦甚秘密，惟有一人見其鬚不類，心頗疑之，始傳其事云。」

明孝宗弘治九年丙辰（西元 1496 年）

二 月

二月乙卯，命詹事府詹事兼侍講學士謝遷、侍讀學士王鏊為會試考官。（據《館閣漫錄》卷七《弘治九年》）

本年會試考試官為謝遷、王鏊。錄取陳瀾等三百人。（據《明孝宗實

錄》卷一百九）

王鏊《震澤集》卷十一《會試錄後序·丙辰》：「《會試錄》者，錄會試之程文、士之中式泊百執事之姓名登諸天府，傳之天下者也。國家取士，鄉簡其秀儲之學。三歲大比，則兩畿十三省之士各萃於所司。所司者三試之，又簡其秀以上禮部。禮部以聞，合兩畿十三省前後所貢三試之，又簡其秀以獻，天子臨軒親策之，定其高下，則謂之進士。」

本科會試題。

本科會試題有《論語》「百姓足，君孰與不足；百姓不足，君孰與足」；《中庸》「詩曰衣錦尚絅……知風之自，知微之顯，可與入德矣」；《孟子》「責難於君謂之恭」。

三 月

朱希周、王瓚、陳瀾等二百九十八人進士及第、出身有差。（據題名碑錄）

《明孝宗實錄》卷一百十：弘治九年三月，「癸巳，上御奉天殿策試舉人陳瀾等三百人，制曰：『朕惟君人者必有功德以被天下，闕其一不可以言治，顧於斯二者何先？夫非學無以成德，非政無以著功。論者或謂帝王之學不在文藝，或謂天子之儉乃其末節，或謂人主不親細事，或謂聖王不勤遠略，是有大於此矣，然則其所當務者何居？二帝三王之德，所事者何事？二帝三王之政，所見者何功？漢唐宋代有令君而功德鮮備：躬行德化者經制或不定，民安吏稱者德教或不純，或四夷服從而大綱不正，或仁厚立國而武略不競，是學與政容有可議者，其得失何如？我太祖高皇帝、太宗文皇帝神功聖德，冠絕古今，列聖相承，繼志述事，各臻其盛，所以致此者何由？朕嗣承大統，圖底治平，茲欲守宋臣所講之五規，去唐相所陳之九蔽，行漢儒所對之三策，以上追古帝王，庶無愧於我祖宗功德之大，其所以為根柢者何在？子諸生學道抱藝而來，皆志於世用，宜有以佐朕者，試悉陳之，朕將體而行焉。』」《館閣漫錄》卷七《弘治九年》：「三月己卯朔。癸巳，命少傅兼太子太傅、吏部尚書、謹身殿大學士徐溥，太子太保、禮部尚書兼武英殿大學士劉健，禮部右侍郎兼侍讀學士李東陽，詹事府詹事兼侍講學士謝遷，太子少保、吏部尚書屠滽，太子少保、戶部尚書葉淇，太子太保、兵部尚書馬文升，太子少保、

刑部尚書白昂，工部尚書劉璋、都察院左僉都御史楊謐、通政使司通政使元
守直、大理卿王霽爲殿試讀卷官。甲辰，授第一甲進士朱希周爲修撰，王瓚、
陳瀾爲編修。」王鏊《震澤集》卷十一《丙辰進士同年會序》：「弘治丙辰進
士三百人，首陳瀾，殿唐欽，南省有司所上之次也。首朱希周，殿童品，臚
傳恩榮之次也。首童品，殿王朝卿，諸同年私會朝天宮以齒坐列之次也。是
科廷試以三月十五日，既而傳臚、錫宴、釋奠咸如故事。禮成，洛陽劉東諗
於眾曰：『前此得失，不可知；後此聚散，不可期。何及此以訂同年之交乎？』
擇地得朝天宮之齋堂，庭宇靚深；諏日得四月之甲子，天日清美。……僉謂
茲會之不可常也，列名鋟梓，將使世講之。」李東陽《懷麓堂集》卷六十六
《進士題名記》：「國朝殿試之制，取會試之選於鄉者，策於廷而親第其等，
謂之進士。即板刻爲《登科錄》以傳，又刻其名氏於石，置之國學，以示後
世。……我朝洪武初置科舉法，既而中輟。十七年始復爲定制。凡殿試讀卷
則用翰林及文臣之長，提調、監試、受卷、彌封諸務皆各有分職。及傳臚、
放榜、賜宴、冠服、寶鈔皆各有定期。列聖相承，莫之或易。今天子嗣統之
三年庚戌，始展讀卷之期，爲制加密。乃九年丙辰之試，賜朱希周等三百人
及第、出身有差。」沈德符《萬曆野獲編》卷十五《科場·魁元再甲子》：「弘
治九年丙辰科狀元朱希周，蘇之昆山人，仕至南京吏部尚書，及見嘉靖丙辰
狀元諸大綬，次年卒，贈太子太保，諡恭靖。嘉靖二年癸未科探花徐階，松
江之華亭人，仕至少師吏部尚書大學士，及見萬曆癸未科會元李廷機，去臚
唱數日卒，贈太師，諡文貞。嘉靖二十年辛丑科會元陸樹聲，松江華亭人，
仕至太子少保禮部尚書，及見萬曆辛丑科同邑人狀元張以誠，又五年始卒，
贈太子太保，諡文定。三公者以南宮首薦，咸高第鼎甲，俱詞林鉅公，榮哀
始終，名德無玷，登第週一甲子而始下世，皆在吳中數十里之內，盛哉！」

　　據《明清進士題名碑錄索引》，弘治九年丙辰科第一甲三名（朱希周、王
瓚、陳瀾），第二甲九十五名，第三甲二百名。

朱希周為本科狀元。《欽定四書文》化治文卷六錄其程文《孟子》「舜
發於畎畝之中」一節題文。

　　文謂：「大賢述古人之亨於困，有統治於上者，有輔治於下者。蓋舜以聖
人治天下，而傅說諸賢皆隨時輔治之臣也，其亨皆由於困，何莫非天意所在
哉？孟子意曰：富貴福澤，固天所以厚乎人；而困窮拂鬱，天亦何嘗薄於人

耶？是故舜聖人也，受堯禪而膺歷數之歸，之中國而踐天子之位。人知舜之登庸也，而不知四岳之舉，實始於歷山之耕；側陋之揚，實由於往田之日。舜蓋發於畎畝之中焉。傅說身居版築，其地陋矣，高宗則舉之以作相，舟楫資之以作也，鹽梅資之以和也，則抹度之處，非其夢弼之地乎？膠鬲身鬻魚鹽，其事汙矣，文王則舉之以為政，或藉之以先後也，或藉之以疏附也，則貿易之所，非其奮跡之自乎？齊桓公以管夷吾為相國，舉之果何所自耶？則拘於士師之官而縲紲方且囚繫也；楚莊王以孫叔敖為令尹，舉之抑何所從耶？則困於隱處之地而海濱且將終身也。以至百里奚之賢而為秦穆公所舉，得非混迹於商賈之區，屈志於懋遷之市而始出哉？是則亨不遽亨也，而必始於困；困不終困也，而卒至於亨。古之聖賢大率類此，謂非天意，可乎？」評謂：「六句題，變四樣文法。顛倒曲折，其妙無窮。」「敘致變化，下語自分等級，乃作者用意深處。」

明孝宗弘治十一年戊午（西元 1498 年）

八　月

兩京及河南、山東、陝西、山西、浙江、湖廣、江西、福建、廣東、廣西、四川、雲南等十二布政司鄉試；貴州士子附雲南鄉試。

唐寅鄉試奪魁，文林曾薦之當路。

《明史·徐禎卿傳附唐寅傳》：「舉弘治十一年鄉試第一，座主梁儲奇其文，還朝示學士程敏政，敏政亦奇之。」《甫田集》卷三六附錄文嘉《先君（文徵明）行略》：「南濠都公穆，博雅好古。六如唐君寅，天才俊逸。公與二人者共耽古學，遊從甚密。且言於溫州，使薦之當路。都竟起家為己未進士，唐亦中南京戊午解元。時溫州在任，還書誠公曰：『子畏之才，宜發解。然其人輕浮，恐終無成。吾兒他日遠到，非所及也。』」《文章辨體彙選》卷五三七閭秀卿《唐伯虎傳》：「唐寅字伯虎，一字子畏，吳縣吳趨里人。有俊才，博學多識，善屬文，駢儷尤絕，歌詩婉麗，學劉禹錫，為人放浪不羈，志甚奇，沾沾自喜。衡山文林自太僕出知溫州，意殊不得，寅作書勸之，文甚奇偉。林出其書，示刺史新蔡曹鳳，鳳奇之曰：『此龍門燃尾之魚，不久將化去。』寅從御史考，下第，鳳

立薦之，得隸名末，果中式第一。先是，洗馬梁儲校寅卷，歎曰：『士固有若是奇者耶？解元在是矣！』梁章鉅《制義叢話》卷四：「（俞桐川）又曰：唐子畏寅風流放達，玩世不恭，竟以此得禍。方宸濠將反時，聘子畏爲謀主，子畏既不得志，勢若可就，乃託爲清狂，遂免於大難，大節凜然如此。世顧取其文而遺其節，何也？余讀子畏制義，方嚴正潔，近於老師宿儒，蓋玩世不恭非子畏之本心也。風流放達所以待流俗，方嚴正潔所以待聖賢，聖賢少而流俗多，則子畏隱矣。陳眉公繼儒曰：唐子畏初爲諸生，縱酒放懷，時人或非笑之，唐曰：『若閉戶經年，取解首如運掌耳。』後弘治戊午果舉省元。」

《欽定四書文》化治文卷六錄唐寅《孟子》「禹惡旨酒」一章題文。

文謂：「大賢舉先聖之心法，明道統之相承也。夫聖人身任斯道之寄，則其心自有不能逸矣。由禹以至周公，何莫非是心耶？孟子舉之曰：道必有所託而後行於世，聖人同其道也。然而天無二道，聖無二心，其憂勤惕厲一也。堯舜尙矣，自堯舜而下，得統者有禹湯焉，有文武周公焉。禹則致嚴於危微之辨而閑之也切，旨酒則惡之，善言則好之，蓋遏流禍於將然而廣忠益以自輔也；湯則加謹於化理之原而圖之也至，中道則務執之，賢才則廣收之，蓋建皇極以經世而集眾思以續熙也。文之繼湯也，則以德業未易全，而其心常操夫不足。民安矣，猶若阽於危也；道盛矣，猶若阻於岸也。蓋必欲達於神化之域，斯已矣。武之繼文也，則以治忽爲可畏，而其心常厚於自防。故慮深隱微，而邇弗敢泄也；明燭無疆，而遠弗敢忘也。蓋必欲密其周詳之念，斯已矣。迨周公承其後，思欲兼三王以時措，舉四事以立法。故事有戾於時勢之殊，必精思以求其通，雖夜而不遑於寐；理有值夫變通之利，必果行以奏其效，待旦而不安於寢。夫思之至，則其神合；行之勇，則其化流。禹湯文武之傳又在周公矣。即是而知數聖人所生之時雖不同，而心則一也。心一故道同，三代之治所以盛與？」評謂：「堅煉遒淨，一語不溢，題之義蘊畢涵。」

明孝宗弘治十二年己未（西元1499年）

二 月

命太子少保、禮部尚書兼文淵閣大學士李東陽、禮部右侍郎兼學士程

敏政為會試考官。(據《館閣漫錄》卷八《弘治十二年》)

本科會試題。

本科會試題有《論語》「欲罷不能，既竭吾才。如有所立卓爾，雖欲從之，末由也已」；《中庸》「知所以修身，則知所以治人。知所以治人，則知所以治天下國家矣」；《孟子》「惻隱之心，仁也；羞惡之心，義也；恭敬之心，禮也；是非之心，智也」。

三　月

倫文敘、豐熙、劉龍等三百人進士及第、出身有差。是科未考選庶吉士。

《明孝宗實錄》卷一百四十八：弘治十二年三月，「甲戌，上御奉天殿策試禮部會試中式舉人倫文敘等三百人，制曰：『朕惟自古聖帝明王之致治，其法非止一端，而孔子答顏淵問為邦，但以行夏之時、乘殷之輅、服周之冕、樂則韶舞為言，說者謂之四代禮樂。然則帝王致治之法，禮樂二者足以盡之乎？宋儒歐陽氏有言：三代而上，治出於一，而禮樂達於天下。三代而下，治出於二，而禮樂為虛名。當時道學大儒，稱為古今不易之至論。今以其言考之，上下數千餘年致治之迹具在，可舉而論之乎？夫三代而上，無容議矣。漢高帝嘗命叔孫通定禮樂，魯兩生不至，謂禮樂積德百年而後興。厥後三國分裂，其臣有諸葛亮者，而世儒乃或以禮樂有興，或以庶幾禮樂許之。蓋通與亮之為人，固不能無優劣，要之於禮樂能興與否，亦尚有可議者乎？我國家自太祖高皇帝以神武創業，聖聖相承，百有餘年，禮樂之制作，以時以人，宜無不備矣。然而治傚之隆，未盡復古，豈世道之陞降不能無異耶？抑合一之實，猶有所未至耶？朕祗承丕緒，夙夜惓惓，欲弘禮樂之化，益隆先烈，而未悉其道，子諸生其援據經史，參酌古今，具陳之，朕將親覽焉。』」《館閣漫錄》卷八《弘治十二年》：「三月庚申朔。甲戌，命少傅兼太子太傅、戶部尚書、謹身殿大學士劉健，太子少保、禮部尚書兼文淵閣大學士李東陽，太子少保、兵部尚書兼東閣大學士謝遷，太常少卿兼侍讀學士李傑，太常少卿兼侍講學士焦芳，詹事府少詹事兼侍講學士王鏊，太子太傅、吏部尚書屠滽，太子少保、戶部尚書周經，少保兼太子太傅、兵部尚書馬文升，太子太保、刑部尚書白昂，太子少保、工部尚書徐貫，太子少保、都察院左都御史

閔珪,掌通政司事、禮部左侍郎元守直,大理寺卿王軾爲讀卷官。乙酉,授第一甲進士倫文敍爲修撰,豐熙、劉龍爲編修。」《明史・選舉志》:「弘治十二年會試,大學士李東陽、少詹事程敏政爲考官。給事中華昶劾敏政鬻題與舉人唐寅、徐泰,乃命東陽獨閱文字。給事中林廷玉復攻敏政可疑者六事。敏政謫官,寅、泰皆斥譴。寅,江左才士,戊午南闈第一,論者多惜之。」民國《梧塍徐氏家譜》卷五十四薛章憲《鄉進士徐君衡父行狀》:「(徐)經,字衡父,自號西塢,爲人恬靜恭默。雖承席累葉豐亨之盛,若無所與,凡輿馬之盛,服食之奉,聲色之娛,一切屏去,不惟不屑也,而並忘之。至於六藝之文,百家之編,則口吟手披不絕也,且晝孳孳,務求遠到。其資稟之粹,趨向之高,識度之遠,亦可想見矣。平時恂恂,如不能言,至講求義理,辨析是非,則議論英發。居常退然,不與人校,或有強暴侵淩之加,又毅然不爲屈,庶幾得剛柔語默之宜者。君既富而能文,早有譽於天下,人多害其成。己未春,赴禮部試,或造爲飛語中君,當道者風聞以爲信然。即疏聞於上,就逮詔獄,久之,始得白,然猶坐除名,識者冤之。」民國《梧塍徐氏家譜》卷五十三《舊傳輯略・春元西塢公傳》:「公諱經(徐經),字直夫,號西塢。少孤力學,淡於世味,酷嗜學問,雖大廈千間,金珠委地,未嘗一著意焉。惟四方賢士大夫至,則坐論竟日,而忘疲焉。時與吳門唐寅輩以才名相爲引重。弘治乙卯,寅發解南畿,公與同榜,並爲時賢所景慕。然富而不施,內外嫉忌,再上春官,竟以場屋飛語,繫詔獄落籍。雄心浩氣,每寓之登涉吟詠,詩格奇崛而無險僻,評者謂類陸龜蒙。所著有《賁感集》,學士李春芳爲之序。」《弇山堂別集》卷八十二:「是歲,給事中華昶、林廷玉論敏政鬻題。先是,敏政問策秘,人罕知者,其故所昵門生徐經居平日窺得之,爲其同年解元唐寅說,由是各舉答無遺。寅,疏人也,見則矜且得上第。爲昶及廷玉所論,並敏政下獄按問,經自誣服購敏政家人得之。又寅曾以一金幣乞敏政文,送洗馬梁儲。獄成,敏政致仕,經、寅俱充吏。一云果敏政家人爲之也。」

據《明清進士題名碑錄索引》,弘治十二年己未科第一甲三名(倫文敍,豐熙,劉龍),第二甲九十五名,第三甲二百二名。

倫文敍以會元廷試及第狀元。

劉仕義《新知錄摘抄》:「廣東南海倫文敍以會元廷試及第狀元,長子以諒解元登進士第,次子以訓會元廷試第二人,少子以詵進士。一家之中父子

兄弟並以魁元策名當世，盛哉！前乎未之有也，故天下稱爲『三倫』。昔人有詩曰：『去時曾攜一束書，歸來玉帶掛金魚。文章未必能如此，應是雙親積善餘。』諒哉噫吁！天下之士抱璞弗售者十四五焉，可以安於命矣！」李調元《制義科瑣記》卷二《父子各占一元》：「倫文敘，南海人，弘治己未科會、狀。子以諒，正德丙子解元；以訓，正德丁丑會元。父子三人各占一元。」

戶科給事中華昶及舉人徐經、唐寅，錦衣衛執送鎮撫司。

《明孝宗實錄》卷一百四十八：弘治十二年三月，「丙寅，下戶科給事中華昶及舉人徐經、唐寅於獄。會試事畢，大學士李東陽等奏：『日者給事中華昶劾學士程敏政私漏題目於徐經、唐寅，禮部移文臣等重加翻閱去取。其時考校已定，按彌封號籍，二卷俱不在取中正榜之數，有同考官批語可驗。臣復會同五經諸同考，連日再閱，定取正榜三百卷，會外簾比號拆名。今事已竣，謹具以聞。』章下禮部看詳，尚書徐瓊等以前後閱卷去取之間及查二人朱卷未審有弊與否，俱內簾之事，本部無從定奪，請仍移原考試官，徑自具奏，別白是非，以息橫議。得旨：華昶、徐經、唐寅錦衣衛執送鎮撫司，對問明白以聞，不許徇情。」

王守仁登進士第。《欽定四書文》化治文錄王守仁文三篇。

《王文成全書》卷三十二《年譜》：「是年春，會試舉南宮第二人，賜二甲進士出身第七人，觀政工部。」《欽定四書文》化治文卷三錄王守仁《論語》「志士仁人」一節題文：「聖人於心之有主者而決其心德之能全焉。夫志士仁人，皆心有定主而不惑於私者也。以是人而當死生之際，吾惟見其求無愧於心焉耳，而於吾身何恤乎？此夫子爲天下之無志而不仁者慨也。故言此以示之，若曰：天下之事變無常，而死生之所繫甚大。固有臨難苟免而求生以害仁者焉，亦有見危授命而殺身以成仁者焉。此正是非之所由決，而恒情之所易惑者也。吾其有取於志士仁人乎？夫所謂志士者，以身負綱常之重，而志慮之高潔，每思有以植天下之大閑；所謂仁人者，以身會天德之全，而心體之光明，必欲有以貞天下之大節。是二人者，固皆事變之所不能驚，而利害之所不能奪，其死與生，有不足累者也。是以其禍患之方殷，固有可以避難而求全者矣，然臨難自免，則能安其身而不能安其心，是偷生者之爲，而彼有所不屑也；變故之偶值，固有可以僥倖而圖存者矣，然存非順事，則吾生

以全而吾仁以喪，是悖德者之事，而彼有所不爲也。彼之所爲者，惟以理欲無並立之機，而致命遂志，以安天下之貞者，雖至死而靡憾；心迹無兩全之勢，而捐軀赴難，以善天下之道者，雖滅身而無悔。當國家傾覆之餘，則致身以馴過涉之患者，其仁也，而彼即趨之而不避，甘之而不辭焉，蓋苟可以存吾志之公，將效死以爲之，而存亡由之，不計矣；值顛沛流離之餘，則舍身以貽沒寧之休者，其仁也，而彼即當之而不懼，視之而如歸焉，蓋苟可以全吾心之仁，將委身以從之，而死生由之，勿恤矣。是其以吾心爲重，而以吾身爲輕，其慷慨激烈以爲成仁之計者，固志士之勇爲而亦仁人之優爲也，視諸逡巡畏縮而苟全於一時者，誠何如哉？以存心爲生，而以存身爲累，其從容就義以明分義之公者，固仁人之所安而亦志士之所決也，視諸回護隱伏而覬覦於不死者，又何如哉？是知觀志士之所爲，而天下之無志者可以愧矣；觀仁人之所爲，而天下之不仁者可以思矣。」評謂：「『志士』是把握得定，『仁人』是涵養得熟。一『無』字，一『有』字，有確然不改易意，有安然不勉強意。寫兩種人，各盡分量，而文更俊偉光明。」「有豪傑氣象，亦少具儒者規模，高言不止於眾人之心。諒哉！氣盛辭堅，已開嘉靖間作者門徑。」卷四錄其《中庸》「詩云鳶飛戾天」一節題文：「《中庸》即《詩》而言一理充於兩間，發費隱之意也。蓋盈天地間皆物也，皆物則皆道也。即《詩》而觀，其殆善言道者必以物歟？今夫天地間惟氣而已矣，理御乎氣，而氣載乎理，固一機之不相離也。奈之何人但見物於物，而不能見道於物；見道於道，而不能見無物不在於道也。嘗觀之《詩》而得其妙矣。其曰『鳶飛戾天，魚躍於淵』，言乎鳶、魚而意不止於鳶、魚也；即乎天、淵而見不滯於天、淵也。爲此詩者，其知道乎！蓋萬物顯化醇之迹，吾道溢充周之機。感遇聚散，無非教也；成象效法，莫非命也。際乎上下，皆化育之流行；合乎流行，皆斯理之昭著。自有形而極乎其形，物何多也，含之而愈光者，流動充滿，一太和保合而已矣；自有象而極乎其象，物何賾也，藏之而愈顯者，彌漫布濩，一性命各正而已矣。物不止於鳶魚也，舉而例之，而物物可知；上下不止於天淵也，擴而觀之，而在在可見。是蓋有無間不可遺之物，則有無間不容息之氣；有無間不容息之氣，則有無間不可乘之理。其天機之察於上下者，固如此乎？」評謂：「不從『飛』、『躍』兩字著機鋒，是前輩見理分明處。」「清醇簡脫，理境上乘。陽明制義，謹遵朱注如此。」卷五錄其《孟子》「子噲不得與人燕」二句題文：「舉燕之君臣而各著其罪可伐也。夫國必自伐而人伐之

也，燕也私相授受，其罪著矣，是動天下之兵也。今夫爲天守名器者，君也；爲君守侯度者，臣也。名義至重，僭差云乎哉！故君雖倦勤，不得移諸其臣，示有專也；臣雖齊聖，不敢奸諸其君，紀臣道也。燕也何如哉？燕非子噲之燕，天子之燕也，召公之燕也。象賢而世守之，以永燕祀，以揚休命，子噲責也，舉燕而授之人，此何理哉！恪恭而終臣之，以竭忠蓋，以謹無將，子之分也，利燕而襲其位，罪亦甚矣！堯舜之傳賢，利民之大也，噲非堯舜也，安得而慕其名？舜禹之受禪，天人之從也，之非舜禹也，安得而襲其跡？自其不當與而言，無王命也，墮先業也，子噲是矣；自其不當受而言，僭王章也，奸君分也，子之有焉。夫君子之於天下，苟非吾之所有，雖一毫而莫取也，況授受之大乎？於義或有所乖，雖一介不以與人也，況神器之重乎？夫以燕之君臣而各負難逭之罪如此，有王者起，當爲伐矣。」評謂：「深得古文駁議之法，鋒鍔凌屬，極肖孟子語氣。是謂辭事相成。」

四　月

因唐寅科場案，下程敏政於獄。（據《明孝宗實錄》卷一百四十九）

《館閣漫錄》卷八《弘治十二年》：「四月庚寅朔。辛亥，下禮部右侍郎兼學士程敏政於獄。華昶既繫錦衣衛鎮撫司，工科都給事中林廷玉以嘗爲同考試官，與知內簾事，程敏政出題、閱卷、取人有可疑者六，且曰：『臣於敏政，非無一日之雅，但朝廷公道所出，既知之，不敢不言。且諫官得風聞言事，昶言雖不當，不爲身家計也。今所劾之官，晏然如故，而身先就獄，後若有事，誰復肯言之者。但茲事體大，勢難兩全，就使竟得實，於風化何補。莫若將言官舉人，釋而不問，敏政罷歸田里，如此處之，似爲包荒。但業已舉行，又難中止，若曰朋比回護，顛倒是非，則聖明之世，理所必無也。』既而給事中尚衡、監察御史王綬皆請釋昶而逮敏政。徐經亦奏曰：『昶挾私誣指敏政。』復屢奏自辨，且求放歸。及置對鎮撫司，以經、昶等獄辭多異，請取自宸斷。上命三法司及錦衣衛鞫之，經即自言敏政嘗受其金帛。於是左都御史閔珪等請逮敏政對問。奏留中十餘日，乃可之。」《明史·程敏政傳》：「十二年，與李東陽主會試。舉人徐經、唐寅預作文與試題合，給事中華昶劾敏政鬻題。時榜未發，詔敏政毋閱卷。其所錄者，令東陽會同考官覆校。二人卷皆不在所取中，東陽以聞。言者猶不已，敏政、昶、經、寅俱下獄，坐經嘗贄見敏政，寅嘗從敏政乞文，黜爲吏。敏政勒致仕，而昶以言事不實

調南太僕主簿。敏政出獄，憤恚發癰，卒。後贈禮部侍郎。或言敏政之獄，傅瀚欲奪其位，令昶奏之。事秘，莫能明也。」周璽《垂光集·論釋無辜事》：「題為開釋無辜以全聖德事。臣竊見戶科給事中華昶劾奏學士程敏政賣題緣由，荷蒙皇上聖武昭佈，乾剛獨斷，著法司衙門拏在午門前鞠問，其所賣舉人徐經等一被鞠問，即便輸服，情見迹具，理屈詞窮。既而程敏政恃其狡猾，陰結權貴，乃敢文過飾非，重為欺罔。原問官不能執法，苟事阿附，以其變詐之詞上塵九重之聽。臣愚以為陛下大明無私，容光必照，必將程敏政明正典刑，以為貪濫無恥者之戒。俯俟成命，不敢輕瀆。」《文章辨體彙選》卷五三七閣秀卿《唐伯虎傳》：「（梁）儲事畢歸，嘗從程詹事敏政飲。敏政方奉詔典會試，儲執卮請曰：『僕在南都得可與來者唐寅為最，且其人高才如此，不足以畢其長。惟君卿獎異之。』敏政曰：『吾固聞之，寅江南奇士也。』儲更詣請行三事，曰：『必得其文觀。』儲令寅具草上三事，皆敏捷。會儲奉使南行，寅感激，持帛一端詣敏政乞文餞。後被逮，竟因此論之。寅罷歸，朝臣多歎惜者。」《國朝獻徵錄》卷三十五《禮部右侍郎兼翰林院學士程敏政傳》：「敏政以少年擅文名，以文學躋侍從，自是以往，名位將不求而自至，乃外附權貴，內結奧援，急於進取之心，恒汲汲然。士大夫多有議之者。但言官劾其主考任私之事，實未嘗有。蓋當時有謀代其位者，嗾給事中華昶言之，遂成大獄，以至憤恨而死。有知者至今多冤惜之。」《廿二史箚記》卷三六《明代科場之弊》：「唐寅舉鄉試第一，與江陰富人徐經同舉，遂同入京會試。寅故有才，梁儲為延譽於程敏政。適敏政與李東陽同主會試，策題以『四子造詣』為問，乃是許魯齋一段文字，見劉靜修《退齋記》。通場士子皆不知。敏政得二卷，獨條對甚悉，將以為魁。而寅出場後，亦疏狂自炫。給事中華昶遂劾敏政鬻題。時榜未發，詔敏政毋閱卷，其所錄令東陽覆閱。二人卷皆不在所取中，東陽以聞。言者猶論不已，敏政、昶、寅、經俱下獄。坐經嘗謁見敏政，寅嘗乞敏政作序文，俱黜為吏。敏政亦勒致仕。」

十二月

禁民間書坊刊刻《京華日鈔》、《論範》、《論草》、《策略》、《文衡》、《文隨》、《主意》、《講章》等科舉應試用書，以免敗壞士習。從吏科給事中許天錫言也。（據《明孝宗實錄》卷一百五十七）

明孝宗弘治十四年辛酉（西元 1501 年）

閏七月

　　謝鐸言：各省鄉試，必差京官二員為主考。疏入，下所司知之。

　　　徐學聚《國朝典彙》卷一百二十八：「（弘治）十四年七月，掌國子監禮部右侍郎謝鐸言四事，二曰重科貢以清入仕之路，謂各省考官皆御史、方面之所辟召，職分既卑，權衡無預。以外簾之官而專去取，關節相通，人圖倖進。必差京朝官二員以為主考，庶幾革弊而真才可得。疏入，下所司知之。案：國初考試官，雖儒士亦在所聘，惟其人而已，後專任教職，乃有遺珠之歎。至是，以從禮臣言，以京朝官為主考，而不拘見任致仕，故少卿楊溥以服闋主浙江、主事王守仁以病痊主山東試。已而言官劾楊為不孝，王為不忠，法遂廢。至嘉靖戊子，復行之，僅兩試而止。迨萬曆乙酉復行之，至今不變云。」

八　月

　　兩京及河南、山東、陝西、山西、浙江、湖廣、江西、福建、廣東、廣西、四川、雲南等十二布政司鄉試；貴州士子附雲南鄉試。

明孝宗弘治十五年壬戌（西元 1502 年）

正　月

　　正月二十七日，吏部右侍郎王鏊為會試知貢舉官，以禮部尚書傅瀚有疾在告，左侍郎張昇公差，右侍郎焦芳有子入試，例應迴避也。（據《館閣漫錄》卷八《弘治十五年》）

二　月

　　命吏部左侍郎兼學士吳寬、侍讀學士劉機為會試考試官。（據《館閣漫錄》卷八《弘治十五年》）

　　　《明孝宗實錄》卷一百八十四：弘治十五年二月，「戊辰，禮部會試，取中式舉人魯鐸等三百名。」

本科會試題。

本科會試題有《論語》「子在齊聞韶，三月不知肉味，曰：不圖爲樂之至於斯也」；《中庸》「凡有氣血者，莫不尊親，故曰配天」；《孟子》「方里而井，井九百畝，其中爲公田。八家皆私百畝，同養公田。公事畢然後敢治私事，所以別野人也」。

三　月

康海、孫清、李廷相等二百九十七人進士及第、出身有差。改進士胡煜、魯鐸等二十人爲翰林院庶吉士。

《明孝宗實錄》卷一百八十五：弘治十五年三月，「丁亥，上御奉天殿策會試中式舉人魯鐸等二百九十九人。」《館閣漫錄》卷八《弘治十五年》：三月，「丁亥，命大學士劉健、李東陽、謝遷，少傅兼太子太傅、吏部尚書馬文升，戶部尚書佀鍾，兵部左侍郎熊翀，太子太保、刑部尚書閔珪，工部尚書曾鑒，都察院右都御史戴珊，通政司通政使沈祿，大理卿楊守隨，侍講學士武衛、張芮，充殿試讀卷官。陞南京翰林侍讀學士馬廷用爲南京禮部右侍郎。丙申，授第一甲進士康海爲修撰，孫清、李廷相爲編修。戊戌，改進士胡煜、魯鐸、薛金、溫仁和、李時、滕霄、吉時、趙永、李貫、畢濟川、何瑭、張襘、李元吉、周禎、王廷相、顧燁、潘希曾、盛端明、朱衷、王萱爲庶吉士，並修撰康海，編修孫清、李廷相，俱本院讀書，命學士梁儲、王華教之，給酒食器俱如例。」《弘治十五年進士登科錄·玉音》：「弘治十五年三月初八日，禮部尚書臣張昇等於奉天門奏爲科舉事。會試天下舉人，取中三百名。本年三月十五日殿試，合請讀卷官及執事等官少傅兼太子太傅戶部尚書謹身殿大學士劉健等五十六員。其進士出身等第，恭依太祖高皇帝欽定資格，第一甲例取三名。第一名從六品，第二第三名正七品，賜進士及第。第二甲從七品，賜進士出身。第三甲正八品，賜同進士出身。奉旨：是，欽此。讀卷官：光祿大夫柱國少傅兼太子太傅戶部尚書謹身殿大學士劉健，庚辰進士；光祿大夫柱國少傅兼太子太傅吏部尚書馬文升，辛未進士；榮祿大夫太子太保刑部尚書閔珪，甲申進士；資政大夫太子少保禮部尚書兼文淵閣大學士李東陽，甲申進士；資政大夫太子少保兵部尚書兼東閣大學士謝遷，乙未進士；資政大夫戶部尚書佀鍾，丙戌進士；資善大夫工部尚書曾鑒，甲申進士；資政大夫都察院左都御史戴

珊，甲申進士；資善大夫都察院右都御史史琳，丙戌進士；通議大夫兵部左侍郎熊狲，己丑進士；通議大夫通政使司通政使沈祿，戊子貢士；通議大夫大理寺卿楊守隨，丙戌進士；翰林院侍講學士奉訓大夫武衛，戊戌進士；翰林院侍講學士奉訓大夫張芮，戊戌進士。提調官：資善大夫禮部尚書張昇，己丑進士；通議大夫禮部左侍郎焦芳，甲申進士。監試官：文林郎河南道監察御史曾祿，辛丑進士；文林郎福建道監察御史鄧璋，丁未進士。受卷官：左春坊左諭德劉春，丁未進士；翰林院編修徐穆，癸丑進士；承事郎吏科都給事中王洧，丁未進士；承事郎戶科都給事中童瑞，庚戌進士。彌封官：亞中大夫光祿寺卿王珩，乙未進士；奉直大夫鴻臚寺左少卿岳鎮，監生；奉政大夫尚寶司卿盧亨，丁未進士；右春坊右贊善楊時暢，戊戌進士；翰林院編修沈燾，癸丑進士；奉議大夫吏部郎中兼司經局正字劉棨，秀才；奉直大夫禮部員外郎兼司經局正字周文通，秀才；承事郎禮科都給事中吳仕偉，庚戌進士；徵仕郎兵科給事中艾洪，丙辰進士。受卷官：翰林院編修文林郎顧清，癸丑進士；翰林院檢討徵仕郎石珤，丁未進士；翰林院檢討徵仕郎王九思，丙辰進士；承事郎刑科都給事中于瑁，癸丑進士；承事郎工科都給事中馬子聰，丁未進士。巡綽官：昭勇將軍錦衣衛指揮使趙鑒；昭勇將軍錦衣衛指揮使韋順；昭勇將軍錦衣衛指揮使楊玉；昭勇將軍錦衣衛指揮使葉廣；明威將軍錦衣衛指揮僉事郭良；明威將軍錦衣衛指揮僉事劉斌；明威將軍錦衣衛指揮僉事余守實；明威將軍錦衣衛指揮僉事周賢；明威將軍金吾前衛指揮僉事呂煥；昭勇將軍金吾後衛指揮使宋鑒。印卷官：奉議大夫禮部儀制清吏司郎中黎民表，甲辰進士；奉直大夫禮部儀制清吏司員外郎張琮，庚戌進士；承直郎禮部儀制清吏司主事劉台，丙辰進士；承德郎禮部儀制清吏司主事唐禎，丁未進士。供給官：奉議大夫光祿寺少卿楊潭，丁未進士；承德郎光祿寺寺丞趙松，癸丑進士；登仕佐郎禮部司務王恩，甲午貢士；奉政大夫禮部精膳清吏司郎中翁健之，丁未進士；奉直大夫禮部精膳清吏司員外郎戴恩，丁未進士；承德郎禮部精膳清吏司主事董忱，丙辰進士。」《弘治十五年進士登科錄·恩榮次第》：「弘治十五年三月十五日早，諸貢士赴內府殿試，上御奉天殿親賜策問。三月十八日早，文武百官朝服侍班。是日，錦衣衛設鹵簿於丹陛丹墀內，上御奉天殿，鴻臚寺官傳制唱名，禮部官捧黃榜，鼓樂導引出長安左門外，張掛畢，順天府官用傘蓋儀從送狀元歸第。三月十九日，賜宴於禮部。宴

畢，赴鴻臚寺習儀。三月二十一日，賜狀元朝服冠帶及進士寶鈔。三月二十二日，狀元率諸進士上表謝恩。三月二十三日，狀元率諸進士詣先師孔子廟行釋菜禮，禮部奏請命工部於國子監立石題名。」《弇山堂別集》卷八十二：「十五年壬戌，命吏部左侍郎翰林院學士吳寬、翰林院侍讀學士劉機爲考試官，取中魯鐸等。廷試，賜康海、孫清、李廷相及第。」「是歲，禮部尚書傅瀚等各以他事阻，吏部左侍郎王鏊代知貢舉。」高拱《高文襄公文集》卷四《前榮祿大夫太子太保兵部尚書兼都察院右都御史掌院事浚川王公行狀》：「公諱廷相，字子衡，別號浚川。……壬戌登進士第，選爲翰林庶吉士，乃益務進修，聲華藉甚。時方有邊警，閣試擬《經略邊關事宜疏》，公即明指利害，陳權宜振刷之策，亹亹數千言，咸中肯綮。當道者覘公有經濟才，靡不以大用相期云。」

據《弘治十五年進士登科錄》，第一甲三名，賜進士及第。履歷如下：

康海，貫陝西西安府乾州武功縣，民籍，國子生，治《詩經》。字德涵，行五，年二十八，六月二十日生。曾祖爵，南京太常寺少卿。祖健，通政司知事。父鏞，府知事。母張氏。慈侍下。兄阜；淮；浣；澤，醫學訓科。弟潤、浩、瀚、淳、洋、瀛。娶尙氏。陝西鄉試第七名，會試第一百七十九名。

孫清，貫直隸武清衛籍，浙江餘姚縣人，國子生，治《書經》。字直卿，行二，年二十三，四月初十日生。曾祖棲。祖弨。父鐵，□□。母陳氏，繼母徐氏。具慶下。兄澄。弟堪、墀。娶陳氏。順天府鄉試第一名，會試第二十六名。

李廷相，貫錦衣衛籍，山東濮州人，順天府學附學生，治《詩經》。字夢弼，行一，年二十二，五月二十二日生。曾祖俊。祖賢，義官，封刑部主事。父瓚，刑部員外郎。母趙氏，封安人。重慶下。娶侶氏，繼娶夏氏。順天府鄉試第六名，會試第三十二名。

據《弘治十五年進士登科錄》，第二甲九十五名，賜進士出身。第三甲一百九十九名，賜同進士出身。

何景明登進士第。

喬世寧《何先生傳》：「年十九，登壬戌進士，授中書舍人。是時北地李獻吉、武功康得涵、鄠杜王敬夫、歷下邊廷實，皆好古文辭。先生與論文語合，乃一意誦習古文，而與獻吉又駿發齊名，憂憤時事，尙節義而鄙榮利，

並有國士之風焉。」梁章鉅《制義叢話》卷二十三：「孟瓶庵師曰：前明何仲默景明少能文，見者疑之。以『梁惠王章句上』六字命破題，即應聲曰：『以一國僭竊之主，冠七篇仁義之書。』又有浙江陳木叔煒者作『入云則入，坐云則坐，食云則食』三句，破題云：『三命滋益恭，二篇可用享。』用二成語皆切當。」

明孝宗弘治十七年甲子（西元 1504 年）

三　月

祭酒章懋奏修舉學政事宜，孝宗命禮部議行之。所云「選貢」，即拔貢之所由始也。

黃佐《南雍志》卷四《事紀》：「弘治十七年三月，祭酒章懋奏修舉學政曰：『……原洪武、永樂年間，太學生徒動輒數千計，類多少俊，而教育之法，至為周詳，計日以通經，積分以出仕，布列庶位，大抵得人。近年生徒漸少，今科貢兩行，共六百餘人，其歲貢者非無可與共學之資，而衰遲不振十常八九，誨誘雖勤，不無扞格。近用三百五十名清理黃冊，除別差之外，盡撥止及前數之半，而堂舍頓空，每班惟舉人三五名而已。其舉人南京禮部箚付開送新舊，共該六七百人，又多顧戀家鄉，不肯到監，罰雖嚴於違限，彼亦視為泛常。將及會試，方來告送，逮其下第，又復還鄉，因循歲時，坐成老大，其間固有厄於貧難，而安於小成者，亦不少矣。夫歲貢之入監，既由挨次，舉人之坐監，又每後時，故差撥常患於不敷，教養尤難於見效，本末胥病，官使乏材，有養士之名而無得人之實。……欲行選貢之法，不分廩膳、增廣生員，令提學憲臣精加考選，務要行著鄉閭，學通經術，年富力強，累試優等者，乃以充貢。通計天下之廣，約取五七百人，分送兩監，今年首行一次，以後或三年或五年，量在監人材多少，間一行之。更乞自弘治十八年以後，會試下第舉人，該送南監者，寬其違限之條，要以坐堂之實，如係初到人數，須令實坐堂一年之上，方准起送會試；如係復監人數，須令實坐堂二年之上，方准再送會試，非有父母之喪而不及期者，不准起送，如此則生徒之數，可以漸及往年，且多精銳可進之資，鮮成因循自誤之悔。……』上命禮部議之。」乾隆《滄州志》卷八《選舉》：「拔貢：明弘治十七年，以章懋疏，令提學憲

臣於人才數多處行選貢之法，不分廩膳、增廣生員，通行考選，務求行著鄉閭，學通經術，年富力強，累試優等者，乃以充貢。此拔貢之始。」楊士聰《玉堂薈記》卷六：「援納既停，監生漸少，於是開選貢之例。膽錄分卷一如場中事宜，第減七義爲五義，省三場爲二場。其額每州縣一人，有不堪充選者，闕焉。本以充成均之選，非有異也。諸與選者一時高自標許，以爲破格大用即在旦夕，遂欲凌科甲而上之。及廷試畢，一概入監，了無他異。其年暮家貧者又不准就教，勉完監事，黯然而歸，至家與諸生無別，反損去廩膳之資，強半悔之，乃知張皇一番，殊屬無謂，不如以選貢還選貢之爲得也。」

八　月

兩京及河南、山東、陝西、山西、浙江、湖廣、江西、福建、廣東、廣西、四川、雲南等十二布政司鄉試；貴州士子附雲南鄉試。

明孝宗弘治十八年乙丑（西元 1505 年）

二　月

癸亥，命太常卿兼學士張元禎、左春坊大學士兼侍讀學士楊廷和爲會試考官，取中董玘等三百人。癸酉，翰林院編修汪俊、檢討汪偉俱丁優服闋，復除原職。（據《館閣漫錄》卷八《弘治十八年》）

　　《明孝宗實錄》卷二百二十一：弘治十八年二月，「辛巳，禮部會試，取中式舉人董玘等三百名。」朱國楨《湧幢小品》卷七《小座主》：「弘治乙丑，楊石齋主考闈，子升庵與俱。時崔仲鳧銳試卷分刑部主事劉武臣，疑其深刻，未錄。升庵見，奇之，以呈石齋，遂擢《詩》魁。崔以小座主稱焉，時年十八。子隨父入場，且得搜卷分考官舍中，今可行否？」李調元《制義科瑣記》卷二《白沙之徒》：「弘治十八年乙丑會試，太常卿張元禎、侍講學士楊廷和爲主考，得一卷，曰：『非白沙之徒，不能爲此。』署第二名。揭曉，唱名，乃廣東增城人湛若水也。湛從白沙學云。」

　　本科會試題。

　　本科會試題有《論語》「博學而篤志、切問而近思，仁在其中矣」；《孟子》

「故將大有爲之君，必有所不召之臣，欲有謀則就之。其尊德樂道，不如是不足與有爲也。故湯之於伊尹，學焉而後臣之，故不勞而王」；《中庸》「仁者人也，親親爲大；義者宜也，尊賢爲大」。

三　月

顧鼎臣、董玘、謝丕等三百零三人進士及第、出身有差。改進士崔銑、嚴嵩、湛若水等三十人為翰林院庶吉士。（據登科錄）

《明孝宗實錄》卷二百二十二：弘治十八年三月，「庚子，上御奉天殿策會試中式舉人董玘等三百三人」。《弘治十八年進士登科錄·玉音》：「弘治十八年三月初八日，禮部尚書臣張昇等於奉天門奏爲科舉事。會試天下舉人，取中三百名，本年三月十五日殿試，合請讀卷官及執事等官少師兼太子太師吏部尚書華蓋殿大學士劉健等五十四員。其進士出身等第，恭依太祖高皇帝欽定資格，第一甲例取三名。第一名從六品，第二第三名正七品，賜進上及第。第二甲從七品，賜進士出身。第三甲正八品，賜同進士出身，奉聖旨：是，欽此。讀卷官：特進光祿大夫柱國少師兼太子太師吏部尚書華蓋殿大學士劉健，庚辰進士；光祿大夫柱國少師兼太子太師吏部尚書馬文升，辛未進士；榮祿大夫太子太保戶部尚書兼謹身殿大學士李東陽，甲申進士；榮祿大夫太子太保禮部尚書兼武英殿大學士謝遷，乙未進士；光祿大夫柱國太子太保刑部尚書閔珪，甲申進士；資善大夫戶部尚書韓文，丙戌進士；資政大夫兵部尚書劉大夏，甲申進士；資政大夫工部尚書曾鑒，甲申進士；資德大夫正治上卿都察院左都御史戴珊，甲申進士；資政大夫都察院右都御史史琳，丙戌進士；通議大夫通政使司通政使田景賢，乙未進士；正議大夫通政使司通政使田景賢，乙未進士；通議大夫資治尹大理寺卿楊守隨，丙戌進士；翰林院學士奉議大夫劉機，戊戌進士；翰林院侍講學士奉訓大夫楊時暢，戊戌進士。提調官：資政大夫禮部尚書張昇，己丑進士；通議大夫禮部左侍郎李傑，丙戌進士；嘉議大夫禮部右侍郎王華，辛丑進士。監試官：文林郎貴州道監察御史藍章，甲辰進士；文林郎福建道監察御史王冠，庚戌進士。受卷官：奉訓大夫右春坊右諭德兼翰林院修撰毛澄，癸丑進士；翰林院侍講承德郎張澯，戊戌進士；徵仕郎吏科左給事中周璽，丙辰進士；徵仕郎戶科左給事中艾洪，丙辰進士。彌封官：亞中大夫光祿寺卿艾璞，辛丑進士；中順大夫順天府丞兼司經局正字周文通，秀才；朝列大夫尚寶司卿兼司經局正字劉

棨，秀才；奉議大夫尚寶司卿李弁，監生；奉訓大夫鴻臚寺左少卿劉愷，庚戌進士；翰林院修撰儒林郎倫文敘，己未進士；翰林院編修文林郎羅玘，丁未進士；徵仕郎禮科給事中張維新，己未進士；從仕郎兵科給事中潘鐸，己未進士。掌卷官：翰林院編修文林郎王瓚，丙辰進士；翰林院編修文林郎汪俊，癸丑進士；翰林院編修文林郎葉德，丙辰進士；承事郎刑科都給事中于瑁，癸丑進士；承事郎工科給事中王縝，癸丑進士。巡綽官：鎮國將軍錦衣衛掌衛事都指揮同知趙鑒；鎮國將軍錦衣衛管衛事都指揮同知葉廣；昭勇將軍錦衣衛指揮使韋順；昭勇將軍錦衣衛指揮使趙良；明威將軍錦衣衛指揮僉事余賨；明威將軍金吾前衛指揮僉事林文；懷遠將軍金吾後衛指揮同知徐璋。印卷官：奉議大夫禮部儀制清吏司郎中張琮，庚戌進士；禮部儀制清吏司員外郎董忱，丙辰進士；承德郎禮部儀制清吏司主事唐禎，丁未進士；承德郎禮部儀制清吏司主事陸淞，庚戌進士。供給官：奉議大夫光祿寺少卿張綸，甲辰進士；承德郎光祿寺寺丞趙松，癸丑進士；禮部司務程鶚，丙午貢士；奉政大夫修正庶尹禮部精膳清吏司郎中翁健之，丁未進士；禮部精膳清吏司員外郎皇甫錄，丙辰進士；承直郎禮部精膳清吏司主事羅欽忠，己未進士。」

《弘治十八年進士登科錄‧恩榮次第》：「弘治十八年三月十五日早，諸貢士赴內府殿試，上御奉天殿親賜策問。三月十八日早，文武百官朝服侍班。是日，錦衣衛設鹵簿於丹陛丹墀內，上御奉天殿，鴻臚寺官傳制唱名，禮部官捧黃榜，鼓樂導引出長安左門外，張掛畢，順天府官用傘蓋儀從送狀元歸第。三月十九日，賜宴於禮部，宴畢，赴鴻臚寺習儀。三月二十一日，賜狀元朝服冠帶及進士寶鈔。三月二十二日，狀元率諸進士上表謝恩。三月二十三日，狀元率諸進士詣先師孔子廟行釋菜禮，禮部奏請命工部於國子監立石題名。」

《館閣漫錄》卷八《弘治十八年》：「三月丙戌朔。命少師兼太子太師、吏部尚書、華蓋殿大學士劉健，太子太保、戶部尚書、謹身殿大學士李東陽，太子太保、禮部尚書、武英殿大學士謝遷，少師兼太子太師、吏部尚書馬文升，戶部尚書韓文、兵部尚書劉大夏，太子太保、刑部尚書閔珪，工部尚書曾鑒、左都御史戴珊、右都御史史琳、通政司通政使田景賢、大理卿楊守隨、翰林學士劉機、侍講學士楊時暢為殿試讀卷官。辛亥，授第一甲進士顧鼎臣為修撰，董玘、謝丕為編修。陞編修羅玘為本院侍讀，以九年秩滿也。改進士崔銑、嚴嵩、湛若水、倪宗正、陸深、翟鑾、邵天和、徐縉、張九敘、蔡潮、林文迪、安邦、段炅、蔡天佑、胡鐸、高淶、馬卿、劉寓生、安磐、穆孔暉、

李艾、王韋、趙中道、黃如金、閔楷、傅元、孫紹先、易舒誥、方獻科、張邦奇爲庶吉士讀書，命太常卿兼學士張元禎、學士劉機教之。」

據《弘治十八年進士登科錄》，第一甲三名，賜進士及第。履歷如下：

顧鼎臣，貫直隸蘇州府昆山縣，民籍，國子生，治《易經》。字九和，行三，年三十三，二月二十五日生。曾祖大本。祖良。父恂，遇例壽官。嫡母吳氏，生母楊氏。具慶下。兄式，府經歷；宜之，封監察御史。娶朱氏。應天府鄉試第八十六名，會試第五十五名。

董玘，貫浙江紹興府會稽縣，軍籍，國子生，治《易經》。字文玉，行十六，年二十三，八月十七日生。曾祖孚言。祖敬，贈監察御史。父復，知府。前母章氏，贈孺人，母婁氏，封孺人。具慶下。兄冕、旒。弟軏、龍。聘潘氏。浙江鄉試第二名，會試第一名。

謝丕，貫浙江紹興府餘姚縣，民籍，國子生，治《禮記》。字以中，行三，年二十四，四月十八日生。曾祖瑩，布政司都事，贈太子少保兵部尙書兼東閣大學士。祖恩，封右諭德，贈太子少保兵部尙書兼東閣大學士。父選。母陸氏，旌表節婦。慈侍下。兄正。弟豆、亙。娶毛氏。順天府鄉試第一名，會試第四名。

據《弘治十八年進士登科錄》，第二甲九十五名，賜進士出身。第三甲二百五名，賜同進士出身。

顧鼎臣爲明代入主內閣的狀元之一。

郎瑛《七修類稿》卷十三：「本朝百八十年，爲龍首者六十矣，而入閣者止胡文穆公廣、曹文忠公鼐、陳廣洲公循、商文毅公輅、彭文憲公時、謝文正公遷、費鵝湖公宏、顧味齋公鼎臣八人而已，可以爲難矣。較宋人詠曰：『聖朝龍首四十二，身到黃扉止六人』，則又過矣。雖然，此數也，又不在於功業文章論。」

《欽定四書文》化治文卷二錄顧鼎臣《論語》「陳司敗問昭公知禮乎」一章題文。

文謂：「聖人爲尊者諱，因人之議而以過自任焉。甚矣，聖人愛君之心無已也。始焉以禮諱其君，繼焉以過任諸己，孰非所以存厚也乎？司敗亦可以自悟矣。且大昏爲萬世之嗣，先王所以植紀也；同姓而昏姻不通，周道所以

章別也。昭公以魯娶吳，已大潰夫文武之防，當時以知禮見稱，又不追其大本之失，此司敗所以疑而問也。乃孔子則以知禮答之，是非不知其大倫之亂也。蓋不忍彰君之過，故爲之掩君之過；聞人道君之善，亦爲之稱君之善。臣子忠厚之道宜如是耳，非黨也。奚司敗不悟，乃因孔子之退，揖巫馬期而進焉。其曰『君子不党，君子亦党』者，是徒知諱人爲有黨，而不知夫子諱君爲非黨乎？其曰『君而知禮，孰不知禮』者，是徒知諱同姓爲不知禮，而不知夫子之對爲知禮乎？若司敗者，不諒聖人之心亦甚矣。使孔子於巫馬期之告也，將自謂諱君之惡與？非所以尊君也。抑將以娶同姓爲知禮與？又非所以正禮也。故不曰君之不幸，而但曰己之幸；不曰人知君之過，而但曰人知己之過。至是則昭公之失既泯於無迹，而君臣之至情已全；娶同姓之非不嫌於或黨，而昏媾之大禮已正矣。非夫子，其孰能與於此哉？」評謂：「以議論敘題，神氣安閒，意義曲盡，絕無經營之迹。此法亦後人所祖，但先輩祇是因題布格，與凌駕者不同。」

董玘爲本科會元、榜眼。《欽定四書文》化治文卷六錄其《孟子》「予未得爲孔子徒也」一節題文。

文謂：「大賢於聖人之道雖不得於見知，猶幸得於聞知。蓋孟子所宗惟孔子也，苟淑諸人，是亦得之孔子矣，奚以不及門爲歉乎？孟子敘道統而自任，曰：道之行於世也無存亡，而統之屬於人也有絕續。由堯舜至於周孔，道統有自來矣。夫何孔子之生也適予未生，而願學之心每限於莫及？予之生也孔子既沒，而誠明之聖未得於親承？金聲玉振，徒勤於想慕而親炙無由，求若顏、曾之左右於門牆，不可得也；江漢秋陽，徒慕其氣象而光輝罔挹，求若閔、冉之周旋於洙泗，未之能也。予之不幸，莫此爲甚矣。然予身之生，其去孔子尚未至於百年；孔子之澤，其及吾身尚未至於五世。文未喪天，而流風之未泯者，人固得傳之，我則從而取之以善其身焉；道未墜地，而餘韻之獨存者，人尚能誦之，我則從而資之以陶其德焉。大成之矩雖不可即矣，而金聲玉振之餘響，猶得竊之以自鳴，則淵源所自，謂非東魯之家法不可也；時中之聖雖不可作也，而江漢秋陽之餘光，猶得竊之以自賁，則支流所衍，謂非素王之餘緒不可也。此又非予之大幸哉！」評謂：「明是兩對文字，而長短參差，令人莫覺。」「兩『予』字、兩『也』字，唱歎深情，流溢紙墨之外，後人但作《太史公自序》語，直是心粗手滑耳。前輩祇求肖題，故才華雅贍

而意度仍自謹嚴。」

崔銑成二甲一名進士。《欽定四書文》化治文卷五錄其《孟子》「夫世祿」四節題文。

文謂：「大賢啓時君以王道而歆以師世之澤焉。夫井田、學校，王道也，滕以之法三代，而後世有不以之師滕乎哉？嘗謂人君之治國家也，上之有作求之思，而下之有垂範之責。是故爲治而不法三代，與夫爲治而不如三代之可法者，皆苟道也已。試陳之：助法，與世祿相表裏者也，滕之獨行世祿也，豈以助法非我周之明制乎？一誦其詩，而周之由商舊政者可考也，而滕當使之與世祿並行矣。學校，與井田相爲流通者也，滕之廢政不講也，又豈以庠序學校非三代之舊典乎？觀教於鄉國，而三代之賴以明人倫者則一也，滕當使之與三代並舉矣。然是井田學校也，可以制用，亦可以維風；可以承先，亦可以啓後。今以之爲治滕之政也，其將來不爲王者之師乎？將以阜安天下而法吾之養民者，養民是爲王者養民之師也；將以化導天下而法吾之教民者，教民是爲王者教民之師也。無一人不爲王者之民，亦無一日不涵於王者之澤；無一日不被王者之澤，亦無一人不推本於王者之師。所及其遠哉！吁，先王於我乎賴紹述，後王於我乎賴儀刑。勉之哉！其毋以世祿之行自足也。」評謂：「以世祿起，以世祿結。中間井田、學校對舉，極剪裁之妙。」

孫紹先成三甲一百十八名進士。《欽定四書文》化治文卷四錄其闈墨《中庸》「建諸天地而不悖」二句題文。

文謂：「君子之制作，於至大、至幽者而允協焉。夫莫大於天地，莫幽於鬼神，皆道之寓也。君子制作而允協焉，其克盡人道者歟！且君子者，以聖人在天子之位，以修道建中和之極，是誠居上不驕者，豈惟驗今而準古哉？雖天地、鬼神不能外也。今夫天地者，萬物之祖，君子特其中之一物耳。然道生天地，天地固道之統會也。以君子之道參之，奉三無私，上下與之同流；得一以貞，清寧視之無歉。大禮與天地同節，大樂與天地同和，時憲之餘，聰明於是乎昭鑒；裁成焉天地順之，輔相焉天地宜之，欽崇之下，易簡於是乎吻合。天，吾知其覆；地，吾知其載；三重，吾知其相爲終始也。違曰悖德，豈以克肖宗子而有是哉？鬼神者，眾妙之門，制作特其中之一義耳。然

道秘鬼神，鬼神固道之精靈也。以君子之道質之，聖人成能，而鬼神無外；朕志先定，而龜筮協從。其思也若或起之，其行也若或翼之，天地之功用，有相須而無相戾；一卷一舒與時消息，一闔一闢與化往來，二氣之良能，不相反而實相成。鬼，吾知其屈；神，吾知其伸；三重，吾知其屈伸相感也。明不至則疑生，豈以清明志氣而有是哉？是中天地而主綱常，則君子有贊於天地；與鬼神而合吉凶，則君子有助於鬼神。而況前聖後聖，天地鬼神精英之萃也，有弗符契？庶民小子，天地鬼神視聽之自也，有弗信從者哉？」評謂：「撮實而仍虛涵，鬱拙而實渾古。化治先正說理文字，已有此等精深壯麗之境。『鬼神』若泛說陰陽氣機，即與『建天地』不異，此引《大易》『鬼謀』、《尚書》『龜筮』者得之。」

五　月

孝宗去世，葬泰陵。朱厚照即位，是為武宗。（據《明鑑綱目》卷五）

明武宗正德二年丁卯（西元 1507 年）

八　月

兩京及河南、山東、陝西、山西、浙江、湖廣、江西、福建、廣東、廣西、四川、雲南等十二布政司鄉試；貴州士子附雲南鄉試。

明武宗正德三年戊辰（西元 1508 年）

二　月

會試天下貢士。命王鏊、梁儲為會試考試官，取中邵銳等三百五十人。

《館閣漫錄》卷九《正德三年》：「二月己巳朔。甲戌，命少傅兼太子太傅、戶部尚書、武英殿大學士王鏊，掌詹事府事、吏部尚書兼翰林院學士梁儲為會試考試官。丁丑，釋奠先師孔子，遣戶部尚書兼文淵閣大學士楊廷和

行禮。」《震澤集》卷十二《會試錄序》：「正德戊辰二月，會試天下士。於時知貢舉則禮部尙書臣機、侍郎臣澄，考試則大學士臣鏊、學士臣儲，同考試則修撰臣海、編修臣一鵬、臣俊、臣仁和、臣時、臣霄、臣瑭、臣銑、臣若水、都給事中臣承裕、給事中臣潮、署郎中事員外郎臣庭會、主事臣子熙、臣中道，監試則御史臣鑒、臣玉。天下士抱藝就試者三千八百八十餘人，三試之，遵制詔預選者凡三百五十人。刻其文之粹者以傳，凡二十篇，名之曰《會試錄》。臣鏊謹序其首。」

本科會試題。

本科會試題有《論語》「斯民也，三代之所以直道而行也」；《孟子》「夏后氏五十而貢，殷人七十而助，周人百畝而徹，其實皆什一也」；《中庸》「百世以俟聖人而不惑。質諸鬼神而無疑，知天也。百世以俟聖人而不惑，知人也」。

三　月

增陝西、河南等處鄉試解額。以劉瑾爲陝西人、閣臣焦芳爲河南人之故。

《明武宗實錄》卷三十六：正德三年三月壬戌，「增陝西、河南等處鄉試解額。初，給事中趙鐸奏：『今天下人才日多，而限於制額，如河南隸七郡，取八十人。山東六郡，七十五人。陝西八郡三邊，山西三府五州，僅六十五人。不無遺才之歎。臣以取士之額，河南宜量增，而陝及山東、西俱如河南之數』。禮部議覆，命仍會翰林院多官議處，分派地方廣狹以聞。於是陝西增三十五名爲百，河南增十五名爲九十五，山東增十五名，山西增二十五名，俱九十。議入，報可。且以會試分南北中卷，額數不均，自今中卷內，四川解額亦添與十名，並入南卷，其餘並入北卷。南北均取一百五十，著爲定規。劉瑾陝人，居中蠱政，手職御批，鐸之奏，其風指。而大學士焦芳欲並增河南之數，又陰附和之，變亂舊章，此其一云。」

呂柟、景暘、戴大賓等三百四十九人進士及第、出身有差。改劉仁、邵銳、黃芳爲庶吉士。

《館閣漫錄》卷九《正德三年》：「三月戊戌朔。辛亥，命少師兼太子太

師、吏部尚書、華蓋殿大學士李東陽，少傅兼太子太傅、吏部尚書、謹身殿
大學士焦芳，少傅兼太子太傅、戶部尚書、武英殿大學士王鏊，都察院掌院
事、太子太傅、吏部尚書兼左都御史屠滽，太子太傅、兵部尚書劉宇，戶部
尚書兼文淵閣大學士楊廷和，太子少保、吏部尚書許進，吏部尚書兼翰林院
學士、掌詹事府事梁儲，戶部尚書顧佐、刑部尚書王鑑之、工部尚書李鐩、
通政使王敞、大理寺卿張巒充廷試讀卷官。芳以子黃中、宇以子仁、提調官
禮部尚書劉春以從子鶴年皆與試，當避嫌。上允春請，而不允芳、宇，皆供
事。」《明武宗實錄》卷三十六：正德三年三月戊戌，「壬子，上御奉天殿親
策諸貢士，制曰：『朕聞人君所當取法者，惟天惟祖宗。唐虞三代之君，皆法
天法祖，以成盛治，載諸經，可考也。其有曰代天，曰憲天，曰格天，有曰
率祖，曰視祖，曰念祖，同乎異乎？抑所謂法祖，為守成而言也，彼創業垂
統者，又將何所法乎？漢唐宋以降，法天之道，殆有未易言者，何以能成其
治乎？抑亦有自法其祖者矣，何治之終不古若乎？朕自嗣位以來，兢兢焉惟
天命是度、祖訓是式，顧猶有不易盡者，天之道廣矣大矣，不知今日所當
法，何者為切？《傳》有謂刑罰以類天震曜，慈惠以傚天生育者，果可用
乎？我太祖高皇帝之創業，太宗文皇帝之垂統，列聖之所當法以為治者，布
在典冊，播之天下，不可悉舉。不知今日所當法，何者為先且急？史有謂正
身勵己，尊道德、進忠直以與祖宗合德者，果可行乎？茲欲弘道行政，以仰
承眷佑，延億萬載隆長之祚，子大夫應期嚮用，宜有以佐朕者，其敬陳之毋
忽。』」「癸亥，授第一甲進士呂柟為翰林院修撰，景暘、戴大賓為編修，二
甲第一名焦黃中，三甲第一名胡纘宗俱為檢討。舊制黃榜賜第之後，唯一甲
三名即授官，在二三甲者或改為翰林庶吉士，越三年學有成效，二甲乃授編
修，三甲乃授檢討。是歲焦芳為大學士，必欲拔其子黃中為一甲，而所對甚
劣，同事以芳故，不得已置二甲之首。芳乃言於劉瑾，廷試錄並刻黃中、纘
宗策。及吏部奏選柟等，遂內批特授黃中官，又並及纘宗。時議以芳之官非
瑾不進，而瑾之權非芳不張，既謀其身，又汲汲其子孫，廢廉恥，墮法制，
辱科目甚矣。」《弇山堂別集》卷八十二：「三年戊辰，命少傅太子太傅戶部
尚書武英殿大學士王鏊、吏部尚書翰林院學士梁儲為考試官，取中邵銳等。
廷試，賜呂柟、景暘、戴大賓及第。時焦芳子黃中二甲第一，劉宇子仁第
四，皆逆瑾黨也，因刻黃中及三甲第一人胡纘宗策，俱授翰林院檢討。改仁
及邵銳、黃芳為庶吉士。逾月，超擢黃中、仁及邵銳、黃芳為編修，黃中再

進侍講。而焦芳爲《題名記》，盛稱所改之制爲當。後瑾誅，黃中、仁爲民，銳、芳、纘宗俱坐貶。或傳會試鎖院後，劉瑾以片紙書五十人姓名欲登第，主司不敢拒，唯唯而已。瑾曰：『先生輩恐奪賢者路耶？』即開科額，三百五十人皆上第。」《明史・選舉志》：「正德三年戊辰。太監劉瑾錄五十人姓名以示主司，因廣五十名之額。十五年庚辰，武宗南巡，未及廷試，次年，世宗即位，五月，御西角門策之，擢楊維聰第一。而張璁即是榜進士也，六七年間，當國用事，權侔人主矣。」陳鼎《百可漫志》：「正德戊辰廷試，二甲、三甲一名刊策。丁丑會試，《五經》各刊文三篇，皆異常格」。李調元《制義科瑣記》卷二《斥讀卷官》：「正德三年戊辰，劉瑾黨焦芳子黃中與殿試，芳意必欲得第一，以託東陽。既而得二甲第一，芳怒，斥讀卷諸官爲部屬，而授其子以檢討。芳本不通，猶置高第者，李東陽應酬意也。芳以故恨李，時時詬罵，瑾問之曰：『黃中昨日在吾家試《石榴詩》甚拙，顧恨李耶？』乃已。瑾敗，芳及子俱削爲民。按是科瑾黨劉宇子仁，亦欲得一甲，既而失之，厚賂瑾，取內旨批爲庶吉士，後瑾敗，亦削爲民。」

據《明清進士題名碑錄索引》，正德三年戊辰科第一甲三名（呂柟、景暘、戴大賓），第二甲一百一十五名，第三甲二百三十一名。

唐龍成本科三甲七十六名進士。《欽定四書文》正嘉文卷六錄其《孟子》「物交物」二句題文。

唐龍（1477～1546），字虞佐，號漁石，浙江蘭溪人。除郯城知縣，後歷任兵、吏等部尚書，卒諡文襄。著有《易經大旨》四卷、《漁石集》四卷等。俞長城《可儀堂名家制義》收其《唐虞佐稿》。《欽定四書文》正嘉文卷六錄其《孟子》「物交物」二句題文：「惟欲與形交，斯形爲外誘矣。夫易溺者欲，易感者形，物我相交而弗爲其所誘者幾希！孟子明小體之不可從也及此。蓋謂：有小體焉，不可從也；有小人焉，不可爲也。彼耳不能思，惟以聽爲職而知覺弗具，是亦囿於形而已矣，耳非一物乎？凡物之有聲者從夫耳焉。目不能思，惟以視爲職而神明弗通，是亦囿於形而已矣，目非一物乎？凡物之有形者從夫目焉。聲無迹以虛入者也，而耳之虛有以受天下之聲，故五聲並取，劇然而交之，有不強自合者矣；色有象以明見者也，而目之明有以受天下之色，故五色並著，雜然而交之，有不期自集者矣。夫物交物如此，引而去之，抑何難哉？蓋期於聲者，天下之耳皆相似也，故聲一交而耳即隨內若

有將、外若有迎矣；期於色者，天下之目皆相似也，故色一交而目即隨前若有挽、後若有推矣。逐物之迹，窮於俱化之境，吾見志氣移於物，昏然而罔念也；從欲之形，流於忘返之域，吾見聰明昏於欲，冥然而莫知也。是則交之於前，實開引之之端；引之於後，實固交之之迹。君子於此，當慎所擇矣。」評謂：「前刷『交』字，後寫『引』字，皆由輕而重，由淺而深。入理周密，立言次第。」

明武宗正德五年庚午（西元 1510 年）

八 月

兩京及河南、山東、陝西、山西、浙江、湖廣、江西、福建、廣東、廣西、四川、雲南等十二布政司鄉試；貴州士子附雲南鄉試。

劉瑾伏誅。令鄉試解額並會試南、北、中卷俱復舊制。（據《明武宗實錄》卷六六「正德五年八月戊申」）

《明史·楊一清傳》：「安化王寘鐇反，詔起一清總制軍務，與總兵官神英西討，中官張永監其軍。未至，一清故部將仇鉞已捕執之。一清馳至鎮，宣佈德意。張永旋亦至，一清與結納，相得甚歡。知永與瑾有隙，乘間扼腕言曰：『賴公力定反側。然此易除也，如國家內患何。』永曰：『何謂也？』一清遂促席畫掌作『瑾』字，永難之曰：『是家晨夕上前，枝附根據，耳目廣矣。』一清慷慨曰：『公亦上信臣，討賊不付他人而付公，意可知。今功成奏捷，請間論軍事，因發瑾奸，極陳海內愁怨，懼變起心腹。上英武，必聽公誅瑾。瑾誅，公益柄用，悉矯前弊，收天下心。呂強、張承業暨公，千載三人耳。』永曰：『脫不濟，奈何？』一清曰：『言出於公，必濟。萬一不信，公頓首據地泣，請死上前，剖心以明不妄，上必為公動。苟得請，即行事，毋須臾緩。』於是永勃然起曰：『嗟乎，老奴何惜餘年，不以報主哉。』竟如一清策誅瑾。」

明武宗正德六年辛未（西元 1511 年）

正　月

令增會試同考官至十七員，其中翰林官十一員，科、部官各三員。分
《易經》四房、《書經》四房、《詩經》五房、《春秋》二房、《禮記》
二房。（據萬曆《大明會典》卷七十七《禮部》三十五《貢舉‧科舉‧
會試》）

二　月

以禮部會試天下貢士，命少傅兼太子太傅、吏部尚書、武英殿大學士
劉忠，吏部右侍郎兼翰林院學士靳貴為考試官。錄取鄒守益等三百五
十人。（據《館閣漫錄》卷九《正德六年》）

　　《明武宗實錄》卷七十二：正德六年二月，「戊申，禮部會試，取中式人
鄒守益等三百五十名。」沈德符《萬曆野獲編》卷十四：「《會試錄》刻文，
先朝多不拘式，如成化二年丙戌，《五經》各刻文三篇，二場乃刻詔。十七年
辛丑，二場刻論二篇。弘治六年癸丑，亦刻論二篇，又刻詔一篇。十八年乙
丑，又刻論二篇。正德六年辛未，又刻論二篇，而會元鄒守益論在第八名沈
圻之後，是後遂無此事。而《武舉錄》或刻二論，或二策，則至今尚然。」《萬
曆野獲編補遺》卷二《科場‧士子謗訕》：「武宗初年，貂璫盜柄，國事不必
論，即科場亦被姍笑。如正德三年戊辰科，少傅大學士王鏊、吏部尚書學士
梁儲為主考。發榜後，以取舍不愜士心，流謗入禁中。大內演戲，優人為主
司問答狀，或譏其不公，則對曰：『王良天下之賤工也，安所得佳文字？』蓋
以良為梁也。是科或傳劉瑾以片紙書五十人姓名入闈，主者有難色，瑾特為
增額五十名。其言未必真，而劉宇之子仁、焦芳之子黃中俱以奸黨冒上第。
又傳奉黃中等八人為庶常，俱非常之事，士子之肆誚固宜。六年辛未科，少
傅大學士劉忠、吏部左侍郎學士靳貴為主考。首題為『德行顏淵』一節，程
文破題用十哲字面。忽有投狀於閣部者，內稱訴冤人顏淵，為乞恩改職事。
某蒙累朝聖恩，久為四配，忽降居十哲之列，使四人虛一位，又使子張無處
可居，乞為辨明復職。蓋亦不得志者為之。是科會元鄒東郭（鐉），狀元楊升
庵，真無忝科名，即謗詞何足為主司損？但言官有糾靳京口家人通賂鬻題，
疏上不報，時瑾雖除，而八虎正恣也。」徐充《暖姝由筆》：「正德辛未科會

試，頭場題『德行顏淵』一節，及刊《試錄》，以十哲作破。揭曉後，有投狀
於通政司者，托顏淵告狀為乞恩改職事，大略言某蒙累朝以來為四配久矣，
不知今以何事得罪於朝廷，降為十哲。使某居十哲之列則多一人，使子張無
以處之，乞為明辨，仍復前職云云。此必下第舉人假以發其忿者，亦可一笑。」
歸莊《歸莊集》卷六《記蔡昂事》：「淮陰朱君旭，為余言其鄉先達蔡昂事。
昂，山陽人，正德甲戌科進士，第一甲第三人。同里有牛斗者，中鄉舉先於
蔡，而老於公車，兩人才名相埒而不相能。至某科會試，蔡為同考試官。故
例：分房閱卷，各從本經。他經多者至五房，《禮經》以士子習者少，僅一房。
凡天下舉子之習《禮記》者，取捨之權，皆出一人之手。蔡以《禮經》得第，
當閱《禮記》，而牛經故《禮記》也。蔡得一卷，曰：『必牛斗也。』擲去。
及發覆，果然。某科，蔡又分房得一卷，又曰：『必牛斗也。』又擲去，亦復
不爽。至□科，蔡遂主禮部試。各房呈卷，蔡閱至《禮記》房中一卷，意為
牛斗，欲駁放而難於明言，乃摘其小疵，塗抹棄之。更於敗卷中，取其一以
充數。及拆姓名，塗抹者乃他人卷，所取敗卷則牛斗也。蓋牛既再為蔡所抑，
是科文遂改其故步，故蔡不能識。牛雖登第出蔡之門，而憾蔡彌深，兩人遂
相惡終其身。」

本科會試題。

本科會試題有《論語》「德行，顏淵、閔子騫；言語，宰我、子貢；政事，
冉有、季路；文學，子游、子夏」；《大學》「如切如磋者，道學也；如琢如磨
者，自修也」；《孟子》「是集義所生者，非義襲而取之也。行有不慊於心，則
餒矣」。

三　月

楊慎、余本、鄒守益等三百五十人進士及第、出身有差。改許承名、劉棟等三十三人為翰林院庶吉士。

《館閣漫錄》卷九《正德六年》：「三月辛未朔。己未，初，禮部會試，
大學士劉忠、學士靳貴為考試官。入院後，浮議突起，徹於內簾，然未知主
名。算手王謙，宜興人，在院供事，與同邑舉人吳仕有隙，因指為仕。填榜
之際，外簾官皆入，乃知為江陰舉人陳哲。貴家人可勤紿取其賄，即亡去。
及對號，仕已中式，哲在黜列，仍並黜仕。既撤簾，監試御史趙秉倫等以為

言。下禮部覆奏：『奸由可勤，乃先事而逃，必蹤跡之，面訊始得情實；仕之謗乃謙所造，宜置之法，以爲姦邪溷亂科場之戒。』命捕可勤與哲並訊，而付謙於理。甲子，以廷試天下舉人，命少師兼太子太師、吏部尚書、華蓋殿大學士李東陽，少傅兼太子太傅、吏部尚書、謹身殿大學士楊廷和，少傅兼太子太傅、吏部尚書、武英殿大學士劉忠，少保兼太子太保、吏部尚書、武英殿大學士梁儲，吏部右侍郎兼翰林院學士靳貴、翰林院侍讀學士蔣冕、翰林院侍講學士毛澄，太子少保、吏部尚書楊一清，戶部左侍郎陳勛，太子少保、兵部尚書王敞，刑部尚書何鑒、工部尚書李鐩、都察院右副都御史王鼎，通政使司掌司事、左通政羅欽忠，大理寺卿張綸充讀卷官。廷和以子愼預試請迴避，不允。戊辰，賜楊愼等三百五十人進士及第、出身有差。癸酉，大學士劉忠爲會試考官事畢，復陳休致，言：『臣自去年蒙賜誥命，封贈四代，不能即歸，以奉揚於墓下。臣又老病，元氣日索，今不早歸醫治，後將噬臍。況近日言官有黜邪之章，臣正當所黜之首。伏望察臣懇切之情，將加秩收回，容令致仕。』上曰：『卿登庸未久，委任方隆，朝廷任用大臣，自有公論。卿之學行，簡在朕心，不必深辯。』丁丑，選進士許成名、劉棟、張璧、應良、黃臣、尹襄、劉朴、許復禮、費宷、王道、張潮、祝續、王思、孫承恩、徐之鸞、劉泉、林文俊、孫紹祖、戴顒、吳惠、金臯、劉夔、郭維藩、田荊、張狲、王元正、陳寰、劉濟、張衍慶、洗尙文、邊憲、張鰲山、俞敦等三十三人，改翰林院庶吉士，與一甲進士楊愼等三人讀書，命吏部右侍郎兼翰林院學士靳貴、翰林侍讀學士蔣冕教習文業。戊寅，大學士劉忠復上疏乞歸，上曰：『朕以卿先帝舊臣，才優德懋，足副倚毗。況今天下多事，宜竭誠輔導，其勿再辭。』己卯，授第一甲進士楊愼爲翰林院修撰，余本、鄒守益爲編修。」《明武宗實錄》卷七十三：正德六年三月，「乙丑，策試天下舉人。是日，上不御殿。制曰：『創業以武，守成以文，昔人有是說也。然兵農一致，文武同方，其用果有異乎？文武之分，始於何時？兵農之制，起於何代？常質諸古矣，《書》稱堯曰乃武乃文，於舜稱文明，禹稱文命，而不及武，於湯稱聖武，而不及文，周之謨烈，各專其一。且三代疊尙，而不言武，周列四民，而兵不與焉，何也？唐漢宋之英君令主，或創業而兼乎文，或守成而兼乎武，或有未備，亦足以善治。論者又謂天下安，注意相，又謂天下雖安，忘戰則危，是治兵之道，果與治民者同邪異邪？我太祖高皇帝以聖神文武統一天下，建官分籍，各有定制。列聖相承，率循是

道，百五十年，治定功成，實由於此。然承平既久，玩愒承之，學校之法具存，而士或失業，蠲貸之詔屢下，而人多告饑，流徙之餘，化爲寇賊，以遺朕宵旰之憂。今賦稅饋運，民力竭矣，而軍食或尙未給，調發戰禦，兵力亦勞矣，而民患尙未除，或者官非其人乎？而選舉之制，黜陟之典，賞罰之令，亦未始不加之意也。茲欲盡修攘之實，謹恬嬉之戒，文治舉而武功成，天下兵民，相衛相養於無事之天，以保我國家久安長治之業，宜如何而可？子大夫志於世用，方策士之日，不暇以微辭隱義爲問，姑舉其切於時者，其爲朕陳之。」

據《明清進士題名碑錄索引》，正德六年辛未科第一甲三名（楊愼、余本、鄒守益），第二甲一百一十五名，第三甲二百三十一名。

鄒守益爲本科會元，廷試一甲三名。《欽定四書文》正嘉文卷二錄其《論語》「聖人吾不得而見之矣」一章題文。

文謂：「聖人有見聖之思，而終不得於有恒也。夫由聖人而思及於有恒，夫子之心亦切矣。而有恒者猶不得而見焉，聖人亦且奈之何哉！夫子之意以爲：世變之趨而下也，可慨哉！至於世變之愈下，而吾人之所思亦因之矣。何則？由聖人而下，則有君子、善人，而有恒又其次也；由有恒而進，則爲善人、君子，而聖人又其至也。始吾於天下也，豈不願見聖人哉？顧聖人不可得而見，而得見君子，則猶聖人之徒也，斯亦可矣。又豈不願見善人哉？顧善人不可得而見，而得見有恒，則猶善人之徒也，斯亦可矣。蓋以厚望之心求天下，則雖善人君子，猶不足以滿吾希聖之念；而以難得之心求天下，則雖有恒，亦足以係吾入聖之思也。然而今之人亡矣，虛矣，約矣，其爲人何如也？且亡以爲有焉，虛以爲盈、約以爲泰焉，其於恒何如也？有恒者且不可得而見，而況於善人乎？況於君子乎？又況於聖人乎？已矣乎！吾終不得而見之矣夫！」評謂：「此等文，如有道之士百體順正，發氣滿容，不可以形似也。其措意遣言，亦天然合度，少有所損則已虧，少有所益則已贅。」

本科楊愼（《楊升庵稿》）、鄒守益（《鄒謙之稿》）等人制義被收入《可儀堂百二十名家制義》。

《鄒謙之稿》卷首俞長城題識云：「先君子論掄元法曰：『荊川以前，以高古精深勝；定宇以前，以雄渾博大勝；以後或取格局，或取神韻，各有宗

派。』蓋先君子潛心先輩，故評斷嚴確如此。間取成、弘、正三朝元墨較之，程度不爽。獨章楓山（章懋）瀟灑飄忽，開理齋（諸燮）、萊峰（周思兼）之先；鄒東廓（謙之）恬靜安閒，爲月峰（孫鑛）、具區（馮夢楨）之祖，文與諸元異，又似後世名家，皆在前人範圍之內，不僅以一體名也。楓山文儉於東廓，故錄東廓而置楓山。每讀其集，心神爲怡，文之移人固然。東廓先生師事陽明，官既屢躓，慨然以講學爲務；楓山亦如是云爾。二公者，志與人殊，宜其文之蕭然遠寄也。明此意，雖荊川以後諸元，又可變而通之已。」《楊升庵稿》卷首題識云：「先生詩古文最富，制義僅數首，而光氣不可沒，誦其文者，莫不悲其志，容容之福，皎皎之名，榮辱當何如也。」

明武宗正德七年壬申（西元 1512 年）

本　年

歸有光初入學，見里師，必以《小學古事》為訓。

　　歸有光《震川先生集》卷五《跋小學古事》：「余少時初入學，見里帥，必以《小學古事》爲訓。時方五、六歲，先生爲講蘇子瞻對其母太夫人及許平仲難師之語，竦然知慕之。自科舉之習日敝，以記誦時文爲速化之術。士雖登朝著，有不知王詳、孟宗、張巡、許遠爲何人者。吾里沈次穀先生憫俗之日薄，因演《小學古事》爲歌詩，頗雜以方俗語，使閭巷婦女童稚皆能知之。古之教者，家有塾，黨有庠，術有序，國有學。民在家，朝夕出入於里門，恒受教於塾之師。里中之有道德、仕而歸老者，爲之師。次穀雖不仕，亦何愧於古之所謂可以爲塾師者耶？」

明武宗正德八年癸酉（西元 1513 年）

八　月

江西鄉試，王昂之承題為人傳誦。

　　《遊藝塾文規》卷二《承題》：「今之作承者，畢力爭新矣，然惟墨卷有

出色者，坊間刻文，佳者絕少。嘗記正德癸酉江西『舜有天下』一節，王昂云：『觀二聖化天下之道，見仁智者之相爲用也。夫舉一人以爲天下風，而天下化焉。化者，人也，而所以化者，聖人及之也。』去今不啻百年，而格奇調逸，有今人所不能到者。乙未會魁李中立『仁者其言也訒』全章之承雖新，亦是傅夏器『子貢問君子』一節舊式。傅云：『賢者求君子之道，聖人告以行先於言而已。夫言非難，必有所以先之者，行是已，知所先焉，其斯爲君子之道乎？』李云：『夫言不自訒，有所以立乎其先者，則心是已，故訒言盡仁也。』想李公平日留心會元墨卷，涵濡既久，不覺偶合耳。」

明武宗正德九年甲戌（西元 1514 年）

二　月

　　禮部以會試請，命大學士梁儲、翰林學士毛澄為考試官。

　　癸亥，禮部會試，取中正榜舉人霍韜等四百人。先是，都給事中李鐸奏欲增取進士，選補州縣正官。禮部覆請，乃特增之，後不爲例。陞右春坊右贊善兼翰林編修陳霽爲南京翰林院試講學士。（據《館閣漫錄》卷十《正德八年》）《明武宗實錄》卷一百九：正德九年二月，「癸亥，禮部會試，取中正榜舉人霍韜等四百人。先是，都給事中李鐸奏欲增取進士候補州縣正官，禮部覆請，乃特增之，後不爲例。」查繼佐《罪惟錄》志卷十八《科舉志》：「（正德）九年甲戌，試貢士，得霍韜等四百人，賜唐臯、黃初、蔡昂等及第、出身有差。初與大學士費宏同籍，朱寧論宏私其鄉人，罷去。上嘗手摘《會試錄》越例三條，使太監張永傳諭閣臣：『姑念衙門體面，但與先生輩知之。』」梁儲《鬱洲遺稿》卷五《會試錄序》：「我聖祖高皇帝臨御之初，立賢無方，自洪武三年至五年，每歲皆開科取士。……六年以後，姑罷之。越十有一年，爲洪武甲子，始復詔禮部與儒臣重議，定《科舉成式》，頒行天下，永爲遵守。……正德九年春正月……以會試之期，……三試既畢，朱卷續入之後，臣等……於三千八百餘卷中，奉宸斷取其文之中式者四百人，第其姓名，列爲正榜。又擇其文之明暢者二十篇，刻試錄，將以進呈乙覽，而傳之於四方遠邇，以昭科目盛事。」

本科會試題。

　　本科會試題有《大學》「欲誠其意者先致其知。致知在格物。物格而後知至，知致而後意誠」；《孟子》「於季桓子，見行可之仕也」；《論語》「夫子之文章可得而聞也，夫子之言性與天道不可得而聞也」。

三　月

唐皋、黃初、蔡昂等三百九十六人進士及第、出身有差。是科未考選庶吉士。

　　《明武宗實錄》卷一百一十：正德九年三月「戊寅，策試舉人霍韜等三百九十六人，是日，上不御殿。制曰：『朕惟《大學》一書，有體有用，聖學之淵源，治道之根柢也。宋儒真德秀嘗推衍其義，以獻於朝。我太祖高皇帝，特命左右大書，揭之殿壁，朝夕觀覽，每與侍臣形之論說。列聖相承，罔不崇信。朕初嗣位，經筵儒臣首以進講。其書大綱有二：先之以帝王為治之序，次之以帝王為學之本，又以格物、致知、誠意、正心、修身、齊家之要分為四目，序列於後，以示學者用力之地。夫學，體也。治，用也。由體達用，則先學而後治可也，顧以治先於學，於義何居？其為治之序，蓋前聖之規模，後賢之議論，皆在焉。比而論之，無弗同者。而帝王之所以為學，則有不同。堯、舜、禹、湯、文、武，純乎無以議為也。高宗成王，其庶幾乎？下此雖漢、唐賢君，亦或不能無少悖戾。又下則其謬愈甚，不過從事於技藝文詞之間耳，無惑乎其治之不古若也。凡此皆後世之鑒，可能歷舉而言之乎？抑《衍義》所載不及宋事，不知宋之諸君，為治為學，其亦有進於是者乎？朕萬幾之暇，留意此書，蓋欲庶幾乎古帝王之學，以增光我祖宗之治。勵志雖勤，績用未著，家國仁讓之風，用人理財之效，視古猶歉。豈所以為治者，未得其本乎？夫為人臣而不知《大學》，無以盡正君之法。子諸生講明是道久矣，行且有臣之責，其為朕悉心以對，毋泛毋略，朕將親覽焉。』」《館閣漫錄》卷十《正德九年》：「三月甲子朔。丙寅，翰林編修劉泉乞養病，許之。癸酉，命少師兼太子太師、吏部尚書、華蓋殿大學士楊廷和，少傅兼太子太傅、吏部尚書、謹身殿大學士梁儲，太子太保、戶部尚書、武英殿大學士費宏，禮部尚書兼文淵閣大學士靳貴，掌詹事府事、吏部左侍郎兼翰林學士蔣冕，翰林侍讀學士顧清，少保兼太子太保、吏部尚書楊一清，戶部尚書王瓊，太子少保、兵部尚書陸完，刑部尚書張子麟，太子太保、工部尚書李鐩，都察院

右都御史石玠、通政司通政使丁鳳、大理寺左少卿張檜充殿試讀卷官。庚寅，太子少保、南京兵部尚書劉機乞致仕，許之，賜馳驛歸，令有司給食米月四石，役夫歲六名。壬辰，授第一甲進士唐皋爲翰林修撰，黃初、蔡昂爲編修。」《弇山堂別集》卷八十二：「九年甲戌，命少傅太子太傅史部尚書謹身殿大學士梁儲、翰林院學士毛澄爲考試官，取中霍韜等。廷試，賜唐皋、蔡昂、黃初及第。初，貴溪人也。朱寧惡大學士費宏，譖於上，論其私鄉人，罷官。」《國榷》卷四十九：「正德九年三月戊寅，廷策貢士，賜唐皋、黃初、蔡昂等進士及第、出身有差。」張萱《西園聞見錄》卷四十四《禮部三》「科場·往行」：「屠應埈，字文升，平湖人。正德甲戌進士，改庶吉士，歷官諭德。公爲吉士，時張文忠公初得君，好變易典制，諸吉士皆少年，負氣不能屈，往往抗視閣臣。文忠怒，盡黜諸吉士，公授刑部主事。戊子鄉試，新議京朝官出典文衡，公得江西。未行，有當軸者以其子屬之，令入選，公不聽。及試，錄至當軸子，竟不第。意欲危中之，而其人他事罷去。」李調元《制義科瑣記》卷二《一網得》：「唐皋在歙庠日，每以魁元自命，雖累蹶場屋而志不怠。鄉人誚之曰：『徽州好個唐皋哥，一氣秋闈走十科。經魁解元荷包裏，其奈京城剪絡多。』唐聞之，志益勵。因題書室壁曰：『愈讀愈不中，唐皋其如命何。愈不中愈讀，命其如唐皋何。』又嘗見人所持便面畫一漁翁網魚，題曰：「一網復一網，終有一網得。笑殺無網人，臨淵空歎息。』及正德癸酉、甲戌，果連捷，狀元及第。又曾夢與鄭佐同榜，時皋年三十餘，而佐方生。後佐年十九，果與同捷。」陳鼎《百可漫志》：「唐守之皋在歙庠日，每以魁元自擬，累蹶場屋，鄉人誚之曰：『徽州好個唐皋哥，一氣秋闈走十科。經魁解元何（荷）包裏，爭奈京城剪柳多。』唐聞之，志益勵。至正德癸酉、甲戌，連捷經魁，以狀元及第，年已五十餘，可謂有志者事竟成也。」梁章鉅《制義叢話》卷五：「《四勿齋隨筆》云：孔子見行可之仕，所以異於際可、公養者，全在一『見』字。正德甲戌，唐心庵皋墨云：『夫子於此，藏之於見舍也久，而行之於方用之始，此其機焉，見之烏可以不乘？求之於隱居也素，而用之於方亨之時，此其兆焉，見之烏可以不決？』又云：『上陵下替，國之患也，不用則已，苟有用我，將使上下順而無陵替之患，不於桓子之往而誰往乎？政頹俗靡，國之弊也，不試則已，苟有所試，將使政俗美而無頹靡之弊，不於季氏之行而誰行乎？』前二比爲『見』字扼要，後比爲『於』字摹神。以老手運老法，自是先民法程。案：唐皋，歙縣人，家甚貧，襟懷灑脫，才思敏捷，

文不加點，若中有所改動，即別構一篇。少負才，自以為必售，及屢困場屋，時人嘲之曰：『徽州有個唐皋哥，一氣鄉闈走十科。解元收拾荷包裏，其奈京城氈絡多。』皋聞之，志益壯，自署齋壁曰：『愈讀愈不中，唐皋其如命何？愈不中愈讀，命其如唐皋何？』後四十六歲，中正德九年甲戌狀元。此事見《制義科瑣記》。而『愈讀愈不中』四語，吾鄉無不熟在人口，且習以唐皋為吾閩人也。」

　　據《明清進士題名碑錄索引》，正德九年甲戌科第一甲三名（唐皋、黃初、蔡昂），第二甲一百三十五名，第三甲二百五十八名。

明武宗正德十一年丙子（西元 1516 年）

八　月

　　兩京及河南、山東、陝西、山西、浙江、湖廣、江西、福建、廣東、廣西、四川、雲南等十二布政司鄉試；貴州士子附雲南鄉試。

明武宗正德十二年丁丑（西元 1517 年）

二　月

　　辛亥，命太子太保、戶部尚書兼武英殿大學士靳貴，詹事府少詹事兼翰林學士顧清為會試考官。甲戌，禮部會試，取中正榜舉人倫以訓等三百五十名。（據《館閣漫錄》卷十《正德十二年》）

　　《明武宗實錄》卷一百四十六：正德十二年二月，「甲戌，禮部會試，取中正榜舉人倫以訓等三百五十人。」

　　本科會試題。

　　本科會試題有《論語》「夫仁者己欲立而立人，己欲達而達人。能近取譬，可謂仁之方也已」；《孟子》「老者衣帛食肉，黎民不饑不寒，然而不王者，未之有也」；《中庸》「敬大臣則不眩，體群臣則士之報禮重，子庶民則百姓勸，

來百工則財用足，柔遠人則四方歸之，懷諸侯則天下畏之」。

三　月

舒芬、倫以訓、崔桐等三百四十九人進士及第、出身有差。改汪佃、余承勳等三十四人為翰林院庶吉士。其餘分撥諸司辦事。

《明武宗實錄》卷一百四十七：正德十二年三月，「庚寅，策試舉人倫以訓等三百五十人。是日，上不御殿。制曰：『朕惟羲農以下之事見於經，秦漢以來之事見於史。見於經者皆聖賢爲治之迹，見於史者亦當時君臣相與隨時而成治者也。然儒先君子之論，則曰：帝王以道治天下，後世祇以法把持之而已。信斯言也，豈帝王之治，一以道而不以法，後世之治，一以法而不以道歟？自今觀之，如畫野分州，設官分職，明禮樂，興學校，正律曆，秩祭祀，均田賦，通泉貨，公選舉，嚴考課，立兵制，愼刑法，則帝王之治天下，固未嘗不以法也。天性明達，寬仁長者，躬修玄默，以德化民，恢廓大度，同符高祖，事從寬厚，文以禮樂，畏義好賢，力於爲善，聰明果決，得於天性，寬仁多恕，心無私曲，恭儉仁恕，忠厚惻怛，則後世賢君之治天下，亦未嘗不各有其道也。然則儒先之論，殆亦有不足盡信者歟？洪惟我太祖高皇帝，創業垂統，治定功成，聖子神孫，萬代如見，其治道之高明，治法之弘遠，直可以等帝王而上之矣。然而帝王廟祀立於京師，自昔忠良多與配享，雖以勝國之世祖，而亦獲秩祀焉，豈非以後世之英君誼辟，其政治亦猶有可取者歟？朕膺天眷命，嗣守鴻業，臨政願治，蓋十有三年於茲矣。然遠師帝王之道，而望道猶有所未見，近守祖宗之法，而行法猶有所未逮，其故安在？子大夫積學待問久矣，其爲朕據經史，兼本末，詳著於篇，朕將采而用之，而以資於治焉。』」《館閣漫錄》卷十《正德十二年》：三月「己丑，命少師兼太子太師、吏部尚書、華蓋殿大學士梁儲，太子太保、戶部尚書、武英殿大學士靳貴，禮部尚書兼文淵閣大學士蔣冕，禮部尚書兼翰林學士、掌詹事府事毛紀，太子太保、吏部尚書陸完，太子少保、戶部尚書石玠，少保兼太子太保兵部尚書王瓊，太子少保、刑部尚書張子麟，太子少保、工部尚書李鐩，都察院右都御史王璟，掌通政使司事、禮部尚書李誥，大理卿陳恪、翰林侍讀學士朱希周、侍講學士劉龍充殿試讀卷官。甲辰，授一甲進士舒芬爲翰林修撰，倫以訓、崔桐爲編修。選進士汪佃、余承勳、黃易、江暉、王廷陳、汪應軫、劉世盛、曹懷、儲昱、葉桂章、葉式、馬汝驥、汪思、王三錫、史

于光、陳沂、鄺灝、史道、劉穆、楊士雲、張星、廖尋、蕭與成、林時、鄭自璧、劉世揚、曹嘉、閻閎、季方、湯惟學、黎貫、席春、王邦瑞、許宗魯三十四人，改爲翰林院庶吉士，同舒芬、倫以訓、崔桐讀書，命掌詹事府禮部尙書兼翰林學士毛紀、少詹事兼學士顧清教之。」查繼佐《罪惟錄》志卷十八《科舉志》：「（正德）十二年丁丑，試貢士，得倫以訓等三百五十人，倫下汪應軫、葉式、江暉、王廷，五魁皆入翰林。賜舒芬、倫以訓、崔桐等及第、出身有差。芬後爲名臣。先是，大學士靳貴以病在告，臨場忽愈，入主會試，益滋群議，致仕去。時督學蕭鳴鳳諳星命，預告人：『今科舒梓溪當壓輩。』果然。芬因就質終身，曰：『功名壽算總與羅一峰上下。』後果謫閩提舉，壽亦止此，且配食一峰祠。」「正德十二年丁丑，殿試，策題中有云：『朕讀《尙書・無逸》篇，中有「嘉靖殷邦」之語，思改元以壽世。』及十五年殿試，則果嘉靖改元補試，亦一奇也。」

據《明清進士題名碑錄索引》，正德十二年丁丑科第一甲三名（舒芬、倫以訓、崔桐），第二甲一百一十五名，第三甲二百三十一名。

本科二甲十八名進士汪應軫，其制義爲艾南英所稱道。

梁章鉅《制義叢話》卷七：「張惕庵曰：『季子不得之鄒，儲子得之平陸』，惟明人汪青湖應軫文說得明晰，文云：『爲任處守，主君不在，正四鄰窺伺之秋；恩信未孚，暫時守國，乃釁起蕭牆之日。此時禮賢之意雖勤，亦不可越國。儲子任非處守，本不甚關輕重；位居國相，正宜屈己下賢。況平陸又在境內，非越境私交也。』艾千子云：『先輩於此等題，亦從經濟揣摩而出，凡讀書、作文可以類推。』」

本科三甲五十七名進士季本，其學師承陽明，而不以陽明心學入時文。

梁章鉅《制義叢話》卷四：「（俞桐川）又曰：新建之學，衍於正、嘉而盛於隆、萬。季彭山本師承陽明，著書數百萬言，皆行於世。夫宗陽明者，其說不能無弊，而大旨歸於心得，是以可傳。然終不以入時文，時文必宗考亭，考亭正宗也，象山旁支也。彭山制義恪守傳注，謹嚴法度，陽儒陰釋之語，無能涉其筆端，與口談考亭而文詞浮誕者相去遠矣。孝友性生，文武兼長，逆拒宸濠，與陽明相應，人生在三，事之如一，其文行豈有遺議哉！」

明武宗正德十四年己卯（西元 1519 年）

八　月

兩京及河南、山東、陝西、山西、浙江、湖廣、福建、廣東、廣西、四川、雲南等十一布政司鄉試；貴州士子附雲南鄉試。江西因宸濠之亂，未舉行鄉試。

本　年

陳柏（1508～？）年十二，應童子試，學使張邦奇奇之。

　　陳文燭《二酉文集》卷十三《明故進階中議大夫資治尹山西提刑按察司副使先君行狀》：「先君諱柏，字憲卿。……年十二，應正德己卯試。張公邦奇為學使，奇之，命郡守李公濂再試。試目乃『從者病莫能興』，先君以為病其道之莫能興起也。李公奇曰：『吾得童士疇，又得吾子，其雙璧乎！』攜入衙內，夫人治具款焉。」

明武宗正德十五年庚辰（西元 1520 年）

二　月

命禮部左侍郎翰林院學士石珤、翰林院侍講學士李廷相為會試考試官，取中張治等三百五十名。因明武宗南巡，廷試延至明年五月。（據《弇山堂別集》卷八十二、《明武宗實錄》卷一百八十三）

　　查繼佐《罪惟錄》志卷十八《科舉志》：「（正德）十五年庚辰，試貢士，得張治等三百五十人。時上方南巡，未及殿試。世廟入繼大統，於辛巳之二月望，御門策士，賜楊維聰、陸鈙、費懋中等及第、出身有差。」《國榷》卷五十一：「正德十五年二月丙寅，禮部左侍郎兼翰林院學士石珤、侍講學士李廷相主禮闈。」

《正德十五年庚辰會試錄》載有正德十五年庚辰會試題全套。

正德十五年庚辰會試題：

第壹場：

《四書》：

一、子貢曰：「我不欲人之加諸我也，吾亦欲無加諸人。」子曰：「賜也，
　　非爾所及也。」（《論語》）

二、凡爲天下國家有九經，所以行之者一也。（《中庸》）

三、觀水有術，必觀其瀾。日月有明，容光必照焉。（《孟子》）

《易》：

一、先天而天弗違，後天而奉天時。天且弗違，而況於人乎？況於鬼神
　　乎？

二、恒，久也。剛上而柔下，雷風相與，巽而動，剛柔皆應，恒。

三、卑高以陳，貴賤位矣。

四、天下何思何慮？天下同歸而殊途，一致而百慮，天下何思何慮？

《書》：

一、光被四表，格於上下。

二、惟厥攸居，政事惟醇。

三、惟曰：「若稽田，既勤敷菑，惟其陳修，爲厥疆畎。若作室家，既勤
　　垣墉，惟其塗墍茨。」

四、六卿分職，各率其屬，以倡九牧，阜成兆民。

《詩》：

一、鳲鳩在桑，其子在棘。淑人君子，其儀不忒。其儀不忒，正是四國。
　　鳲鳩在桑，其子在榛。淑人君子，正是國人。正是國人，胡不萬年？

二、如跂斯翼，如矢斯棘，如鳥斯革，如翬斯飛，君子攸躋。殖殖其庭，
　　有覺有楹。噲噲其正，噦噦其冥，君子攸寧。

三、豈弟君子，神所勞矣。

四、玄王桓撥，受小國是達，受大國是達。率履不越，遂視既發。

《春秋》：

一、滕子來朝（桓公二年）。夏谷伯綏來朝，鄧侯吾離來朝（桓公七年）。
　　夏公會齊侯、宋公、陳侯、衛侯、曹伯伐鄭，圍新城（僖公六年）。
　　春，齊侯伐宋，圍緡（僖公二十三年）。

二、九月丁卯，子同生（桓公六年）。公及齊侯遇於谷。十有二月甲寅，
　　公會齊侯盟於扈（莊公二十三年）。

三、盟於召陵（僖公四年）。諸侯盟於葵丘（僖公九年）。

四、公圍成，公至自圍成（定公十二年）。

《禮記》：

一、故人者，天地之心也。

二、夫樂者，先王之所以飾喜也；軍旅鈇鉞者，先王之所以飾怒也。故先王之喜怒，皆得其儕焉。

三、福者備也，備者百順之名也。無所不順者之謂備，言內盡於己，而外順於道也。忠臣以事其君，孝子以事其親，其本一也。上則順於鬼神，外則順於君長，內則以孝於親，如此之謂備。

四、故君子與其使食浮於人也，寧使人浮於食。

第貳場

論：文王之所以為文

詔、誥、表內科壹道：擬漢罷治申、韓、蘇、張之言者詔（建元元年）；擬唐以韓愈為京兆尹誥（長慶三年）；擬宋賜輔臣御書《書·說命》、《易·泰卦》、《詩·天保》謝表（嘉泰元年）。

判語五條：增減官文書　　檢踏災傷田糧　　見任官輒自立碑　　驗畜產不以實　　有事以財請求

第三場：

策五道：

一、問：國之大事，在祀與戎，郊祀又祀事之大焉者也，故古昔帝王皆致慎於此。孔子曰：「明乎郊、社之禮，禘嘗之義，治國其如視諸掌乎！」我太祖高皇帝聰明睿智，迥出千古，致治保邦，無所不用其敬，而郊祀一事尤加謹焉，蓋深得帝王相傳之心法也。其載在《祖訓》及戒諭之詞，亦有可得而稱者歟？當時駿奔之臣，或贊其始終敬畏為前代之所不及，或述其得天下有六事，亦及於事天之誠敬，其說可得聞歟？列聖相承，永為家法。肆我皇上敬天勤民，於前益光，故當削平四方之際，戎務倥傯，日不暇給，亦必惓惓焉，以郊祀為重，是又深得夫祖宗之心以為心者，以聖繼聖，其道可謂明矣！今天下風俗之淳者日益薄，民生之裕者日益困，不知孔子所謂治國視掌之義將安在歟？諸士子涵泳祖宗之功德有素，其於治理之要亦必究心久矣，試以其所仰誦而有得焉者著之於篇。

二、問：《易》曰：「天地以順動，故日月不過，四時不忒；聖人以順動，故刑罰清而民服。」然則自古聖帝明王，曷嘗不順天時以舉事乎？故唐堯若

昊天以順時，周史正歲年而序事，有以也。夫降及後世，其法猶存。在漢有舉春、舉夏、舉秋、舉冬之官，乃後或以春和加惠海內，或責公卿多違時政，或順時令退貪進良；在唐有命有司讀時令、百官坐聽之儀，乃後或詔太常每月奏月令一篇，或依舊禮讀時令；在宋景祐時，嘗命編修官撰月令以備宣讀，乃後或御明堂頒朔布政。蓋知時令之不可違也如此。然漢之法尤為近古焉。我國家建立欽天監，即古太史氏之職，春、夏、秋、冬咸備其員，所行之政間亦舉行，考諸今《大明一統曆》蓋可見矣。邇年以來，官非其人，政違其時，無怪乎災沴頻仍，寇賊奸宄所繇生也。茲欲慎擇其人，俾各明言所識，以佐今上。奉順陰陽，安治天下，其道何繇？爾諸生其敬陳之。

三、問：世之論心者多矣，或泛而靡切，而不可以接伊洛之正傳；世之論政者多矣，或博而寡要，而不可以濟民生之實用，君子蓋無取焉。間嘗考之古人，究之簡籍，求其至切至要者，其惟真西山所著心、政二經乎！夫西山在宋號為醇儒，其《心經》已為理廟所嘉賞。至於《政經》，則雖門人亦罕見之，見於王邁之序者可知也。然不知二經之中所言何事，可得而舉其概歟？其經亦可互相發明，有不可偏廢者歟？亦有所祖述而為是言歟？抑不知當時西山內之所以告其君，與外之所以治其民者，果能力行此二經之言而無愧否歟？夫尚論古人亦儒者格致之一端也，又況心之與政？爾諸士子必嘗概於中久矣，試悉言之，以觀志之所向。

四、問：知人固難，論人亦不易。三代而上之人才折諸孔孟之論，宜無異議矣，試以三代而下者言之：莫賢於孔明而有劉璋之取，果得於兼弱攻昧之義乎？莫智於子房而有羽翼之致，果出於納約自牖之誠乎？進諫如徵，一代之鯁直也，而或病其事仇，不知何以異於射鉤？見道如愈，振古之豪傑也，而或譏其好進，不知何以殊於載質？左祖之功大矣，君子議其背盟非人臣之正，豈可屬大事者，乃於義有歉乎？前席之才卓矣，識者惜其紛更為量之不足，豈通達治體者，亦為才所使乎？歌哭一語，兩家之門人終始相攻，矜而不爭者固如此；無極一言，二賢之辯難往復不已，直而勿有者固如此。此皆先賢出處語默之大節，世無孔孟以袪其惑焉，將焉取信？請究而言之。

五、問：儲蓄國之重計，故《洪範》八政，食、貨先之。曾子傳《大學》平天下，言生財之道有四，誠不易之論也，其說亦有所本歟？唐、虞、三代之盛，家給人足，宜無賴於此者。自是而降，漢稱文帝之富，唐稱貞觀之治，二君之政，亦由此道而致然歟？我國家克勤克儉，敦本抑末，於足食之方尤為加

意，其於四者之道宜無不盡矣。比聞太倉之粟不足以支三年，給邊之需歲通不下數萬，其故何歟？以爲在民則閭閻之下十常九饑，終歲之勞入不償貸，官與民皆不足，將安在歟？昔之言治者，固有原其饑寒之由，空乏之故者矣。或者又曰：天下之蠹在於兼併。又曰：公家之積困於浮費。其說然歟？亦可行於今日否歟？夫食，民之所天也，失其所天，將捐棄廉恥，無所不至。而家國之安危，或繫於此，拯溺救焚，不但爲民上者之責，亦有志於用世者之所當講也。

《明正德十五年庚辰會試錄》收有正德十五年庚辰會試試卷樣本。

正德十五年庚辰會試試卷樣本：

第壹場：

《四書》之題：

第二道：凡爲天下國家有九經，所以行之者一也。

第一名張治答卷：

《中庸》論治道非一端，而其出治道惟一誠。蓋誠者，人君出治之本也，苟行九經而一有不誠，其如治天下國家何哉？昔夫子既舉九經之目、之效、之事以告哀公矣，此則又舉其實而言之，意若曰：天下國家之大未易治也，而治之則有常道焉；治天下國家之道非一端也，而其凡則有九焉。是故道之由己以及人者有所謂修身焉，有所謂尊賢焉，有所謂親親焉；而由家以及朝廷又有所謂敬大臣、體群臣焉；道之由朝廷以及國者有所謂子庶民焉，有所謂來百工焉；而由國家以及天下又有所謂柔遠人、懷諸侯焉。綱維不紊，可以垂久遠之規；節目至詳，足以立經常之要。爲天下國家有九經如此，然所以行之者則又貴於一誠焉耳。苟一有不誠，則其道皆爲虛文矣。是必本諸不二之心以爲所以推行之地，根之無委之真以爲所以運用之基。身以誠而修，賢以誠而尊，親以誠而親，親推之而大臣之敬、群臣之體亦無不誠也，蓋所謂由己以至於朝廷之道，必不使有一時人欲得以間之焉。庶民以誠而子，百工以誠而來，又推之而遠人之柔、諸侯之懷，亦無不誠也，蓋所謂由朝廷以至於天下之道，必不使有一毫虛僞得以雜之焉。夫然則在我者既無不實之政，而施之天下國家亦豈有不治者哉？抑考《中庸》一書，不越乎一誠而已，推其極也，雖天地有不能達者，而況於人君乎？故孔子揭誠之一言以爲九經歸宿之地，而所以望於哀公者亦至矣。後世人臣告君有得乎此者，唯漢董仲舒近之。故其言曰：「人君正心以正朝廷，正朝廷以正百官，正百官以正萬民，

萬民正而四方遠近莫敢不一於正。」於乎，盡之矣，惜乎武帝不足以語此。

同考試官郎中王批：「此作事不遺實，而文無費辭，良可敬賞。」同考試官給事中鄭批：「場中多為此題所窘，間有能發明者率越程度之外。此作筆力簡古而體格渾成，末乃歸重君心，尤為確論，錄之。」同考試官編修汪批：「此與上言九經之目不同，作者往復致詳於此，至所以行之處，寥寥數語，略無主賓，觀此可以式矣。」同考試官編修劉批：「講九經處，難於鋪敘；一處，難於精當。是作蓋有見者，故錄。」考試官學士李批：「只平平說去，故自可觀。」考試官學士石批：「詳而能整。」

《五經》之題：

《禮記》

第二道：夫樂者，先王之所以飾喜也；軍旅鈇鉞者，先王之所以飾怒也。故先王之喜怒，皆得其儕焉。

第五名周朝俛答卷：

惟聖王之情有所飾，則其情無不公矣。夫情之所發，易私而難公也，各從其類則公矣，先王飾喜怒以禮、樂者，其以是哉！《樂記》之意，蓋謂人君之喜怒，天下休戚之所關也，茲欲各得其類，舍禮、樂其何以哉！是故先王之世，民俗協於變，治功底於無為，喜有不容已者矣，於是乎樂以飾之。故發為鐘鼓管磬之音，以流通歡欣之意；制為干戚羽旄之舞，以動蕩悅懌之情。喜不有所飾乎？乃若六服之有弗庭，萬民之有弗若，怒有不得已者矣，於是乎禮以飾之。故軍旅以昭聖武，使聞之者憚威嚴之大行；鈇鉞以底天罰，使見之者知武功之為烈。怒不有所飾乎？夫人孰無喜？戾於天理之公則失其儕矣。惟先王飾之以樂，則有以樂乎和平而無駁雜之蔽，其喜也，以物之當喜，曷嘗徇欲以忘道乎？人孰無怒？出於人欲之私則失其類矣。惟先王飾之以禮，則有以履乎中正而無偏倚之失，其怒也，以物之當怒，曷嘗肆意以逆天乎？一人之情，放諸四海而皆準，所謂發皆中節者在是矣；天下之志，通諸吾心而無間，所謂拂人之性者無有矣。是則喜怒者，人情之常；禮樂者，中和之極。先王以禮、樂飾其情如此，所以各得其當，而為天下之達道歟！雖然，人情有七，而喜怒足以舉之，過則為僭為濫，流弊雖均，而怒之為害尤甚，古人所以有觀兵弗戢之戒也。故先王致謹於此，以軍旅列為五禮，而與樂相為用者，良有以哉！嗚呼！禮、樂用而喜怒公矣，喜怒公而天下和，暴亂者畏矣，禮、樂之道於是為盛。

同考試官檢討湯批：「題有關涉，此作足以發之。」同考試官檢討王批：「題本明白正大，作者殊駁雜可厭。精醇整潔，無逾此篇。」考試官學士李批：「講二飾字不類眾作。」考試官學士石批：「理以詞贍。」

第貳場：

表：

擬宋賜輔臣御書《書‧說命》、《易‧泰卦》、《詩‧天保》謝表

第一名張治答卷：

具官臣某等伏蒙御書《書‧說命》、《易‧泰卦》、《詩‧天保》頒賜，臣等謹拜受者。聖經廣博，遐垂萬世之洪猷，帝學淵深，式契三篇之奧旨。考文邁日新之美，遊藝徵天縱之能，於焉俯伏以拜嘉，敢不對而知重。臣等誠歡誠忭，稽首頓首。竊惟自古帝王致治之道，寓於《商書》、《周易》與《毛詩》，後世君臣圖化之方，本諸《說命》、《泰卦》與《天保》。原夫地天之交泰，繇於上下之同修。傅說進時憲之言，商邦載振；詩人歌爲德之雅，周道斯興。即其同德與同心，所以爲治而爲泰。自茲以往，夫復何言。漢武雖云表章，一篇是問；唐皇第重詞藝，八體奚爲。大道偶見於疇咨，遺書或勞於搜訪。石渠稱制，未聞親灑於毫端；玉署題名，僅見特書於聖代。蓋今古遭逢之不易，而君臣儆戒爲尤難，事豈偶然，時將有待。恭惟聰明天挺，仁孝性成。位正儲宮，謳歌捨益而之啓；身膺神器，揖遜同舜之於堯。橫經增坐講之儀，虛己下直言之詔。善類如黃裳四五輩，悉見甄收；耆儒若朱熹第一人，首蒙獎擢。海內興太平之望，朝端長君子之風。善政不一而書，嘉祥從茲以降。頃因萬幾之暇，常厪乙夜之觀，謂治貴取法於商周，而理宜謹微於否泰。肆勞宸翰，一朝頒及於儒臣；丕闡皇猷，寸善尚資於往牒。鸞蹤鳳藻，氣騰東壁之躔；龜範龍圖，光煜西昆之岫。試考前代之誼辟英君固有，求如陛下之右文稽古則希。蓋古人以《詩》、《書》、《禮》、《樂》養其心，治天下可運諸掌上；而君子識前言往行畜其德，雖千載猶在吾目前，所謂將大有爲之君，行不世出之事者也。臣等猥緣章句，叨備股肱，涯分已逾，寵榮莫既，念平生常懷犬馬螻蟻之志，學則有愧於古人，幸今日親睹鳧鷖麟趾之休，功實皆由於陛下。方懷慚於奐乘，乃拜辱於聯珠。拭目生輝，遽敢志於將順；撫膺思懼，將何益於崇深。伏願無怠無荒，惟禹寸陰之是惜；有始有卒，如漢六學之皆崇。勿謂行之惟艱，大氐前之可鑒。如山皐，如松柏，天心與人心相符；爲舟霖，爲鹽梅，臣道與君道同泰。臣等無任瞻天仰聖激切屛營之至，謹奉表稱謝以聞。

同考試官郎中王批：「四六不徒貴綺麗，是作一洗近習，錄以崇雅。」同考試官給事中鄭批：「駢儷中寓深厚，意可嘉。」同考試官編修王批：「表典則可取。」同考試官編修劉批：「語意渾厚，不事雕刻，得表體。」考試官學士李批：「是善學宋人四六者。」考試官學士石批：「經緯三書，穩帖工致，固當是大手筆。」

第三場：

第一問：（略）

第十八名黃佐答卷：

惟天下之大聖，爲能謹天下之大禮。夫莫大於祭，尤莫大於郊祭。所以愼陰陽之理，體萬物之情，報本反始，其至大而莫有加焉者，非天下之大聖，其孰能與於此？明乎此，則仁至孝盡，誠敬致極，於治天下國家也何有。古昔帝王所以祈天永命，我聖祖所以格上下、承天休者，要皆不外於是道也歟？請敬陳之。萬物之生也本乎天，人之生也本乎祖，故聖人之饗帝也，猶夫孝子之饗親也。掃地而祭，貴其誠也；燔柴以昇，達其氣也。犧角云栗，取其純而已矣；陶匏槁秸，尚其質而已矣。所謂至敬無文，至禮不讓，古昔帝王所以事天者蓋如此。仰惟我太祖高皇帝，聰明睿智，迴出千古。創業之初，大號未正，即嚴合祭之禮。其於郊壇之制，則參酌古今，不泥相沿之迹，可謂深知天下之大本，而能行天下之達道者也。至其所以爲祭，則返視卻聽，上契沖漠，既謹於致齋之時，有赫其臨，莫敢仰視，又嚴於對越之際，眞得帝王相傳心法之要，而爲萬世聖子神孫不易之規也歟？愚嘗莊誦祖訓之編，而有以仰窺聖道之深造矣。曰：「精誠則感格，怠慢則禍生。」斯言也，惟一之指也，如是而至治馨香，有不格於上下者乎？又嘗伏覩戒諭群臣之詞，而有以窺見聖心之妙契矣。曰：「能知天人不二，則吾心之誠敬自不容已。」斯言也，勿貳勿三之義也，如是而至誠無息，有不通於神明者乎？故當時在廷之臣，得於駿奔之頃。起居注熊鼎則曰：「自始自終，極其誠敬，誠前代之所不及。」太史氏宋濂則曰：「一靜一動，森若神明。」識篤恭之妙而善言聖神之德者哉。我聖祖之所以度越百王，直躋乎唐虞三代之盛者，良有以也。今天下後世仰而戴之，有如一日，然豈知精神心術之運用，一皆本乎聖學之緝熙也哉！自今觀之，觀心有亭，所以操存於內者甚嚴，《衍義》有廡，所以省察於外者甚備。宮中無事，輒誦孔言，曰：「此萬世之師法。」萬幾之暇，自注《洪範》，曰：「此帝王之要道。」誦魯論節用愛人之言，則三復不已；味

晁錯欲壽欲富之指，則歎其甚切；感史遷論黃老之事，而闢神仙曰：「邪正不兩立，邪說不去，則正道不興。」聽輔臣講家人之象，而嚴內範曰：「家國無二理，能齊其家，則能治其國。」自誠意以至修身，蓋無一理之不體，而其體也，又未嘗不達於用；自齊家以至平天下，蓋無一事之不學，而其學也，又未嘗不得其要。是宜其極中和位育之功，妙過化存神之用，一德格而百神皆享，中國安而四夷咸賓也歟？列聖相承，永爲家法。肆我皇上敬天勤民，於前益光，故於削平僭亂之際，戎事倥傯，日不暇給，而郊祀之禮惓惓在念。是心也，其即堯、舜、禹、湯、文、武兢業惕厲之心，其即我聖祖誠一不二之心哉！誠由是心而充之，以聖祖之所以齊明者而齊明，以聖祖之所以感格者而感格，操存省察，動有所法，而弗違修齊治平，一皆率由而不悖，將見修己以安百姓，至誠著於四方，教化由是而大行，紀綱由是而丕振，民生由是而日裕，風俗由是而日醇，雨陽寒燠之各以其時，鳥獸魚鼈之咸得其所，諸福之物，可致之祥，莫不畢至，而天下平矣。帝王奉若天道之理，聖祖精誠感格之訓，孔子治國視掌之言，先後一揆，豈有二乎哉？《詩》曰：「畏天之威，於時保之。」聖祖之謂也。《書》曰：「監於先王成憲。」又曰：「念終始典於學。」敢敬以爲今日獻。

　　同考試官右給事中許批：「我聖祖郊社明禋之禮，得古帝王心法之傳，豈後學易得鋪張而揚厲也哉！場中非演問目，則又掇拾陳言，殊無足取。此作鋪敘一代宏規爲萬世法守處，卓有定見，而通博之才時出口外。噫，主司得子，亦可以自慰矣！」同考試官都給事中邢批：「此策於我聖祖崇敬懋學以端事天之本者，揚厲無遺，而猶溢忠愛，殆涵育聖化之深而有待者。」同考試官檢討張批：「郊祀一策，我聖祖敬天勤民之心，今日繼述之孝具在。此篇發揚無遺，其積學待問者歟！」同考試官編修王批：「郊祀一篇，揄揚我聖祖創制之禮，與夫感格之誠，詳悉不遺。若與有駿奔之職而親見之者，錄以爲獻，未必不爲法祖敬天之一助云。」同考試官編修崔批：「我聖祖敬天愛民，嘉謨善行，具載典冊，夫人能言之，而不知所以敬天愛民者，正自堯舜精一中流出。此策獨能發之，是必能識其大者，錄之豈獨以其文哉？」考試官學士李批：「我聖祖敬天之誠與諸儒臣讚述之言，書生鮮能知之。此策獨能揄揚殆盡，末復有望於當今盡法祖敬天之道，惓惓忠愛之意溢於言表，其亦布衣而有當世之志者乎？佳士佳士！」考試官學士石批：「備述我聖祖事天之大，而末歸之聖學，誠知本之論。其亦沐浴聖澤而有得者歟！」

明武宗正德十六年辛巳（西元 1521 年）

三　月

武宗卒於豹房，葬康陵。遺詔興獻王朱厚熜嗣位。（據《館閣漫錄》
卷十《正德十六年》）

五　月

補庚辰廷試，賜楊維聰、陸鈇、費懋中等三百三十人進士及第、出身
有差。改廖道南、江汝璧等二十四人為翰林院庶吉士。

《明世宗實錄》卷二：正德十六年五月，「丙辰，先是，會試取中張治等
三百五十名，以大行皇帝南巡，未經殿試，至是，禮部尚書毛澄等，請於五
月十五日引赴殿廷試策，緣遇大行皇帝大喪，擬照天順八年事例，至日早引
諸貢士於西角門，行禮畢，赴奉天殿前丹墀內策試，十八日早仍於西角門引
諸進士行禮，免傳制唱名並恩榮宴。文武百官各具素服侍班，樂設而不作。
詔曰可。」「正德十六年五月庚申，禮部上殿試貢士儀注：五月十五日殿試，
先期一日，鴻臚寺官設策題案於奉天殿之東，備試桌於兩廡。至是日早，禮
部官引貢士具青衣服入，至西角門外東西北向序立，文武百官各具素服，侍
立如常儀。上纁服御西角門，文武百官行叩頭禮，侍班鴻臚寺官引貢士就拜
位，贊五拜三叩頭，禮畢，各分東西侍立。鴻臚寺奏謝恩見辭，禮畢，上迴
文華殿。文武百官退，鴻臚寺引貢士赴奉天殿前丹墀內，伺候策問，執事官
舉策題案於殿中，翰林院官以策題付禮部官置於案上，執事官舉策題案由左
階降置於丹墀東，禮部官散題。十八日發榜，先期一日，鴻臚寺官設黃榜案
於西角門外稍東，至日早，先開左掖門，放讀卷及提調並執事官進入文華殿
門外。上纁服御文華殿。讀卷並執事官入，行叩頭禮畢，進入殿內供事。讀
卷官拆第一卷，奏第一甲第一名某人，拆第二卷，奏第一甲第二名某人，拆
第三卷，奏第一甲第三名某人，填寫黃榜訖。尚寶司官用寶完備，執事官整
束黃榜，翰林院官捧出西角門外伺候，各官俱退。上纁服御西角門，文武百
官素服侍班，諸進士服進士衣巾分東西侍立，文武百官行叩頭禮，鴻臚寺舉
案置於中，翰林院官捧黃榜授禮部置於案，執事官引進士入拜位，行五拜三
叩頭禮，各分東西侍立。禮部官捧黃榜，樂設而不作。導引由午門左門出，
至長安左門外張掛，進士隨出觀榜。上迴文華殿，文武百官退。二十一日，

狀元率諸進士上表謝恩。是日，鴻臚寺官引狀元捧表立於西角門外稍東，諸進士以次東西序立，上素翼善冠、麻布袍御西角門，文武百官行禮侍班如常儀。鴻臚寺官引狀元及進士入班，贊跪，贊上表，鴻臚寺官接表，授內侍官捧進，贊五拜三叩頭，禮畢，上迴文華殿，文武百官退。」《弇山堂別集》卷八十二《科試考二》：「十五年庚辰，命禮部左侍郎翰林院學士石珤、翰林院侍講學士李廷相為考試官，取中張治等，時武廟狩南京，及秋而退。辛巳夏五月，上登極始試之，賜楊維聰、陸釴、費懋中進士及第，選進士廖道南、江汝璧、詹泮、鄭一鵬、童承敘（1495～1542）、黃佐（1490～1566）、趙廷瑞、張遠、杜桐、王相、葛鵓、張治（1488～1550）、張袞、王同祖（1497～？）、李佶、倫以諒、盧煥、王用賓、陳講、李默、李春芳、吳文之、董中言、丁汝夔凡二十四人為庶吉士，命掌詹事府尚書兼學士劉春、侍講學士劉龍教習。」

　　據《明清進士題名碑錄索引》，正德十六年辛巳科第一甲三名（楊維聰、陸釴、費懋中），第二甲一百一十名，第三甲二百一十七名。案，本科於正德十五年（庚辰）會試後，因明武宗南巡，殿試未及舉行，次年二月武宗歿，至世宗繼位後方舉行殿試。因此本科也稱庚辰科。

陸釴廷對擢一甲第二。

　　《靜志居詩話》卷十一：「昆山陸鼎儀、鄞縣陸釴之，其名同。賜進士第二人同。一從史館出為太常，一從史館出為外臺，適相合也。鼎儀盛有詩名，詩卻平平。釴之不以詩名，而詩似勝於鼎儀。其督學山東也，見山東舊無通志，而曰：『周公、孔子，百世之師也。六經，斯文之祖也。泰山，五嶽之宗也。此一方文獻，而天下古今之事備焉。志，奚可廢也。』乃編輯成書。河山十二，得公數言，而增色矣。」乾隆《鄞縣志・人物》：「陸釴（1495～？），字舉之，銓弟。正德十五年會試中式，明年廷對擢一甲第二，拜翰林編修。讀書中秘，益銳志問學，砥礪名節。以爭大禮廷杖。預修《武皇實錄》成，進修撰。議禮者秉樞，修宿憾，遂出為湖廣按察僉事，遷江西參議，職司糧儲。能釐革宿弊，酌諸郡之贏縮，驗物產之登耗，而損益上下之。又遷山東提學副使，所至敦尚孝弟，分別義利，才俊而行篤者引之，雕蟲靡麗者黜抑之，士習為之丕變。山東舊無《通志》，則喟然歎曰：『海岱，山川之宗也；聖賢，人物之望也；六經，文章之祖也；惟茲一方之志，而天下古今之事備焉。吾當殫茲役矣。』逾年志成。上疏乞骸骨，不報，遂卒。釴為文奧衍宏

暢，詩溫醇婉蓄，有晉唐之風。」著有《少石集》十三卷。《四庫全書總目》卷一七六別集類存目三著錄《少石集》十三卷，提要曰：「是集詩五卷，文七卷，雜著一卷。前有張時徹序，稱其華不近浮，質不近俚，而惜其志之未艾。蓋具體而未成家者，故序有微詞云」。

正德末，異說頗多，致從事舉業者莫知所從。

顧炎武《日知錄》卷十八《舉業》：「林文恪《福州府志》曰：余好問長老前輩時事，或為余言：林尙默方遊鄉序，為弟子員，即自負其才當冠海內士云。然考其時試諸生者，則楊文貞、金文靖二公也。夫尙默當時所習，特舉子業耳，而楊、金二學士，皆文章宿老，蔚為儒宗，尙默乃能必之二公，若合符節，何哉？當是時也，學出於一，上以是取之，下以是習之，譬作車者，不出門而知適四方之合轍也。正德末，異說者起，以利誘後生，使從其學，毀儒先，詆傳注，殆不啻弁髦矣。由是學者倀倀然莫知所從，欲從其舊說，則恐或主新說，從其新說，則又不忍遽棄傳注也。己不能自必，況於人乎？嗚呼！士之懷瑾握瑜，範馳驅而不遇者，可勝道哉！是故射無定鵠，則羿不能巧，學無定論，則游、夏不能工。欲道德一、風俗同，其必自大人不倡游言始。又曰：近日講學之輩，彌近理而大亂眞，士附其門者，皆取榮名，於是一唱百和，如伐木者呼邪許。然徐而叩之，不過徼捷徑於終南，而其中實莫之能省也。」

本　年

童承敘（1495～1542）與張治、廖道南並稱楚中三才。

陳文燭《內方童先生傳》：「先生諱承敘，字士疇，沔陽人也。始祖自隨徙沔，而沔南有內方山，因號內方山人，海內學士大夫稱內方先生云。」「以《詩經》舉鄉試第二，兩公（李濂、張邦奇）尙恨先生不第一也。明年庚辰中會試。值肅皇帝繼統（1521），選翰林院庶吉士，與茶陵張公治、蒲圻廖公道南號楚三才，而先生尤俊逸不群，試輒冠同館，而同館敬服，人人自以為不如也。方楊文忠公廷和、楊文襄公一清後先入相，雅重先生。後永嘉張公孚敬議禮登相，援引新進，館閣之士附之如蟻，結之如蟣，噂沓背憎，汲汲如狂，而先生閉門守玄，意澹如也。」授編修，進侍講，歷中允司經局洗馬，國子司業，左春坊左庶子。有《內方集》。

明世宗嘉靖元年壬午（西元 1522 年）

八　月

兩京及河南、山東、陝西、山西、浙江、湖廣、江西、福建、廣東、廣西、四川、雲南等十二布政司鄉試；貴州士子附雲南鄉試。

趙時春（1509～1567）年十四，舉陝西鄉試。

　　周鑒《明御史中丞浚谷趙公行實》：「公諱時春，字景仁，號浚谷。浚谷者，平涼東南隅水名也。……年十四，以儒士進試於督學漁石唐公（唐龍），一日而遍三場，題下，輒援筆報成，一若夙構。唐公擊節歎賞。每試屬邑諸生，則命公與偕，偕則必先成，第高等。嘗留饌與論政學，大聳唐公聽，稱譽不容口。乃勸之應舉。公以搜檢非賓賢禮爲辭。唐公曰：『此以待作僞者耳。汝眞儒也，復何嫌？』及撤棘，擢第三《詩》魁，乃嘉靖壬午也。」趙時春爲丙戌（1526）進士，官至右僉都御史，巡撫山西。有《浚谷集》。唐龍（1477～1546），字虞佐，號漁石，蘭溪人。正德戊辰（1508）進士，官至刑部尚書太子太保，諡文襄。有《漁石集》、《關中稿》。

十　月

命教人、取士一依程朱之言，不許妄爲叛道不經之書，私自傳刻，以誤正學。

　　《明世宗實錄》卷十九：「嘉靖元年十月乙未，禮科給事中章僑言：『三代以下論正學莫如朱熹，近有聰明才智足以號召天下者倡異學之說，而士之好高務名者靡然宗之。大率取陸九淵之簡便，憚朱熹爲支離，及爲文辭務崇艱險。乞行天下痛爲禁革。』時河南道御史梁世驃亦以爲言。禮部覆議，以二臣之言深切時弊，有補風教。上曰：『然。祖宗表章《六經》，頒降敕諭，正欲崇正學、迪正道、端士習、育眞才，以成正大光明之業。百餘年間，人材渾厚，文體純雅。近年士習多詭異，文辭務艱險，所傷治化不淺。自今教人、取士一依程朱之言，不許妄爲叛道不經之書，私自傳刻，以誤正學。』」

本　年

御史程啟充、給事毛玉倡議論劾講學諸人，以遏制心學。

　　《明史·儒林傳》：「原夫明初諸儒，皆朱子門人之支流餘裔，師承有自，矩矱秩然。曹端、胡居仁篤踐履，謹繩墨，守儒先之正傳，無敢改錯。學術之分，則自陳獻章、王守仁始。宗獻章者曰江門之學，孤行獨詣，其傳不遠。宗守仁者曰姚江之學，別立宗旨，顯與朱子背馳，門徒遍天下，流傳逾百年，其教大行，其弊滋甚。嘉、隆而後，篤信程、朱，不遷異說者，無復幾人矣。」時世宗入繼大統，欲振刷吏治，朝臣中有人視陽明心學爲浮言虛談，故授意程、毛論劾，謗議日熾。

明世宗嘉靖二年癸未（西元 1523 年）

二　月

命少傅太子太傅戶部尚書謹身殿大學士蔣冕、掌詹事府吏部尚書翰林院學士石珤爲考試官，取中李舜臣等四百人。（據《弇山堂別集》卷八十二）

　　李開先《李開先集·閒居集》之七《文林郎河南道監察御史北泉藍公墓誌銘》：「當時所作之文，果是高古，藏鋒鍔不露圭角，奮然以變時習爲己任，因而不合於主司。每一下第，輒改一經，久而五經俱遍矣。上子不得第者，必以之藉口，才學如藍田馬理，尙且空歸，吾輩復何愧恨耶？及馬公第，而公猶脫落，文乃俯就時格，至嘉靖癸未會試，與鄰號舍者戲曰：『此愁障，吾坐其中，總二十三日矣！倘仍不見錄，從此廢書不讀，亦不由他途出仕。』既而揭曉，列名廷試二甲進士。」

　　本科會試題。

　　本科會試題有《論語》「君子博學於文，約之以禮，亦可以弗畔矣夫」；《孟子》「堯舜之道，不以仁政，不能平治天下」；《中庸》「上律天時，下襲水土」。

　　李舜臣（1499～1559）爲本年會元。

李開先《大中大夫太僕寺卿愚谷李公合葬墓誌銘》:「愚谷名舜臣,字懋欽,一字夢虞,號愚谷。」樂安人。「進增廣及廪生,一在丙子,一在戊寅,而督學則江都趙公、貴溪江公也。明年己卯,舉鄉試。庚辰,會試不第。辛巳,父赴饒州,丁內艱,乃往迎父於饒。壬午,入太學。一日,眾友會文赴遲,止作二篇,雄奇無與比者,友咸以大魁元期之。癸未會試,蔣敬所、石熊峰為主考,分考則永嘉葉成規,得愚公卷,驚歎以為詞雄氣厚,學博才高,不露鋒鍔,超出筆墨畦徑之外,若不拘北卷,作會元自當服天下人矣!遂上之二公,二公持示高陵呂涇野、泰和王改齋,王極稱賞,呂以王言為是,令中書聲音洪亮者,誦一卷,其一乃姚明山,眾遂定愚谷第一,試錄刻其策論,不竄易一字。是榜號稱得人,而魁元尤多名士。……廷試二甲第一,原擬上甲,以策冒落字添補失格移下。是秋,除授戶部湖廣司主事。」歷任江西提學僉事、南國子司業、尚寶卿等官,官終太僕寺卿。有《愚谷集》十卷、《易卦辱言》一卷。梁章鉅《制義叢話》卷十二:「《四勿齋隨筆》云:嘉靖癸未科會試,李舜臣『堯舜之道不以仁政』篇元墨跋云:『局度寬然,辭亦豐潤,較前此純以義理筋骨勝者,亦少變矣。』又嘉靖壬辰科會試,林春『謹庠序』篇元墨跋云:『兩大比造格嚴整,遂為庚午南闈所絕響。時會古今之變,令人為之憮然。』又隆慶丁卯科順天鄉試,莊允中『顏淵問為邦』篇元墨跋云:『上芟嘉末穴蔓,下導萬初名通。穆廟雖享國日淺,然建元之始,文風正盛,與南浙周、黃兩元勢爭鼎足,未見避三舍也。』又是科浙江黃洪憲『忠焉能勿誨乎』篇元墨跋云:『嘉禾文懷公有志起衰,隆慶初,釐正文體,遂冠賢書,辛未第二人及第,乙酉典闈試,戊子典順天試,改程擬程,上參弘、正矣。』案:此嘉、隆間元墨轉換之迹,故彙著之。」

會試,主司發策有焚書禁學之議,陰辟陽明,呂柟力辨而扶救之,歐陽德等闡發師訓無所阿附。

《關學編·涇野呂先生傳》:「癸未,(呂柟)分校禮闈,取李舜臣輩,悉名士。時陽明先生講學東南,當路某深嫉之,主試者以道學發策,有焚書禁學之議,先生力辨而扶救之,得不行。場中一士子對策,欲將今宗陸辨朱者誅其人,火其書,極肆詆毀,甚合問目意,且經書、論、表俱可,同事者欲取之。先生曰:『觀此人今日迎合主司,他日必迎合權勢。』同事者深以為然,遂置之。」《明史·儒林傳》:「歐陽德,字崇一,泰和人。甫冠舉鄉試。之贛

州，從王守仁學。不應會試者再。嘉靖二年策問陰詆守仁，德與魏良弼等直發師訓無所阿，竟登第。」今年主考官爲大學士蔣冕、吏部尙書石珤。《明詩紀事》戊簽卷十錄呂柟詩一首，陳田按語云：「涇野及第後，以忤劉瑾引疾去。厥後康對山以救李空同謁劉瑾牽連放斥，涇野與對山灃西唱和，相得甚歡，能諒其心故也。講學與陽明良知不合。時陽明倡學東南，當路者嫉之。癸未會試，主司發策有焚書禁學之議。涇野力辨而解救之，得不行。此皆盛德事，可以愧講學攻擊者。」康海號對山。呂柟（1479～1542）字仲木，號涇野，高陵人。正德戊辰第一人及第，授修撰。以議禮下詔獄，謫解州判官。改南宗人府經歷，就遷吏部郎中，歷尙寶卿、太常少卿，詔拜國子祭酒，擢南禮部侍郎。隆慶初贈禮部尙書，諡文簡。有《涇野集》三十六卷。陽明指王守仁。王守仁（1472～1528）字伯安，餘姚人。弘治己未進士，授刑部主事。改兵部，以忤劉瑾杖闕下，謫貴州龍場驛丞。起南刑部主事，改吏部，歷員外、郎中，遷南太僕少卿。進鴻臚卿，拜左僉都御史巡撫南贛，進右副都御史，論平宸濠功，擢南兵部尙書，封新建伯。贈侯，諡文成，從祀孔子廟庭。有《陽明全書》三十八卷。

三　月

姚淶、王教、徐階等四百一十二人進士及第、出身有差。是科未考選庶吉士。（據《明世宗實錄》卷二十四）

　　《嘉靖二年進士登科錄·玉音》：「嘉靖二年三月初九日，禮部左侍郎臣賈詠等於奉天門奏爲科舉事。會試天下舉人，取中四百名。本年三月十五日殿試，合請讀卷官及執事等官少師兼太子太師吏部尙書華蓋殿大學士楊廷和等五十七員。其進士出身等第，恭依太祖高皇帝欽定資格。第一甲例取三名，第一名從六品，第二第三名正七品，賜進士及第。第二甲從七品，賜進士出身。第三甲正八品，賜同進士出身。奉聖旨：是，欽此。讀卷官：特進光祿大夫左柱國少師兼太子太師吏部尙書華蓋殿大學士楊廷和，戊戌進士；光祿大夫柱國少傅兼太子太傅戶部尙書謹身殿大學士蔣冕，丁未進士；光祿大夫柱國少保兼太子太保戶部尙書武英殿大學士毛紀，丁未進士；光祿大夫柱國少保兼太子太保戶部尙書武英殿大學士費宏，丁未進士；光祿大夫柱國少保兼太子太保吏部尙書喬宇，甲辰進士；光祿大夫柱國太子太保兵部尙書彭澤，庚戌進士；資政大夫掌詹事府事吏部尙書兼翰林院學士石珤，丁未進士；資

政大夫戶部尚書孫交，辛丑進士；資政大夫刑部尚書林俊，戊戌進士；資善大夫工部尚書趙璜，庚戌進士；資政大夫都察院左都御史金獻民，甲辰進士；通議大夫大理寺卿鄭岳，癸丑進士；中順大夫通政使左通政張瓚，乙丑進士。提調官：通議大夫禮部左侍郎賈詠，丙辰進士；通議大夫禮部右侍郎吳一鵬，癸丑進士。監試官：文林郎河南道監察御史熊蘭，辛未進士；文林郎浙江道監察御史向信，辛未進士。受卷官：翰林院編修文林郎湛若水，乙丑進士；翰林院檢討從仕郎季方，丁丑進士；從仕郎吏科給事中張嵩，丁丑進士；承事郎戶科都給事中張漢卿，辛未進士。彌封官：通議大夫太常寺卿劉榮，秀才；中大夫光祿寺卿高友璣，庚戌進士；中順大夫鴻臚寺卿魏璟，戊辰進士；奉政大夫尚寶司卿劉乾，己未進士；奉議大夫尚寶司卿劉銃，儒士；奉議大夫尚寶卿李兆蕃，監生；奉直大夫尚寶司少卿徐富，甲子貢士；翰林院編修文林郎酈灝，丁丑進士；翰林院檢討徵仕郎席春，丁丑進士；禮科都給事中張狲，辛未進士；承事郎兵科都給事中許復禮，辛未進士；承務郎大理寺右寺右寺副周令，秀才。掌卷官：翰林院編修文林郎崔桐，丁丑進士；翰林院編修文林郎費懋中，辛巳進士；翰林院檢討徵仕郎金皋，辛未進士；承事郎刑科都給事中劉濟，辛未進士；承事郎工科都給事中余瓚，辛未進士。巡綽官：錦衣衛署都指揮使駱安；錦衣衛署都指揮使王佐；錦衣衛署指揮使王蘭；錦衣衛指揮僉事劉宗武；錦衣衛指揮僉事陳寅；昭勇將軍金吾前衛指揮使李淳；懷遠將軍金吾後衛指揮同知徐廷。印卷官：奉政大夫禮部儀制清吏司郎中余才，甲戌進士；承德郎禮部儀制清吏司署員外郎事主事萬潮，辛未進士；承德郎禮部儀制清吏司主事張濚，辛未進士；承德郎禮部儀制清吏司主事張鐿，辛未進士。供給官：奉政大夫光祿寺少卿蔡亨，監生；奉政大夫光祿寺少卿蕭淮，辛未進士；承務郎光祿寺寺丞陳庠，監生；光祿寺寺丞葉廷芳，辛酉貢士；禮部司務范韶，辛酉貢士；承德郎禮部精膳清吏司署郎中事主事張懷，丁丑進士；承德郎禮部精膳清吏司署員外郎事主事鄭佐，甲戌進士；承德郎禮部精膳清吏司主事張獵，甲戌進士。」《嘉靖二年進士登科錄·恩榮次第》：「嘉靖二年三月十五日早，諸貢士赴內府殿試，上御奉天殿親賜策問。三月十八日早，文武百官朝服侍班。是日，錦衣衛設鹵簿於丹陛丹墀內，上御奉天殿，鴻臚寺官傳制唱名，禮部官捧黃榜，鼓樂導引出長安左門外，張掛畢，順天府官用傘蓋儀從送狀元歸第。三月十九日，賜宴於禮部。宴畢，赴鴻臚寺習儀。三月二十一日，賜狀元朝服冠帶及進士寶鈔。三月二十二日，

狀元率諸進士上表謝恩。三月二十三日，狀元率諸進士詣先師孔子廟行釋菜禮，禮部奏請命工部於國子監立石題名。」李調元《制義科瑣記》卷二《王氏學》：「嘉靖二年癸未廷試，策問陰詆守仁。歐陽德，王氏弟子也，與同年魏良弼、黃直，直發師訓無所阿附，竟登第，與探花徐階善，共講王氏學焉。」《弇山堂別集》卷八十二《科試考二》：「二年癸未，命少傅太子太傅戶部尚書謹身殿大學士蔣冕、掌詹事府吏部尚書翰林院學士石珤爲考試官，取中李舜臣等。廷試，賜姚淶、王敎、徐階（1503～1583）進士及第。」朱彝尊《靜志居詩話》卷十一《姚淶》云：「姚淶，字維東，慈溪人。嘉靖癸未，賜進士第一。歷官翰林院侍講、學士。有《明山存稿》。文徵仲待詔翰林，相傳爲學士及楊方城所窘，昌言於眾曰：『吾衙門非畫院，乃容畫匠處此？』何元朗《叢說》述之，而曰：『二人只會中狀元，更無餘物。衡山長在天地間，今世豈更有道著姚淶、楊維聰者邪？』聞者以爲快心之論。然學士嘗與孫太初、薛君采、高子業相唱和，且聞山東李中麓富於藏書，特遣其子就學。即徵仲去官日，躬送至張家灣賦十詩送別，比之巍巍嵩、華。至其贈行序，略云：『自唐承隋敝，設科第以籠天下士，爵祿予奪，足以低昂其人。於是天下風靡，士無可稱之節者，幾八百餘年。然猶幸而有獨行之士，時出其間，以抗於世，而天下之人亦罔不高之。求之唐則元魯山，於宋得孫明復，二子豈有高第顯位爲可誇哉？徒以其矯世不涅之操，好古自信之志，足以風勵天下。而一時名流，皆樂爲之稱譽焉耳。今之世，如二子者，誠難其人。吾於衡山先生，竊以二子比之。而衡山之所造，則又有出於二子之所未純者。先生明經術以爲根木，采詩賦以爲英華，秉道誼以爲壇宇，立風節以爲藩垣。蓋嘗聞之，卻吏民之賂，以崇孝也。麾寧藩之聘，以保忠也。絕猗頓之遊，以勵廉也。謝金張之饋，以敦介也。不懾於臺鼎之議，以遂其剛毅也。不恩於軺軒之招，以植其堅貞也。此數者，足以當君子之論，而先生未始以爲異也。聲震江表，流聞於天子之庭，先生亦烏得而逃哉！曩者先生之貢於春官也，朝廷錄其賢，拔而官之翰苑，儒者共指以爲榮，而先生不色喜。官僅三載，年僅五十餘，先生遽以南歸爲念。吾每謬言留之，而先生持益堅，三疏乞歸，竟得請以去。先生其有悟於達人之指邪？嗟夫！先生嘗試於鄉矣，有司以失先生爲恥，而先生之名益高。嘗官於朝矣，銓曹以不能留先生爲恨，而先生之節益重。榮出於科目之外，貴加乎爵祿之上。尉羅之所不能取，縶維之所不能縻，樊籠之所不能收，彈射之所不能驚。翩然高翔，如鳳凰之過疏圃，飲瀚瀨，回蒙

氾，下視泰山之鴟，啄腐鼠以相嚇者，何不侔之甚也。傳所謂：『難進而易退，易祿而難畜』者，其先生之徒與？自大道既漓，好惡立於一鄉，而不可達於天下之廣。毀譽徇於一時，而不可合於萬世之公。故吾之論先生，直以魯山、明復爲喻，而使世之觀先生者，不當以三吳之士求之也。』繹其詞，傾倒爲何如者。而謂學士有是言邪？金華吳少君詩：『說謊定推何太史。』然則元朗乃好爲誑語者，奈愚山氏信何氏之說，遂不錄學士詩，未免偏於聽矣。」文徵明今年四月至京，授翰林待詔。1526 年告歸。

據《嘉靖二年進士登科錄》，第一甲三名，賜進士及第。履歷如下：

姚淶，貫浙江寧波府慈溪縣，軍籍，國子生，治《詩經》。字維東，行八十，年三十六，四月二十三日生。曾祖悌，贈右副都御史。祖墅，贈主事，加贈右副都御史。父鎭，工部右侍郎。母張氏，贈安人，加贈淑人，繼母汪氏，封安人，贈淑人。嚴侍下。弟汲、滾。娶王氏。浙江鄉試第七名，會試第二名。

王教，貫河南開封府祥符縣民籍，順天府良鄉縣人，國子生，治《詩經》。字庸之，行二，年四十五，二月二十四日生。曾祖士賢。祖斌，前光祿寺署丞。父鶴。前母郭氏。母孟氏。永感下。兄玟、琇、瓚、瑄、玹、琚、珮、元福、天敘。弟化、天祿、天爵、天瑞。娶扈氏。河南鄉試第六名，會試第二十四名。

徐階，貫直隸松江府華亭縣，民籍，縣學生，治《詩經》。字子升，行二，年二十一，九月二十日生。曾祖賢。祖禮。父黼，縣丞。前母林氏、錢氏，母顧氏。具慶下。兄隆。弟陳、陟，聘沈氏。應天府鄉試第七名，會試第五十名。

據《嘉靖二年進士登科錄》，第二甲一百四十二名，賜進士出身。第三甲二百六十五名，賜同進士出身。

嘉靖以前無房稿坊刻行世。

錢謙益《牧齋有學集》卷四十五《家塾論舉業雜說》：「嘉靖以前，士習淳厚，房稿坊刻，絕無僅有。許選程墨行於世者，敖清江、項甌東也。嘉靖末年，毘陵吳昆麓、吳江沈虹逺遊於荊川之門，學有原委，始有《正脈玄覽》之刻，學者皆宗尚之。厥後則有劉景龍之《原始》，范光父之《文記》，皆以軌範先民、本原正始，而時賢之窗稿、青衿之試牘，皆不得闌入焉。萬曆之

中，婁江王逸季始下操月旦之評，然用以別流品、峻門戶而已，未及乎植交。萬曆之末，武林聞子將始建立坫墠之幟，然用以振朋儕、廣聲氣而已，未及乎牟利。禎、啓之間，風氣益變，盟壇社墠，奔走號跳。苞苴竿牘，與行卷交馳；除目邸報，與文評雜出。妖言橫議，遂與國運相終始。以選文一事徵之，亦當代得失之林也。」

明世宗嘉靖三年甲申（西元 1524 年）

三　月

王鏊（1450～1524）卒。王鏊在明代以舉業擅名。

文徵明《太傅王文恪公傳》：「公名鏊，字濟之，世稱守溪先生，吳洞庭山人也。」「甲午遂以第一人薦。明年試禮部，復第一。廷試以第一甲第三人及第。」授編修，歷侍講、諭德、少詹，兼侍講學士，擢吏部侍郎，入閣參預機務。進戶部尚書，文淵閣大學士，加少傅，兼太子太傅。「於是公閒居十有六年，年七十有五矣。嘉靖三年甲申三月十一日，以疾卒於家，訃聞，上為輟視朝一日，追贈太傅，諡文恪。」「好學專精，不為事奪，少工舉子文，既連捷魁選，文名一日傳天下，程文四出，士爭傳錄以為式。公歎曰：『是足為吾學耶？』及官翰林，遂肆力群經，下逮子史百家之言，莫不貫總。」王守仁《太傅王文恪公傳》：「無錫邵尚書國賢，與公婿徐學士子容，皆文名冠一時。其稱公之文，規模昌黎以及秦漢，純而不流於弱，奇而不涉於怪，雄偉俊傑，體裁截然，振起一代之衰。得法於孟子，論辯多古人未發。詩蕭散清逸，有王岑風格。書法清勁自成，得晉唐筆意。天下皆以為知言。陽明子曰：王公所深造，世或未之能盡也。然而言之亦難矣。著其性善之說，以微見其概，使後世之求公者以是觀之。」《國榷》卷五十三：「嘉靖三年三月丙子，前少傅大學士王鏊卒。鏊字濟之，吳縣人，鄉會試皆第一，成化乙未進上第三人。授編修，遷侍講右諭德。杜門讀書，得簡貴聲，薦拜侍講學士，值日講，日侍孝廟講讀。東宮出閣，尚書馬文升請簡正人以端國本，首薦鏊。進少詹事，歷吏部右侍郎。上籌邊八事，多見採用。以左侍郎直閣。進戶部尚書，轉武英殿，以德業著，匪獨文也。尚書韓文請誅逆瑾，上詰問，鏊言瑾不可不除。自度不能久於位，求去。居閑十餘年，海內想望丰采。立朝大

節，卓有可觀，士大夫惜其用之未究云。年七十五。贈太傅，諡文恪。」《明史》本傳：「鏊博學有識鑒，文章爾雅，議論明暢。晚著《性善論》一篇，王守仁見之曰：『王公深造，世未能盡也。』少善制舉義，後數典鄉試，程文魁一代。取士尚經術，險詭者一切屏去。弘、正間，文體爲一變。」《四庫全書總目》著錄王鏊《史餘》一卷、《姑蘇志》六十卷、《震澤編》八卷、《震澤長語》二卷、《震澤集》三十六卷、《春秋詞命》三卷，《震澤集》提要曰：「鏊以制義名一代。雖鄉塾童稚，才能誦讀八比，即無不知有王守溪者。然其古文亦湛深經術，典雅遒潔，有唐、宋遺風。蓋有明盛時，雖爲時文者亦必研索六籍，泛覽百氏，以培其根柢，而窮其波瀾。鏊困頓名場，老乃得遇。其澤於古者已深，故時文工而古文亦工也。史稱鏊上言欲倣前代制科，如博學鴻詞之類，以收異才。六年一舉。尤異者，授以清要之職。有官者加秩。數年之後，士類濯磨，必以通經學古爲高，脫去謏聞之陋。時不能用。又稱鏊取士尚經術，險詭者一切屏去。弘、正間文體爲之一變，則鏊之所學可知矣。集中《尊號議》、《昭穆對》，大旨與張璁、桂萼相合，故霍韜爲其集序，極爲推挹，至比於孔門之游、夏，未免朋黨之私。然其謂鏊早學於蘇，晚學於韓，折衷於程、朱，則固公論也。其《河源考》一篇，能不信篤什所言，似爲有見。而雜引佛典道書以駁崑崙之說，則考證殊爲疏舛。此由明代幅員至嘉峪關而止，軺車不到之地，徒執故籍以推測之，其影響揣摩，固亦不足怪矣。」《明詩紀事》丙簽卷十錄王鏊詩十二首，陳田按語云：「文恪以文章名一世，集中七言律絕，格調風致，竟爾不凡。」

明世宗嘉靖四年乙酉（西元 1525 年）

八　月

　　翟鑾、謝丕、徐縉等爲鄉試主考。

　　《弇山堂別集》卷八十二《科試考二》：「四年乙酉，命翰林院學士翟鑾、左春坊左贊善謝丕主順天試。命（中缺十四字）主應天試。」案，今年應天鄉試主考爲徐縉（1489～1545）。崇禎《吳縣志·人物》：「徐縉字子容，西洞庭崦下人，姿幹瑰瑋，警敏異常，幼即日記數千言，出語驚人。王文恪鏊（1450～1524）有女靈慧，通經史，鍾愛之，擇儷難其人，見縉，試以聯偶，曰：『此

吾婿也。』遂許焉。因授以讀書之要,挈遊都門,令受《易》於靳文僖貴。
從先世留守戍籍,補順天學生,舉弘治戊午鄉書。丁父憂。乙丑登進士,選
庶吉士,讀書中秘,博綜今古,授編修。及奉命冊封遼藩,悉卻贈遺,王愈
加禮敬。辛未同考會試,得人獨盛。乙亥進侍讀。嘉靖乙酉典應天鄉試。繩
約束諸同事毋拘臆說,及遍閱棄卷,諸名士咸羅得之。與會稽董玘(1483～
1546)、上海陸深(1477～1544)、南海湛若水(1466～1560)並轡揚鑣,上
自秦漢,下及唐宋之書,靡不涉獵。尋擢少詹事兼學士,遷禮部右侍郎。」
再改吏部右,轉左,攝尚書事。《國榷》卷五十三:「嘉靖四年八月甲午,翰
林學士翟鑾、右春坊右贊善謝丕主試順天。」

兩京及河南、山東、陝西、山西、浙江、湖廣、江西、福建、廣東、廣西、四川、雲南等十二布政司鄉試;貴州士子附雲南鄉試。

錢薇中式浙江鄉試第三十四名。其年譜附錄有三場試題及試官姓氏。

錢泰吉《太常公年譜》:「(嘉靖)四年乙酉,(錢薇)二十四歲。中式浙
江鄉試第三十四名。」附錄三場試題及試官姓氏。

第一場

《四書》題:

中人以上,可以語上也。

君臣也,父子也,至所以行之者一也。

「其日夜之所息」至「其好惡與人相近也者幾希」。

《書經》題:

邇可遠、在茲。

「導岍及岐」至「至於碣石,入於海」。

「水曰潤下」五句。

「立政任人」至「庶常吉士」。

教諭林、參政朱批閱。

第二場

論題:

堯舜帥天下以仁。

表題:

擬賜衍聖公孔彥縉宅於京師謝表。

判題：

官吏給由　　收養孤老　　鄉飲酒禮　　門禁鎖鑰　　聽訟迴避

教諭林、同知王批閱。

第三場

策問

帝治　　道學　　五禮　　用人　　水利

教諭林、知縣毛批閱。

明世宗嘉靖五年丙戌（西元 1526 年）

二　月

己未，禮部會試天下舉人，命大學士賈詠、詹事董玘為考試官，錄取趙時春等三百人。（據《明世宗實錄》卷六十一）

趙時春（1509～1567）年十八，為今年會元。

周鑒《明御史中丞浚谷趙公行實》：「公諱時春，字景仁，號浚谷。浚谷者，平涼東南隅水名也。」年十四舉陝西鄉試。「丙戌乃舉禮部第一人，年才十八耳。其文義汪洋浩瀚，氣雄千古，學士大夫爭重之。館閣諸公深以國士器之。改翰林院庶吉士，盡讀中秘書，文士儲書者咸借覽。」徐階《明故巡撫山西都察院右僉都御史浚谷趙公墓誌銘》：「年十四舉陝西鄉試，十八試禮部，褎然為舉首。當是時，海內伺其有所制作，爭傳誦之，而公則習騎射，談甲兵，日以邊備之不修為大戚。」選庶吉士，改兵部主事，以建言下獄。尋補翰林編修，又以上疏，放歸。會邊警，起領民兵，自副使超拜右僉都御史，巡撫山西。有《浚谷集》。梁章鉅《制義叢話》卷二十三：「《堅瓠集》云：平涼趙公時春年九歲應童子試，文佳甚。學使者疑其代作，面試之，以『子曰』二字命題，公應聲曰：『匹夫而為百世師，一言而為天下法。』復命自賦其姓名，公亦應聲曰：『姓冠百家之首，名居四序之先。』又商丘安世鳳衝太守前導，守指路旁『此屋出賣』四字令作破題，安應聲曰：『曠安宅而弗居，求善價而沽諸。』又雲間莫如忠六歲應試，主司訝其小，面試一破，以『為

政、八佾、里仁、公冶長』爲題，莫應聲曰：『化隆於上而有僭非其禮者，俗美於下而有犯非其罪者。』主司歡賞，遂入泮。」

本科會試題。

本科會試題有《論語》：「子貢曰：『詩云：如切如磋，如琢如磨。其斯之謂與？』子曰：『賜也，始可與言詩已矣。告諸往而知來者。』」《孟子》：「五穀者，種之美者也。苟爲不熟，不如荑稗。夫仁亦在熟之而已矣。」《中庸》：「凡爲天下國家有九經，所以行之者一也。凡事豫則立，不豫則廢。言前定則不跲，事前定則不困，行前定則不疚，道前定則不窮。」

三　月

龔用卿、楊維傑、歐陽衢等進士及第、出身有差。改袁裦、陸粲、趙時春等爲翰林院庶吉士。

《明世宗實錄》卷六十二：「嘉靖五年三月乙未，禮部尙書席書言：『舊例，廷試貢士，掌卷官先行看閱，分送內閣，然後以次及於九卿。進士甲第前後，決於讀卷官職之尊卑，不復論其文之高下，非所以示大公也。自今請糊名混送，以防奸弊。其一甲三名不分內閣九卿從公會取既定，然後輪次均填，不宜偏私以官爵爲序。』疏入，上初未允，書復爭論，乃許之。」「戊戌，上御奉天殿策試天下貢士趙時春等，制曰：朕惟自昔言治道者有二，曰王曰伯。三代而上，純王之治也，卓乎不可尙已。論者乃謂三皇以道，五帝以德，三王以功，五伯以力。又謂皇降而帝，帝降而王，王降而伯，果若是殊乎？其所謂道德功力，亦有可指言者乎？自是而後，惟漢唐宋歷世最久，號稱至治，其間英君誼辟，固有專務以德化民，而致刑措之效，力行仁義，而成貞觀之盛，至誠恭儉，而收慶曆之治，蓋於王道，皆若有庶幾焉者。由今觀之，其施之當時而見諸政事者，果何道歟？德歟？抑功力歟？亦有可述者歟？議者有言：漢王而未足，唐猶夫漢也。然則宋固可知矣。豈世道愈降，而先王之道，卒不可復歟？朕太祖高皇帝創業垂統，太宗文皇帝安內攘外，列聖相承，益隆繼述，莫不以純王之心行純王之政，百五十餘年以來，亦既成純王之化矣。朕嗣承大統，夙夜孳孳，亦惟帝王之道、祖宗之法是遵是守。夫何承平日久，人心宴安，固嘗勸農桑矣，而閭閻之間衣食益困。飭武備矣，而輦轂之下營伍不充。士病其詭遇也，而流風相高，顧傷於太激。俗惡其奢靡

也，而守禮之家，不免於僭侈。儲蓄之政，何歲不講，一遇水旱，至坐視赤子之流離。備禦之策，無時或忘，一有邊警，輒告稱兵糧之虛耗。夫體統紀綱、人才風俗，皆王政之大，而足食足兵，又今日之急務也。信如興滯補敝之不暇，有克舉之，又何擇乎王伯哉？夫上有願治之君，則下有輔治之臣，是故道易交而志易行也。昔之人臣所以事其君，固有以法天立道爲對，以饑渴教化爲喻，以誠心公道爲佐治之具者，夫豈不知尊王而抑伯哉？何卒混爲一途而莫之能正也？後之論治者有言，盡天道則可以行王道。又謂有內聖之德，則有外王之業。又謂必有父母天下之心，乃爲王道。當以何者爲不易之論歟？朕聞王者之民，勞之而不怨，利之而不庸，遷善敏德而不知其功，相安相養而莫識其力。士讓於朝，民和於野，萬物並育，各得其所，朕甚樂之，甚慕之，何施何爲而可以臻此？子大夫明於王道，有素矣，其詳著於篇，朕將擇而行之。』」「辛亥，考選進士袁袠等二十人爲庶吉士，送翰林院讀書。」《弇山堂別集》卷八十二《科試考二》：「五年丙戌，命太子太保禮部尙書武英殿大學士賈詠、詹事府詹事兼翰林院學士董玘爲考試官，取中趙時春等。廷試，賜龔用卿、楊維傑、歐陽衢及第。先是，舉人廷試，納卷之日，彌封官以會試首列數卷潛送內閣，以備一甲之選，或內閣密覘狀頭儀貌及平日有聲者；閱卷官出自東閣，歸宿私第。是歲禮部尙書席書疏其弊，乞彌封官不得與送卷；讀卷官退朝，值宿禮部。詔曰：『可。著爲令。』改進士袁袠、陸粲（1494～1551）、趙時春（1509～1567）、林雲同、金潞、張鰲、連鑛、詹淡、華察（1497～1574）、屠應埈（1502～1546）、毛渠、王宣、王嘉賓、酈忭、郭秉聰、張渠、余棐、江以潮、楊恂、李元陽、王格（1502～1595）、張鐸爲庶吉士。明年十月，詔以庶吉士爲部屬科道等官，而陸居首，僅得給事，其次部屬，又次御史，其江以潮、楊恂爲評事，李元陽以下爲知縣。蓋大學士張璁等意也。」李選《侍御中溪李元陽行狀》：「先生諱元陽（1497～1580），字仁甫，世居點蒼山十八溪之中，因號中溪。其先浙之錢塘人，祖諱順者，仕元爲大理路主事，愛戀山水，遂家焉。……嘉靖壬午中雲貴鄉試第二，丙戌成進士，初授翰林院庶吉士，尋以議禮忤權臣，出補分宜。」與唐順之、屠應埈等並稱十才子。申時行《賜閑堂集》卷十八《給事中陸公傳》：「陸公者，諱粲，字子餘。……嘉靖乙酉舉鄉試，丙戌舉會試，咸魁其經。及廷對，石文隱公珤將首薦公，中忌者計，不果。尋被選爲庶吉士，連七試皆第一，名聲大噪。少師楊公一清稱爲『通儒』。丁亥，詔簡吉士五人，充史官。公名

業已列上，而會新貴人得權，公不往揖，心銜之，乃從中媒蘖，改授工科給事中。」徐階《世經堂集》卷十九《明故右春坊右諭德兼翰林院侍讀漸山屠公墓誌銘》：「公諱應埈，字文升。……嘉靖乙酉舉應天鄉試第二，明年舉進士，改翰林庶吉士。當是時，宰相有驟起用事者，銜諸翰林不附己，奏出三十餘人。已又怒諸吉士，曰：『是固嘗遭我於道，不避騎。』盡奏出為部寺屬，而公得刑部主事。……諸吉士或不能無少慍，公獨怡然也。」《國榷》卷五十三：「嘉靖五年三月戊戌，策貢士於奉天殿，賜龔用卿、楊維傑、歐陽衢等進士及第、出身有差。」

據《明清進士題名碑錄索引》，嘉靖五年丙戌科第一甲三名（龔用卿、楊維傑、歐陽衢），第二甲九十名，第三甲二百八名。

王慎中中本科進士，歷任山東提學副使、河南布政使參政等官。

張萱《西園聞見錄》卷四十五《提學·往行》：「王大參慎中，嘗為山東提學憲副使。齊東故習，所屬謁上官多用輿臺之儀，學官亦修之，莫恥為詬，先生痛抑，喻戒令以士禮見。嘗曰：『師必自重而後可以教人，若輕其師，自輕其教也。』一時學官爭自磨淬，轉相訓飭，而先生之教昌明顯行。至於品騭文字，再不復閱，見者咸驚為神。日看百餘卷，皆徹首尾，批抹黜評，無一語漏略，而高下其等，不爽錙銖，盡得諸牝牡驪黃之外，昔人所傳一目數行下，筆翰如流，實先生其人矣。中麓李公為先生立傳，有云：『會寄高等士文百餘，日後無人不發身者。』甚至有生童試文一篇，即許其終身。所造如殷棠川學士、谷近滄司馬，皆以同年入試，大加賞識，遂越諸生，超等補增，不知何從得之。初山東士子，見先生所為《廣東錄》，爭相慕倣，先生自以所作雖峭厲雄奇，有可喜，然不足為式，而所談乃成化、弘治間諸館閣博厚典正之格，士由此知向往，其文一出於正。凡經先生識拔者，皆為成才美士，致位通顯，輿論翕然。」

《欽定四書文》正嘉文卷三錄王慎中程文《論語》「不得中行而與之」一節題文。

文謂：「聖人抑致意於傳道之士，而其志可知矣。夫中行不得而思狂狷，聖人之意抑而彌深矣。此其為道也，不有大憂乎？夫子傷道之不行，故發此歎也。蓋曰：世莫宗予，吾已不敢望見諸身；天未喪文，吾安可使弗傳諸後？

誠得中行之士而與之，弗畔於道，而教育得人，克協於極，而繼述攸賴，固吾所大願也。然今不可得已，惟予有懷，何能自慰耶？道不可以終墜，而傳之必資於有人；心不能以自已，而求之抑思夫其次。必也士如狂狷者，亦可相與以有為矣。吾何以取於狂狷也？蓋進學之資，無所慕，則志弗逮而教難施，狂者趣量高遠，意之所許，將等古人而直上之，所少者特其實行之不掩耳，即若人而裁抑之，行以副志，而篤實日新，其於道也幾矣，吾如何而勿思哉！無所恥，則守無恆而行弗篤，狷者操履孤介，節之所勵，其視不善若將浼焉，所病者特其智識之未融耳，即若人而激勵之，學以廣才，而精進不已，其造道也易矣，吾安能以無意耶！嗚呼，足以見聖人不得已之心矣！」評謂：「狂狷、志節及激勵、裁抑之以進於道處，俱確實深細，不為影響近似之言。王遵巖時文意義風格，實無過人者。以曾治古文，故氣體尚不俗耳。」

明世宗嘉靖六年丁亥（西元 1527 年）

九　月

張璁條陳慎科目三事：正文體；明實錄；慎考官。

言各省鄉試主考如兩京例，遣京官或進士二人馳往供事，監臨官不得參預內簾；兩京鄉試主考外，五《經》房仍各加科部官一員；科場文字務要平實典雅，不許浮華險怪，以壞文體；《試錄》只依士子本文，稍加潤色。《明世宗實錄》卷八十：嘉靖六年九月，「戊戌，署都察院事兵部左侍郎兼學士張璁條陳慎科目三事。一、正文體。請令主司校文，務取平實爾雅，有裨實用。仍於《周禮》《儀禮》中出策一道，使之習於禮學，然後責以事君使民。一、明實錄。言鄉、會試錄宜取生儒原卷，稍增損一二字，不必盡出己筆，分考校之功。一、慎考官。言各省鄉試，宜如兩京例，擇翰林科部官為之主考，毋令權歸外簾，得預結生徒，暗通關節。上深善其言，令所司如議舉行。各省鄉試主考，令禮部舉京官或進士，每省二人，馳往供事，監臨官不得參預內簾。兩京鄉試主考外，五經房仍各加科部官一員。」都穆《都公談纂》卷下：「洪武中鄉試，主考有儒士或致仕官，今惟兩京翰林官主試，其他止聘校官而已。鄉試有錄，謂之『小錄』，前必有序文。余見三十年前《小錄》，前後序凡三四篇者，今則惟前後二篇，同考官不得作也。又嘗見永樂四年《登

科錄》，第二甲在前列者亦得刊策，今策惟第一甲得刊。永樂十年會試《中庸》一題，刊義二篇，今則題止一篇，惟論或二篇耳。」張孚敬《張文忠公集》奏疏卷三《愼科目》：「考官以考爲名，所以品士也。未聞置身堂下，猶能曲直，觀鬥隙中，尚知勝負者。各省鄉試，教職考官類皆出於私薦，御史、方面之所辟召，名位既卑，學亦罔顯。於是外簾之官，得以預結生徒，密通關節，干預去取。獲雋之士，多係權貴知識子弟。不公之弊，莫甚於斯。臣愚乞敕各省鄉試主考，臨期許令吏、禮二部查照舊例，訪舉翰林、科部屬等官有學行者，疏名上請，分命二員以爲主考。其在兩京鄉試，簡命主考外，添命京官二三員分考，以讚助主考之所不及。尤必敕嚴各該御史，聘延同考，必采實學，毋徇虛名，必出公言，毋容私薦。如此，則可以定權衡、辨人才矣。」朱國楨《湧幢小品》卷七《京考》：「嘉靖戊子用大學士張璁之議，差京官主考，不用詞林，皆科、部、寺及行人爲之。其給事中，不獨用於浙江、江西，即山東、廣東、四川、雲南亦用之，行止兩科而止。至萬曆乙酉、戊子而後，皆差京官，乃用詞臣三員或四員，給事中亦同此數，皆於浙江、江西、福建、湖廣，而他省則用部、寺以下。或曰弘治甲子，各省亦用京官，如王陽明主試山東是也。舊制，省試考官皆監臨會同提調、監試官自聘。其年，山東巡按陸偁，慈溪人，陽明適起服入京，便道聘之，非京差也。」嘉靖戊子，即嘉靖七年（1528）。弘治甲子，即弘治十七年（1504）。查繼佐《罪惟錄》志卷十八《科舉志》：「（嘉靖）七年，准主考外省用科部等官二人。順天榜後，御史周易論中式卷裁改聖經，且復失體，主試右春坊右庶子韓邦奇降南京太僕寺丞，左春坊左庶子方鵬奪俸。」

明世宗嘉靖七年戊子（西元 1528 年）

正　月

唐順之沈潛於舉業，屏棄一切紛華雜事，舉業大進。

　　《遊藝塾文規》卷一《用工貴專》：「今之學者，大率多用三六九日作文，勤者或間日作，此非善用功者也。凡進德修業，工夫只要專。如習一事，須使此事成就，然後傍及其它。昔某禪師謂參話頭肯七日七夜念頭不斷，定有悟門。若果肯如是用功而不悟者，未之有也。孔子論學，開口便說『時習』。

終日十二時中，並不間斷，方謂之『時習』。作文者果能念念思維，綿綿不斷，行住坐臥，心常在文，文既成，須呈明眼求正，有不安應時改定，改而未妥，不妨重複刪削，既妥，請題再作，但要借他題目收吾精神，一念常凝，萬緣俱斷，不消半月，定有豁然透脫之期。蓋改到無可改處，文字便佳，既佳之後，祇不歇手，做十餘日，覺得輕省，便熟矣。使一日做，一日不做，即終年拈弄，亦必不熟。譬如種木者，要使根株時時著土，定然隨時生發，此是決定道理。昔荊川先生戊子年正月坐館修業，一切紛華雜事並不膺情，終日坐想題目，飯至呼之常不應。四月，宗師來考，始出門，而舉業遂大成矣。昆湖先生坐虞山五柳堂，終日作文，未及百日，出應學師之考，見水流風動，草長花開，恍然皆文機發見。是年遂登科，明年及第。周江郎亦只用三個月工夫作文，鄉、會皆中第二。《悟眞篇》云：『凡言九載三年者，儘是遷延款日程，豈獨修眞哉？』時文亦然。」

三　月

始遣朝臣主試各省鄉試。

浙江工科給事中陸粲，兵部郎中華鑰，江西兵部郎中盧襄，刑部主事屠應埈，福建兵部員外郎陸銓，刑部主事江以達，湖廣戶部郎中郭日休，禮部主事吳龍，河南吏部主事蕭璙，刑部主事袁袠，山東禮科給事中劉世揚，刑部主事陳篍，山西禮部郎中丘其仁，國子監博士王廷，陝西戶部主事王嘉賓，行人李仁，四川戶部主事酈汸，大理寺左寺副王鴻漸，廣東吏部主事王激，大理寺評事徐棐，廣西刑部郎中祁敕，戶部主事林雲同，雲貴兵科給事中商大節，戶部主事陳良策。給驛以行。（據《明世宗實錄》卷八十七、《國榷》卷五十四）鄭曉《鄭端簡公吾學編餘》：「弘治甲子鄉試，各省主試官皆得自聘，如山東王陽明、浙江楊丹湖（諱廉，字介夫），皆一時文行君子，故所舉得人。其程式文字亦平正醇雅。嘉靖戊子，當揆者欲一切攬權，建議主試官從禮部具名，會內閣上請簡遣。時士習尚羞權門，有學行者不屑干謁，禮部亦頗采諸公議，以故戊子科取人刊文亦頗可觀。至辛卯則風習靡然，即有一二好修者亦不能無患失之意，相率奔走於風塵間矣。以故是科所取皆奇僻之士，刊文一切務爲險怪尖新語，不復明經傳意，流而不止，遂成邪橫，關係蓋非小小也。甲午科禮書夏言上疏論列，極言士風文體之變，請止京差官，自後刊文有復如戊子者，追奪考官禮幣。然亦未審得其人否？」弘治甲子，

即弘治十七年（1504）。嘉靖戊子，即嘉靖七年（1528）。辛卯，即嘉靖十年
（1531）。甲午，即嘉靖十三年（1534）。焦竑《玉堂叢語》卷六：「國初，考
試官雖儒士亦在所聘，惟其人而已。後專任教職，乃有遺珠之歎。弘治甲子，
禮部議各省主試以進士爲之，而不拘見任、致仕，故少卿楊廉以服闋主浙江
試，主事王守仁以病瘁主山東試。主官劾楊爲不孝，王爲不忠，法遂廢。至
嘉靖戊子，復行之，而兩畿同考，亦用京朝官，僅兩試而止。」弘治甲子，
即弘治十七年（1504）。嘉靖戊子，即嘉靖七年（1528）。

八　月

**兩京及河南、山東、陝西、山西、浙江、湖廣、江西、福建、廣東、
廣西、四川、雲南等十二布政司鄉試；貴州士子附雲南鄉試。**

自洪武三年至本年，凡五十二舉。
　　鄭岳《山齋文集》卷九《國朝莆陽科第錄序》：「莆自郡縣以來，長材秀
民，由科目出者漸齒。……粵自洪武庚戌迄今嘉靖戊子，凡五十二舉矣。士
由鄉薦者千一百一十一人，其登甲科者三百二十四人，狀元及第二人，探花
四人，會元一人，會魁七人，解元二十五人，經魁四十人。」

九　月

因引用經語有差，處罰相關官員。
　　甲申，右春坊右庶子韓邦奇謫南京太僕寺丞，監察御史周易謫南京府軍
右衛經歷，右庶子方鵬奪俸四月。以進試錄錯誤也：引用經文錯亂二語，截
除數字。提學周易劾之，而疏中亦誤以爲於，海隅爲海宇，光輝爲光暉。部
覆周易欲舉他人之差謬而己亦錯謬，俱降一級。（據《國榷》卷五十四）《弇
山堂別集》卷八十二《科試考二》：「御史周易言：錄文裁改聖經，且失體。
邦奇降南京太僕寺丞，鵬奪俸四月。」《明儒學案・三原學案・恭簡韓苑洛先
生邦奇》：「韓邦奇字汝節，號苑洛，陝之朝邑人。正德戊辰進士。授吏部考
功主事，轉員外郎。」調文選，謫平陽通判，甲戌遷浙江按察僉事，爲中官
誣奏，逮繫奪官，起山東參議，乞休，起山西左參政，分守大同，致仕去。「戊
子，起四川提學副使，改右春坊右庶子，兼翰林修撰。其秋主試順天，以錄

序引用經語差誤，左遷南太僕寺丞，再疏歸。」所云「引用經語差誤」，焦竑《玉堂叢語》卷六《科試》所載較詳：「張、桂執政，黜翰林二十餘人改別官，楊邃庵一清遂得乘間引所厚入院。時戊子順天鄉試，韓邦奇汝節、方鵬時舉俱以按察司副使改春坊庶子，兼修撰，主試事。韓前序引經『元首起哉，股肱喜哉』。又曰『帝光天之下，萬邦黎獻，共惟帝臣』。倒節其語。提學御史周易因劾韓，經語本『股肱喜哉，元首起哉』，『帝光天之下，至於海宇蒼生』，而韓引云云，亦誤書海隅爲海宇。內批捃其失，兩謫之，四方相傳爲笑。然周劾雖當，實因韓序不載其名而發。」《玉堂叢語》所云「張、桂執政，黜翰林二十餘人改別官」事，明人多所記載。沈德符《萬曆野獲編》卷十《翰林一時外補》：「霍兀崖初拜少詹事，即上言用人之法，謂翰林不當拘定內轉，宜自內閣以下，而史局俱出補外，其外僚不論舉貢，亦當入爲史官，如太祖初制。其說亦可采。但時非開創，一旦更張，人所不習，故太宰廖紀，力言其窒礙，上亦有隨時酌行之旨，蓋世宗亦心知霍說之難行耳。比張蘿峰入閣，因侍讀汪佃講《書》不愜上旨，令吏部調外。張因密揭並他史臣不稱者，改他官。首揆楊石淙附會其說而推廣之，上遂允行，既調汪府通判，而中允楊維聰、侍講崔桐等二十餘人，俱易外史以去，京師十可笑中所云『翰林個個都外調』者是也。蓋霍、張俱起他曹，故痛抑詞林至此。楊丹徒自謂附張得計，未幾亦爲張逐矣。此玉堂一時厄運，特假手於兩權臣耳。」楊石淙、楊丹徒均指楊一清（1454～1530）。又《萬曆野獲編》卷七《吉士不讀書》：「張永嘉之入相也，去登第六年耳。時嘉靖丙戌（1526），諸庶常在館，以白雲宗閣老呼之。每進閣揖，及朔望閣試，間有不赴者，並不引疾給解。張始震怒，密揭於上，俱指爲費鉛山私人，於是俱遣出外授官，無一留爲史官者。時去改吉士甫逾年耳，故事，散館期尚隔一年也。楊恂爲故相廷和嫡姪，皆切齒深仇，故波及餘人。內趙時春爲是科會元，年僅十八，亦止刑部主事耳。次科己丑（1529），即永嘉爲大主考，取會元唐順之等二十人爲庶吉士。時舉朝清議，尙目議禮貴人爲胡虜禽獸，諸吉士不願稱恩地，以故亦恨望之。且皆首揆楊丹徒所選，益懷忿忌。比旨下改授甫數日，又密揭此輩浮薄，非遠到器。於是奉旨，邇年大臣，徇私市恩立党，於國何益，自今永不必選。蓋猶指宏，並侵一清也。於是教習大臣，停推新吉士，亦不入館讀書，即以應得之官出授，皆部、寺、州、縣，僅王表得給事，胡經等得御史。蓋科道三人而已。然次科壬辰（1532），又收吉士二十一人，留者七人，永嘉爲首揆，不

能止矣。方順之等之改部屬也，吏部尚書方獻夫建議，翰林額載，本有定員，今濫於常額，乞量增數員。有弗稱者，俱令外補。詔如議行，侍讀、侍講、修撰舊二員，今增爲三員。編修、檢討，舊四員，今增爲六員。上命著爲令。」又《玉堂叢語》卷八《忿狷》：「大學士張璁，自以非由翰職起家，驟居輔導，而議禮時又輒被詞臣攻擊，頗懷怨忿。入閣未幾，上以侍讀汪佃進講《洪範·九疇》不稱旨，令吏部改調外任，因命內閣選擇翰林諸臣稱職者留用，不稱者量除他官，蓋疑璁有密揭也。楊一清等言：『翰林清要之地，誠不可以匪人處之。且文學政事，材各有宜，枉而用之，終無成績。宋兩制儒臣，皆嘗揚歷州郡，遂多名臣，內外均勞，自昔然矣。臣請選自講讀以下，其學有本原，文能華國，行義無玷者，存留供職，以備經筵史局之選。即文學未稱，而材識疏通，堪理政事者，請下吏部，量才外補。』上報可。尋調佃寧國府通判，而中允劉棟、楊維聰等侍講，崔桐等皆補外，多至二十人，而翰林諸臣，十去其八矣。璁又以庶吉士皆乳臭之子，不堪教養，又不當出爲科道，止據其中第除選。於是吏部以袁裒等補司屬，有出爲知縣者矣。以璁進閣時，庶吉士不屑赴揖也。此亦翰林一時之厄，乃博學強記如璁，敏給精練如一清，即翰林中亦罕見其比。信乎，儲材不可不廣也。」

本　年

行選貢之法。

黃佐《南雍志》卷十五《儲養考》：「嘉靖七年，行選貢之法。凡貢至京師黜退多者，提學官降用。乃不論食糧年深，輒貢年少，有浮躁者。枏又以爲言。禮部議得祖宗歲貢舊例，令提學官於各學食糧年深生員內，考貢一人，如果不堪，方將以次陪貢者考充，所以多得老成之士。近年新例不論食糧深淺，通學考取，輒將年少生員充貢，是以在監則未閑禮讓，爭趨勢利，授職則不堪爲人師長，況才性可以發科登第者，亦往往苟趨目前，自棄遠大，考其學業，又不過崇飾浮詞，無經明行修之實。查得本部累次具題，及近日奉有明旨，是都只照舊例行，便行與各處提學官，著以食糧次第起貢，並釐正文體，遵守臥碑，已經通行外，今後在學生員，年老無進益者，照例給與衣巾終身，如果平素奸頑，把持學校，挾制官府，勾攬公事，凡於一切行止有虧者，令提學官於歲考之時，查照本部題准事例，嚴加查訪黜退，不許食糧冒貢，庶生徒知所趨向，而科貢得人矣。上准議，行之。」

明世宗嘉靖八年己丑（西元 1529 年）

二　月

張孚敬、霍韜（1487～1540）任會試主考，唐順之被取為會試第一名。

　　《明世宗實錄》卷九十八：嘉靖八年二月，「甲午，會試，取中式舉人唐順之等三百二十名」。張孚敬《張文忠公集》文稿卷一《會試錄序》：「歲己丑，復當會試天下士。……先是，臣竊念國家用人以科舉為重，而有司選士以鄉舉為先。因條三事上請，一曰正文體，二曰明實錄，三曰慎考官。上俞之，既令行天下矣。及是禮部以甲科取士，所關尤重，復申明三事以請。上復俞之，俾昭示焉。……觀經義之文，多發明理致，不事浮誇，知初試之變也。觀詔、誥、表、論、判之文，多率循典實，不事奇怪，知再試之變也。觀五策之文，多經略世故，不事剽竊，知三試之變也。臣乃稽首揚言曰：我皇上神化之速，一至是乎！」張萱《西園聞見錄》卷四十四《禮部》三《科場·往行》：「霍文敏公韜，嘉靖己丑主會試，士有剿述莊、老野史，逞博炫奇者，置勿取。謂變時喪禮，至道收寓，特以命題，不復拘忌。《春秋》比事，碎裂經旨，不以之試士。」張孚敬《張文忠公集》奏疏卷三《慎科目》：「其一曰正文體。國初取士之制，令經義五百字以上，《四書》義、禮樂論三百字以上，時務策一千字以上，詔、誥、表、判，各有體裁。大抵直書意義，期致實用。今之所謂文詞者，異矣。配合綴緝，誇多鬥靡，口傳耳剽，翕然成風。經義浮誇，論議鄙俚，作判昧法律之本意，答策騁書生之常談。父兄以是為教，子弟以是為學，明欺有司如同聲瞽。臣愚乞敕考試官，取士之文，務要平實爾雅，裁約就正。說理者必窺性命之蘊，論事者必通經濟之權。判必通律，策必稽古。非是者悉屏不錄，如歐陽修黜一劉幾，而風雅以復。又必定於《周禮》、《儀禮》中出策一道，以導之習於禮學，使人各知有禮，然後責以事君使民，有餘地矣。」李開先《荊川唐都御史傳》：順之「戊子鄉試第六名，己丑會試第一名，廷試二甲第一名，御批其策，條論精詳，海內傳以為榮。會試卷，見者以為前後無比，氣平理明，而氣附乎理，意深辭雅，而意包乎辭。學者無長幼遠近，悉宗其體。如圓不能加於規，方不能加於矩矣。選作庶吉士，一二大臣不相能，遂即罷之。主者猶以二甲前三名制策曾經御覽，欲各授以檢討，唐子力請同罷，一事而有去留非體，始進即能恬退如此。試政吏

部，選除兵部主事。」《遊藝塾續文規》卷四《了凡袁先生論文》：「嘉靖中當以唐應德先生為宗，瞿師道先生次之。唐文由精思而出，讀之令人整襟肅慮，起敬不暇，足以壓倒一時豪傑；瞿文由神到而出，其精密處無迹可尋，不得以詞勝而貶之也；薛方山先生如項籍入關，勇氣百倍，終有武夫態；諸理齋變如琴操學佛，刮垢入淨，而輕浮風骨，時見於雅淡之中；張小越元如偏師入陣，直搗中軍，而乏堂堂正正之氣；歸震川有光高古典雅，獨步一時；孫百川樓直寫胸臆，而圓勁蒼健，詞調時時逼古；邵北虞圭潔玲瓏透徹，而措詞構意，出於路徑之外；茅鹿門坤氣勢如長江大河，和平闊大，描寫又復逼真；張虛齋祥鳶鉤深見奇，沈著細膩，而精到處令人難解；杜道升偉會理切題，一字不可增減，而穿骨透體，遂鑿混沌之竅；許敬庵孚遠脫盡斤調，另出樞機，而句句根心，見者知其為正人君子。作者尚眾，未易殫述。」焦竑《玉堂叢語》卷五《義概》：「霍韜己丑主考會試，簾內外弊鏟革殆盡，文體為之一變。楊少師博、葛尚書守禮、程尚書文德、唐都憲順之、羅修撰洪先、楊編修名、楊御史爵並表表，皆公所錄士也。公諄諭諸士，不可以門生座主結私恩而忘大義。超俗之見，時所僅聞。」霍韜字渭先，號兀厓、渭厓，廣東南海人。正德九年狀元。歷任兵部主事、南禮部尚書。諡文敏。有《渭厓集》。又《玉堂叢語》卷五《器量》：「嘉靖己丑，邃庵楊公為首相，上倚注甚切。時議禮諸公，受知於上，相繼登樞要。尚書霍文敏公韜時為詹事，忌公尤切，特疏劾公，上大怒，削秩賜罷。文敏猶欲根蔓公門下士，一網打盡。有太學生孫育，公之鄉人，受恩最久，百凡家蠹，公保護如子弟。公在相位，援育入文華殿從事，以書寫勞，例得京職。時亦以公黨與，恐遭斥逐，乃錄公居官事數十條，呈於文敏，以求自解。不意數月後以暴疾卒於京，其子奉柩還，公猶易服吊其喪。其子跪泣曰：『人子固不敢言親過，但悖德者不祥，吾父負公而死，天也，願公無吊。』公笑曰：『爾父豈負我者？我為人所陷，波及汝父，汝父欲保全身家，萬不得已，姑借我以免禍耳。吾獨不能諒之，是我又負汝父矣。』人皆服公雅量。」楊一清號邃庵。梁章鉅《制義叢話》卷五：「閻百詩曰：艾千子評張小越元『或問子產』章文云：『閑閑開說，似《史記》三小傳。』汪鈍翁駁之云：『《史記》兩人合傳，如廉、藺、范、蔡之類；三人合傳，如田、竇、灌夫之類；甚至十一人合傳，如酷吏之類，無有不穿敘者。其他如孟、荀，如屈、賈，如刺客、滑稽、佞倖之類，無事可穿，則用文章聯絡之。若一篇中，每人閑閑開說者甚少，後進讀書當自出手

眼，萬勿隨人腳跟也。』」梁章鉅《制義叢話》卷十二：「《文行集》云：嘉靖八年，張蘿峰、霍渭厓兩先生爲會試主考，取中三百二十人。蘿峰暮齡始第，惜積學不售之士，意元作必老成，拆卷見荊川先生年僅二十，訝以爲奇。荊川爲八大家之一，時稱名元。案：是科題爲『請問其目』六句、『惟天下至誠，爲能經綸天下之大經』一節、『孔子聖之時』一句。」

本科會試題。

本科會試題有《論語》：「請問其目。子曰：非禮勿視，非禮勿聽，非禮勿言，非禮勿動。」《孟子》：「孔子聖之時者也。」《中庸》：「唯天下之至誠，爲能經綸天下之大經，立天下之大本，知天下之化育。夫焉有所倚？」

嘉靖八年會元唐順之曾批選名賢策論，李開先作序。

李開先《李開先集·閒居集》之五《唐荊川批選名賢策論序》：「初場雖尚經術，然體制方而重，不可傳遠，後二場難登文集，選者亦不之及。近來書坊所刻舉業，不止汗牛充棟，較之十年前《四書》經義，精細透徹，輕省迴照，誠然過之，而論、表、策、判，則不復講求。僅能成篇者有之，直書舊套者有之，……吾友唐荊川，精舉業而得魁元者也。以瓦礫有擊門戶之勞，糟粕乃醇醪從出，而筌蹄則魚兔所由致也。不忍棄置，刻其時文，並刻古來名賢策、論，選取既愼，挑點亦詳，纏綿比密，奇絕錯綜。博而有約束，松而有關鍵，沖激而有砥柱，翻覆而有波瀾，曲譬旁引，挈要提綱。圈點多者精華也，一二者字眼也，處置轉調，分截撇抹，各有筆法，眞可爲舉業之大助，不但如他書之小補。」梁章鉅《制義叢話》卷五：「林於川雨化曰：唐荊川順之精於制義，有自爲詩云：『文入妙來無過熟，書從疑處更須參。』此荊川自道其所得也。荊川有極巧之文，而其實不過是極熟。如『不揣其本而齊其末』兩節，疊下兩比喻，一反一正，文氣流走不齊。荊川製作兩扇時，使之齊中用兩語遞過，通篇讀之，又只似流水不齊文法，此所謂巧從熟生也。文云：『且夫兩物相形，而高下異焉，所以辨其高下者，未嘗不兼本末而較之也，故寸木之與岑樓，其高下至易知也，今也不復揣其下之平，而但取其上之齊，是寸木固可使之高於岑樓矣。今論禮者，不究其本而必曰禮食親迎而已；論食色者，不究其本而必曰饑死與不得妻而已，是食色固可使之重於禮矣。任人之說，似亦無足怪者。雖然，此特自其一偏而言之耳，而非所以道

其常也。何者？兩物相形，輕重異焉，所以辨其輕重者，未嘗不等其輕重而較之也，故金之與羽，其輕重至易知也。今以一鈎金之寡，而較一輿羽之多，而謂足以概金羽之輕重也，豈理也哉？今論禮者，不量其多寡而必曰禮食親迎而已；論食色者，不量其多寡而必曰饑死與不得妻而已，如是而謂足以較禮與食之輕重，又豈理也哉？任人之論，其不可也，明矣。」俞桐川謂此等作法，成、弘、正、嘉間多有之，隆慶以後則絕響矣。」《制義叢話》卷五：「俞桐川曰：唐荊川先生教學里中時有教學文，爲吏部時有吏部文，爲中丞時有中丞文。好學深思，至老不倦，文之傳也宜哉。及考先生捷南宮時，年甫弱冠，主司見其文堅老，疑爲宿儒，然先生之文亦由天授，不盡關學力也。」

《欽定四書文》正嘉文選錄唐順之文共二十一篇，在明代僅次於陳際泰、歸有光、金聲諸人。

正嘉文卷一錄唐順之《大學》「此之謂絜矩之道」合下十六節題文：「傳者指言平天下之要道，詳其得失之異而決其機也。蓋治平之道莫要於推心，而道之所以有得失者，亦顧其存心何如耳，君子可不求治於心乎？且夫論治者貴識體，爲治者貴知要。甚矣，王道本於誠意也。夫使今之爲治者能達於上下四旁之人，而通之以公好公惡之道，是緣情以立愛，而不阻於分之殊；順事以恕施，而各協於理之一。絜矩之道在是矣。盍亦觀諸《詩》乎？彼『樂只君子』而以『民之父母』歸之，爲好惡之能絜矩，而與民同也；『赫赫師尹』而以『民具爾瞻』戒之，爲好惡之不能絜矩，而爲民僇也。此可見撫我則后，而《詩》言得眾得國者可鑒矣；虐我則讎，而《詩》言失眾失國者可鑒矣。然好惡之道，又豈出於理財用人之外哉？彼自夫先謹乎德也，而自然之利致焉；外本內末也，而爭奪之患興焉。此其民心之聚散，繫財貨之出入。而《康誥》所謂『惟命不於常』者，此也；《楚書》之寶善人者，此也；舅犯之寶仁親者，此也。而財貨之能絜矩與不能者，不既徵於此乎？再觀《秦誓》之詞，用休休之臣也，而興邦家之利焉；用媢嫉之臣也，而貽邦家之戚焉。此其人品不同，好惡攸係。而得好惡之正者，仁人也；知好惡而未盡其道者，其次也；不知好惡而拂人之性者，其下也。用人之能絜矩與不能者，不亦徵於此乎？是故治天下有大道，絜矩是已；得大道有要機，存心是已。君子能以忠信存心，則誠明有以通天下之志，誠應有以妙萬物之感，而大道可得也；反

是而驕焉，而泰焉，道豈有不失者哉！吁，大道得而所以得國得天命者，胥此也；大道失而所以失國失天命者，胥此也。治平君子可不誠以存心而恕以推心哉！」評謂：「法由義起，氣以神行，有指與物化而不以心稽之樂。歸、唐皆欲以古文名世者，其視古作者未便遽為斷語，而於時文，則用此巋然而出其類矣。『推心』、『存心』貫通章旨，首尾天然綰合，緣熟於古文法度，循題膝理，隨手自成剪裁。後人好講串插之法者，此其藥石也。」

卷二錄唐順之《論語》「吾與回言終日」一節題文：「大賢之不敏於論道者，乃其敏於體道者也。蓋心悟者不必問，而愚者不能問也，此顏子之如愚所以為不愚也哉。夫子稱顏子之意如此。蓋以道必待言而後傳，亦必待問而後告。是故吾之於回也，至教所示，固嘗竭兩端而無遺；微言所及，亦每迄終日而不倦。精粗所陳，能無一言之有待於疑者乎，回也默然聽之，未嘗一有所疑焉，其無所疑，意者愚而不能疑也；始終悉備，能無一言之有待於問者乎，回也默然受之，未嘗一有所問焉，其無所問，意者愚而不能問也。回其如愚者乎？愚則宜其不足以發矣。及其既退而省其私也，但見其本之以無所不悅之心，而體之以服膺弗失之力。藏修游息於吾道也，殆庶幾焉，蓋吾終日之所言者，即其終日之所從事者乎？動靜語默於吾道也，殆庶幾焉，蓋其不違於群居者，即其不違於燕居者乎？不迷於所往者，則必能先明於其心，愚者疑且不能，又何望其心解而力行之若此也；不習而無不利者，則必能不疑其所行，愚者問且不能，又何望其心會而身體之若此也。回其不愚也哉！是則夫子之與回終日言也，固所以寓無言之深意；而回之如愚也，固所以善用其聰明睿智者也。孔顏授受之機，其神矣乎！」評謂：「如脫於聖人之口，若不經意而出之，而實理虛神，煥發刻露，以天合天，器之所以疑神也。」

卷二錄唐順之《論語》「君子喻於義」一節題文：「聖人論君子小人之所喻，以示辨志之學也。蓋義利不容並立，而其幾則微矣。是君子小人之異其所喻，而學者所以必辨其志也歟？且天下之事無常形，而吾人之心有定向。凡其無所為而為之者，皆義也；凡其有所為而為之者，皆利也。君子何以獨喻於義也？蓋君子之志未嘗不公諸天下也，志未嘗不公諸天下，則其所見無非義者。節之不可以奪也，身之不可以辱也，一介之不可以取而與也，知其如是之為義而已矣。雖或有所進焉而蹈自好者之所深避，有所受焉而冒自潔者之所不屑，此其迹若疑於利者。然在君子，則亦但知如是之為義而已矣。

何者？彼一無所利之也。是君子舍義則無所喻矣。小人何以獨喻於利也？蓋小人之志未有不私諸其身者也，志未有不私諸其身，則其所見無非利者。機械之欲其巧以捷也，窺伺之欲其專以密也，尋尺之欲其揣以審也，知其如是之為利而已矣。雖或有所勉而遁焉以自好，有所矯而讓焉以自潔，此其迹若疑於義者。然在小人，則亦但知如是之為利而已矣。何者？彼固有所利之也。是小人舍利則無所喻矣。夫徇義而至於喻，則利之所不能入也；徇利而至於喻，則義之所不能入也。是以學者貴辨之於早乎？」評謂：「落落數語，而於義利之分界與君子小人心術之動、精神之運已辨其所從生，而推之至於其所終極矣。」「就《語》、《孟》中取義，而經史事迹無不渾括。此由筆力高潔，運用生新，後人動闌入《四書》字面作文，殊乏精采，所謂上下床之隔也。」

　　卷二錄唐順之《論語》「三仕為令尹」六句題文：「大夫之心裕而公，忠於謀者也。夫裕則齊得失，公則平物我，而子文可以為忠矣，仁則吾不知也。子張之意若曰：今夫天下之人謀其身也過周，而謀其國也過略。夫惟其過周也，則少不如意者，未嘗不為之戚焉；夫惟其過略也，則苟無預於己者，未嘗屑為之謀焉。此無怪乎倖進之多而善治之寡也。子文曾有是乎？方其三仕為令尹，繼而三已之也，吾知滿其欲得之志，不能不喜於利見之初；而拂其患失之心，不能不慍於播棄之後。況夫勉於其暫、不能勉於其久者，人之情也；矯於其順、而不能安於其逆者，理之常也。子文則謂窮達命而已矣，貴賤時而已矣。運之所隆，則其仕我者其道亨也，不色喜也；勢之所去，則其已我者其道窮也，不色慍也。安其常而不搖於身外之感，順其適而不遷於事變之交。其在已也猶其在夫仕也，其在三也猶其在夫初也。吾於是而知其心之裕矣。及其將去而新令尹以代也，吾知忌心生於新故之變，則必幸其敗事以形吾之善；慍心起於去位之日，則必不謀其政而任其人之為。況夫功成者退，則舊政雖善，未必其我德也；責有所歸，則新政雖不善，亦未必其我咎也。子文則知有國而已矣，知有君而已矣。懼其未識乎治體也，而孰所當因、孰所當革，儘其說而道之焉；懼其未識乎民宜也，而孰為便民、孰為不便於民，舉其國而聽之焉。大其心而不計其形迹之嫌，忘其私而求善夫身後之治。使其政之行於我者猶其得行於彼也，而政之行於彼者猶其得行於我也。吾於是而知其心之公矣。吁，子文其春秋之良哉？」評謂：「就人臣立論，身、國對勘，反正相形。子文全身已現，卻仍是子張發問口吻，於題位分寸不溢。

歸、唐皆以古文爲時文，唐則指事類情，曲折盡意，使人望而心開；歸則精理內蘊，大氣包舉，使人入其中而茫然。蓋由一深透於史事，一兼達於經義也。」

　　卷二錄唐順之《論語》「顏淵喟然歎曰」一章題文：「大賢歎聖道之妙，教雖可因，而化則未及也。夫體道以化爲極也，顏子雖得於教，而終無以化焉。聖道之妙一至此哉！顏子蓋已得聖人之蘊而有感於斯道之神，遂喟然歎曰：甚哉，夫子之不可及也！蓋夫子之道，吾以爲求之而可得也，然而峻極充周，有不窮之蘊，純全完固，極渾厚之體，得非仰之彌高而鑽之彌堅耶？吾以爲見之而可象也，然而周流無滯，極變動之神，兩在不測，妙無方之化，得非瞻之在前而忽然在後耶？聖道之妙如此，不有夫子之教，則亦終焉爾矣。幸而夫子教思無窮而誨人有序，始之以博文，所以大其畜也，而知必欲其致焉；終之以約禮，所以一其歸也，而行必欲其力焉。是何其循循善誘耶！故未聞夫子之教也，欲求之而不可得也；既聞夫子之教也，欲不求亦不可得也。故好之而必力之，力之而必致之，而博文約禮之功無所不用其極，而吾才爲之竭盡矣；由是不可形者形其形，不可象者象其象，而高堅前後之妙有以灼見其精，而天機爲之卓立矣。斯時也，吾豈不欲與道爲一哉？然神不可致，思而至之也無所容其功；化不可助，長而存之也無所施其力。一間未達之機，亦將奈之何哉？是則方其未得也，夫子之教可以使之求也；及其既得也，雖夫子之教亦不得而與其能也。聖道之妙有如是哉！」評謂：「隨題體貼，處處得『喟然』之神。行文極平淡自然中變幻無端，不可方物。其噓吸神理處，王守溪亦能之；而開闔頓宕，夷猶自得，則猶未闖此境也。」

　　卷二錄唐順之《論語》「入公門」一章題文：「聖人之趨朝也，漸近於君而敬有加，漸遠於君而敬無已。蓋朝廷之禮以敬爲主也，況聖人事君盡禮者，其始終之一於敬也，固有不期然而然者哉！昔者夫子當其襲容觀玉之委蛇，趨朝之初，於時固直躬而行也；一入公門，則鞠其躬而如不容焉。不知公門之高且大也，立不中門，以避尊也；行不履閾，以致恪也。自其入門而敬已至矣，然此猶致敬於其躬，而其色與足猶自如也，及其過君之位，則如見乎君矣。色而勃如，非夭如之常也；足而躩如，非折旋之常也；言似不足，非便便言之常也。自其過位而敬益至矣，然色與足雖已變其常，而氣猶自如也，及其自堂下之位而攝齊以陞於堂上，則最近乎君矣。其鞠躬，猶夫入門之時；而屏其氣，則有似乎不息者焉；至於陞堂，而敬無以加矣。陞拜之禮既成，

由是而出、降一等，則天顏暫違於咫尺，氣無事於屏矣，逞其顏色，殆有怡
如其可掬者乎？由是而沒階，則拾級無煩於聚足，衣可以不攝矣，拱手而趨，
殆有翼如其可象者乎？由是而復其堂下之位，則又瞻仰堂上，君實臨之，踧
踖如也而不敢自寧焉，色方逞而又變，手方翼而又斂，其殆鞠躬屏氣之餘乎？
聖人之見君，始而敬，中而和，而終之以敬如此。然而和非有出於敬之外也，
和蓋所以濟敬也歟？」評謂：「或於前面托一層，或於後面收一筆。夫子德盛
禮恭、從容中節處，曲曲傳出，而行文亦極迴環錯落之巧。」

　　卷三錄唐順之《論語》「季路問事鬼神」一節題文：「觀聖人兩答賢者之
問，可以知反本之學矣。蓋窮理者貴乎反其本也，求事神於治人，求知死於
知生，則庶乎其可得矣。夫子告子路之意如此。且夫鬼神者精誠之極，故季
路以事鬼神爲問也。鬼神之情狀，夫子嘗於贊《易》言之矣，非不欲以告子
路也，而乃曰：顯於鬼神者則有人矣，人固群於人之中而未必能事人也，未
能事人則何以事鬼神乎？夫子言此，蓋以至誠之不可掩者鬼神之靈，一人心
之靈者爲之也，非人心則何以有鬼神也？故知事人則知事鬼神矣。死者人道
之終，故季路以死爲問也。眾生必死，夫子嘗爲宰我言之矣，非不欲以告子
路也，而乃曰：先於死者則有生矣，人固囿於生之中而未必能知生也，未能
知生則何以知死乎？夫子言此，蓋以機緘之不容已者氣之散而歸於無，一氣
之聚而向於有者爲之也，非聚則何以有散也？故知生則知死矣。以是知幽、
明一理也，死、生一理也。然幽明之理，又所以爲死生之理也。此吾道之所
以爲一本也歟？」評謂：「精卓堅老，著語無多，而題之切要處已盡。」

　　卷三錄唐順之闈墨《論語》「請問其目」一節題義：「大賢問爲仁之目，
得聖教而以爲己任焉。甚矣，顏子之力於爲仁也，領克復之目而任之不辭，
非有得於心法之傳者而能之乎？昔顏淵問仁於夫子而承克己復禮之訓也，想
其求仁之志素定於心齋之後，而理欲之分默會於善誘之餘，故不復有所疑問
而直請其目也。夫子喜其見理之眞，乃悉數其目以告之曰：物交之迹雖由外
以感其中，善惡之機則由中以達於外。而仁豈必求諸遠哉？近取諸身而已矣。
彼目司視、耳司聽而心實主之也，若非禮而欲視，則絕之以勿視，非禮而欲
聽，則絕之以勿聽，如此則心不誘於聲色之私，而作哲作謀之體立矣；口有
言、身有動而主之者心也，苟非禮而欲言，則絕之而勿以形諸口，非禮而欲
動，則絕之而勿以形諸身，如此則心不涉於尤悔之累，而作乂作肅之用行矣。
克己復禮之目，端在於此。顏子遂從而任之，曰：仁道必至明者而後察其幾，

回之質雖非至明者也，尚當既竭吾才，而於所謂視聽言動者擇之精而不昧於所從；仁道必至健者而後致其決，回之質雖非至健者也，尚當拳拳服膺，而於所謂視聽言動者守之固而必要其所立。以『爲仁由己』自勵，不敢諉之於人也；以『天下歸仁』自期，亦不敢半途而廢也。斯則回之所當自盡者乎？吁，夫子之善教，顏子之善學，兩得之矣。」評謂：「荊川三墨，惟此可謂規圓矩方、繩直準平矣。」

卷三錄唐順之《論語》「克伐怨欲不行焉」一章題文：「賢者以制私爲仁，聖人所以抑之也。蓋無私之謂仁，而制私不足以言之也。原憲之所問與夫子所以教原憲者，於此見之矣。今夫仁者寬裕溫柔，本自無所克伐，而不仁者矜己誇人，則有是而必行焉者也；仁者不忮不求，本自無所怨欲，而不仁者恣情徇物，則有是而必行焉者也。憲也以狷介之資，勵堅忍之力，故能於此而不行焉。至於不遠之復，彼固有所未能；而無妄之眞，彼固有所未識也。乃遂以是爲仁而問於夫子。夫子從而告之曰：人心惟無所克伐也，一有克伐焉，其勢不至於以私滅公不止也，於天人交戰之中而力有以防其潰，可不謂難乎，然特不行而已，是猶有克伐在也；人心惟無所怨欲也，一有怨欲焉，其勢不至於以情鑿性不止也，於愛惡相攻之際而力有以遏其漸，可不謂難乎，然特不行而已，是猶有怨欲在也。非必人欲橫流而後爲此心之累，但藏蓄而不化，則已非靜虛之本體矣，況檢點稍或疏焉，固有潛滋暗長而不自知者乎，以其僅未至於橫流也而遽以爲仁，吾弗知也已；非必形迹暴著而後爲吾仁之病，但留滯而不釋，則已非順應之本然矣，況操持稍或弛焉，固有投間抵隙而不自知者乎，以其僅未至於暴著也而遽以爲仁，吾弗知也已。是則原憲之問，雖若過於自任，而亦見其求仁之切；夫子之答，雖若抑之，而實進之於安仁之域者也。」評謂：「於『仁』與『四者不行』分際，體認親切，故出之甚易，而他人苦思極慮不能造也。」

卷三錄唐順之《論語》「一匡天下」題文：「佐霸者有輔世之功，聖人所以取之也。甚矣，聖人取善之公也！以管仲正天下之功，而夫子稱之，其亦不沒人善之意歟？自今觀之，春秋之時何時也？繻葛一戰，而天下之人不知有君臣之分；蔡師一敗，而天下之人不知有夷夏之防。天下之不正也甚矣，其孰能匡之？管仲之相桓公也，志同道合，而一以取威定霸爲己任；言聽計從，而一以招攜懷遠爲己責。慮王室之衰也，於是乎有葵丘之會焉，誓之以五命之嚴，申之以載書之信，而以下陵上者始知所懼矣；慮夷狄之橫也，於

是乎有召陵之師焉，連八國之援以摧其鋒，許屈完之盟以懷其德，而以裔謀夏者始知所警矣。雖曰借其名以遂其私也，而名之所以不亡者，亦其借之之功；雖曰假其義以文其奸也，而義之所以不泯者，亦其假之之力。君尊臣卑，視夫周鄭交質之際，不有間乎？內夏外夷，視夫憑陵江漢之日，不有殊乎？管仲正天下之功如此。身繫天下之重，故北面請囚而不以為恥；心存天下之圖，故忘君事讎而不以為嫌。子貢何議其未仁耶？」評謂：「洞悉三《傳》，二百四十年時勢了然於心，故能言之簡當如此。前輩謂不可把一匡說得太好，非也。下文說一匡之功，如許鄭重，可見聖人之心廣大公平。言各有當，不可以一端閡也。」

卷四錄唐順之《中庸》「素隱行怪」一章題文：「論中庸之難能，而惟聖人為能盡之也。甚矣，至道之難也。或失則高，或失則止，而中庸之道鮮矣，此其所以非聖人不能也與？夫子之意蓋曰：天下之道，貞夫一而已矣，而學道者何其多歧矣乎？是故中庸之道，易知而簡能者也，其或窮隱僻以為知，務詭異以為行，此則好為苟難者之事，未必不有述於後世矣，吾寧無所成名也，而豈為是哉？中庸之道，恒久而不已者也，其或知所擇矣而限於期月之守，得一善也而苦於服膺之難，此則力不足者之事，未必不遂棄其前功矣，吾惟學之不厭也，而豈能已哉？夫素隱行怪者，遂自以為能人之所不能，而中庸之不可能者，則未之能依也；遵道而廢於半途者，雖無必求人知之心，而人不見知，則未必不悔焉而自阻也。是二者或始於擇術之不審，或病於通道之不篤，而於道均失之矣，君子豈其然乎？知不求之隱也，行不求之怪也，則固不期述於後也，而亦或不見知於當世矣；知吾知也，行吾行也，則卣自信乎其心也，而一無所悔於其外者矣。若此者，蓋其天聰明之盡也，故似是之非自不能惑；盡性命之極也，故至誠之運自不容息。而勇又非所論矣。非聖人而能之乎？夫聖則吾豈敢也，然不敢不以是為則而自勉也。」評謂：「立定末節作案，做上二節處處對針；末節做末節，處處抱緊上文。措意遣辭，如天降地出，一字不可增減。」

卷四錄唐順之《中庸》「武王纘大王」二節題文：「《中庸》詳二聖之事，有得征伐之時者，有得制作之時者。蓋道以得時為中也，武王之征伐，周公之制作，一以時而已矣，夫豈無忌憚者哉？《中庸》引孔子之言，明費隱之義至此，謂夫武王、周公之作也，以事觀之則為非常之變，以道觀之則為庸行之常。何則？征伐，天子之大柄也。然武王之時，殷且亡，周且昌，使區

區守此，則三后之業自我而隳，萬方之罪自我而任，仁人固如是乎？不得已而從事於征伐焉。載斾秉鉞而天討以行，吊民罰罪而獨夫以誅，應天順人而顯名以遂。是上帝寵之，使尊惟一人而右序莫加，富有四海而萬物畢獻，有商之命已革也；皇天眷之，使享有七廟而宗祧綿長，祚垂百世而本支盤固，祚周之命已成也。是則武王之征伐以時如此，豈非中庸之道乎？制作，天子之大權也。然周公之時，武王崩，成王幼，使區區守此，則二后之德自我而斬，一代之治自我而陋，仁人固如是乎？不得已而有事於制作焉。追王之禮及於古公，上祀之禮及於后稷，義起之禮及於天下。以為從死而不從生，夏商葬祭之禮未善也，必其喪從死者、祭從生者，使父葬於子不論子爵而論父，子祭其父不論父爵而論子，則禮無或僭而情無不通矣；降親而不降貴，夏商喪服之禮未善也，必其親不敵貴、貴不敵親，使期年之喪自庶人而達於大夫，三年之喪自庶人而達乎天子，則貴有降殺而賤不加隆矣。是則周公之制作以時如此，獨非中庸之道乎？吁！因時之可為而大有所為，此武、周所以同一道與？」評謂：「才思豪蕩，氣魄磊落，在稿中又另是一樣文字。」「相題既真，故縱筆所投無不合節。其提掇眼目皆本古文法脈，而運以堅勁之骨、雄銳之氣，讀之可開拓心胸，增長智識。」《制義叢話》卷五：「徐存庵曰：艾千子謂唐荊川『武王纘太王、王季、文王之緒』二節題文，最膾炙人口，然吾終病其『時中』、『無忌憚』等語。蓋作《中庸》者，子思也；言武周者，夫子也；引夫子稱周武之言以證《中庸》者，子思也。安得夫子言時，遂知有分章照應之《中庸》，遂以『時中』等字分別武周乎？陳百史亦謂荊川之文，鹿門推為本朝第一，其步驟格律無可復議，而尤欲天下人細觀艾千子諸評，知聖賢語中不相假借如此也。」

　　卷四錄唐順之《中庸》「見乎蓍龜」二句題文：「論至誠之幾，而兩有所驗焉。甚矣，誠之不可掩也！稽之蓍龜，觀之四體，而幾之微者著矣。今夫至誠所以能前知者，豈出於意想測度之私哉？亦以實理之在天地間者，自有不容掩焉耳。且以蓍龜言之，方其數之未定，吉凶固無形也。及問焉以言，而用動用靜，自貞勝而不窮。有蓍龜襲吉者矣，有蓍龜共違者矣，亦有筮從而龜逆、筮逆而龜從者矣。藏於寂然不動之中，而呈於受命如響之後。其吉者非有心於福之，其凶者非有心於禍之，在蓍龜固不自知也。是蓋天載無聲無臭，而蓍龜神物為能紹天之明，故道非器不顯，而象數之間，若有鼓其機而不能自已耳。以四體言之，方其迹之未涉，得失固無兆也。及性術所行，

而履祥履錯，各從類而不爽。有俯仰皆宜者矣，有俯仰皆悖者矣，亦有始敬而繼之以怠、始怠而繼之以敬者矣。隱於卒然有感之餘，而萌於介然有覺之頃。其得者本不期於矜持，其失者本不期於暴棄，在四體固不自知也。是蓋帝則至微至幽，而人之精神與造化相爲流通，故天非人不因，而周旋之際，若有牖其衷而不能自已耳。夫見乎蓍龜，則百姓可與能也，而非鬼神合其吉凶者，固不能極深而研幾也；動乎四體，則百姓日用而不自知也，而非清明在躬者，固不能定取捨之極也。至誠前知之道，斷可識矣。」評謂：「見處、動處莫非幾也，幾由誠發，故至誠便可前知，原屬一串事。此實能道其所以然，使『見乎』、『動乎』字與下文兩『必先』字早有貫注之勢。啓、禎諸家文，更覺驚邁，而入理精深處，究不能出其範圍。」

卷四錄唐順之《中庸》「善必先知之」三句題文：「惟至誠之知幾，所以合德於神也。夫幾也者，神之所爲也，而至誠知之，亦神矣哉！且天地之間，明則有至誠，幽則有鬼神，若將判然二物矣，而孰知有合一者存乎？何則？禎祥、妖孽與夫蓍龜、四體之倫，所以徵夫福之將至者，不必皆同而均謂之善也；所以徵夫禍之將至者，不必皆同而均謂之不善也。苟見其幾而知之不早，固不可以言至誠矣；苟有所知而有所不知，亦不可以言至誠之如神也。今也有一善焉，幾動於彼而誠動於此，固無幽深遠近，而凡爲福之徵者，隨其所見而無不知之矣；有一不善焉，幾動於彼而誠動於此，亦無幽深遠近，而凡爲禍之徵者，隨其所見而無不知之矣。至誠若此，而不可謂之神乎？蓋善之先見與不善之先見，皆鬼神氣機之微露也，而吾獨能先知之。故鬼神涵天地之實理，而泄其機於朕兆之間；吾亦全天地之實理，而炳其幾於著見之始。神以知來，人皆知鬼神之不測如此也，而不知至誠先知之哲所以占事而知來者，實與鬼神而合其吉凶；神以體物，人皆知鬼神之不測如此也，而不知至誠周物之知所以探賾而索隱者，實能質諸鬼神而無疑。方禍福之未至，與至誠、與鬼神同一寂然不動之體也；乃禍福之將至，與至誠、與鬼神同一感而遂通之妙也。在鬼神也誠而形，在至誠也誠而明。謂至誠之不如神也哉？」評謂：「貫穿經傳，於所以必先知之理洞然於心，故能清空如話。」

卷五錄唐順之《孟子》「昔者太王居邠」合下二節題文：「大賢兩陳圖變之策，而因責君之自審也。夫經、權不同，均之圖變之良策也，人顧處之何如耳，滕君盍知所自勵哉？孟子因其畏大而爲之籌曰：君之受制於大國也，揆之於勢，不得乎萬全之謀；反之於己，不越乎兩端之策。試爲君陳之。昔

太王之事狄人也，先之以皮幣，繼之以寶馬，而卒莫弭侵陵之患，於是以土地為輕，以人民為重，而即有事於岐山之遷，然王雖去而人不忘其澤，地雖易而民不改其聚，此皆用權以圖存，在古人已有成跡者矣；或謂人君之於土地也，受之天子，傳之先君，而吾不敢以自主，有民人焉，有社稷焉，而吾未可以輕去，故寧以社稷之故病吾身，毋寧以吾身之故棄宗社，此蓋守經以俟死，在古人已有定論者矣。斯二者，固皆足以圖變。然就時勢而設其可為之策，臣之所能也；權彼此以決一定之機，非臣之所能也。君其反觀於己而度德以處之，可以權則權，可以經則經也，而不必於他求；內省諸心而量力以行之，太王固可法，人言亦可從也，而不必於外望。以勢論之，若去之為便矣，其或反是而以義為不可焉，亦惟君之自審耳，可不為之長慮也哉？以理論之，若守之為是矣，其或反是而以權為必可行焉，亦惟君之自諒耳，可不為之深謀也哉？要之，能如太王焉，則國亡而身在，固不失為創造之君；不能如太王焉，則國亡而與亡，亦無負於有邦之責。君其勉乎哉！」評謂：「屬對之巧、制局之奇，細看確不可易。須知題之賓主、輕重、前案後斷之間，自有天然部位，妙手乃得之耳。」

　　卷六錄唐順之《孟子》「有故而去」五句題文：「先王於去國之臣而待之曲盡其禮焉。甚矣，先王之能體群臣也，雖於去國之臣，而亦無所不盡其禮焉，則人臣固宜有以厚報之矣。此孟子援古以見今之不然也。想其告宣王之意，若謂：王知舊君之有服，固也，而亦知舊君之所以遇其臣者乎？何則？人臣義有不合而不容不去者，所以明進退之節而不敢苟也；人君聽其去而不必其留者，所以成人臣之志而不敢強也。則臣之去也，固非悻悻然薄其君；而君於其臣之去也，亦豈能恝然自處其薄乎？於是慮其或不免於致寇也，則使人導之出疆而豫防其患焉，庶乎即次之無所虞而懷資之無所戀也，蓋禮義以為干櫓，固君子之所以自衛也，而曲為保護以使之利有攸往者，小君心之不能自已者耳；又慮其無以為之先容也，則先之於其所往而稱道其賢焉，庶幾見用於他國亦猶見用於吾國也，蓋出疆必載贄，固君子之所以自進也，而曲為汲引以使之喪不速貧者，亦君心之不能自已者耳。至於臣之在國也，有田里以養其廉焉，必待其去之三年不反也，然後從而收之。苟三年之內而幸其或反也，則將以其未收之田里而與之可也；苟三年之外而尚幸其或反也，則雖以其既收之田里而復還之亦可也。蓋其反與不反，雖人臣之所自為去就，而非人君之所能必也，但人君之心則固嘗冀其必反耳。夫導之出疆，則恐其

行之弗利也，況有執之而使不得行者乎？先於所往，則惟恐其國之不用也，況有極之而沮其見用者乎？三年而後收其田里，則於心猶以爲速也，況有方其去而遽絕其來者乎？此則雖謂之舊君，而其視臣如手足者固自在也，安得而不爲之服也哉？」評謂：「深明古者君臣之義，由熟於三經、三禮、三傳，而又能以古文之氣格出之。故同時作者，皆爲所屈。蓋或識不及遠，或才不逮意，雖苦心營度，終不能出時文蹊徑也。」

卷六錄唐順之《孟子》「匹夫而有天下者」二節題文：「大賢兩推聖人不有天下之故，以見天與子也。蓋聖人之有天下，不獨以其德，亦以天子之薦與繼世之不賢耳。不然，其如德何哉？此孟子歷舉群聖之事，以證禹之非德衰也。想其告萬章之意，若謂：吾子謂禹爲德衰者，蓋徒知益之爲舜、禹，而不知啓之非朱、均也。且自古聖人之不有天下者亦多矣，豈獨益哉？何則？匹夫而有天下者，非曰德爲聖人而天遂與之也。功不得違勢而獨立，名不得背時而獨彰。必也德如舜矣，而又有薦舜如堯者，而後可以帝於虞；德如禹矣，而又有薦禹如舜者，而後可以王於夏。舜不遇堯，一耕稼之夫而已矣；禹不遇舜，一崇伯之子而已矣。是故仲尼雖有舜禹之德，而所遇非堯舜也。孰委之以國焉，孰授之以政焉？蓋其德則是，其位則非，天亦何從而與之天下哉！若夫有德矣，有薦矣，而亦不有天下者，何也？蓋匹夫以有天下者與繼世以有天下者，其勢常相低昂者也。繼世而有天下者，非曰德不如聖人而天遂廢之也。先王之澤未泯，天心之眷未衰，必也大惡如桀而後有南巢之放，大惡如紂而後有牧野之誅。禹之天下，苟不遇桀，未亡也；湯之天下，苟不遇紂，未亡也。故益、伊尹、周公雖有舜禹之德，有天子之薦，而所遇非桀紂也。啓之賢足以繼夏，而商則太甲焉；太甲之賢足以繼商，而周則成王焉。蓋雖與子也，猶與賢也，天亦奚必奪此而與彼哉！夫伊尹、周公、孔子皆聖人也而不有天下，其何疑於益？商、周皆繼世者也，其何疑於禹？比類觀之，天意見矣，而獨謂禹爲德衰哉？」評謂：「此題仍是一串意，不應兩對。行文開中有闔，其妙可以意求。」「理精法老，語皆天出，幾可與韓氏《對禹問》相方。」

卷六錄唐順之《孟子》「牛山之木嘗美矣」二節題文：「大賢舉山木例人心，而著其失養之害焉。夫有材者山之性，有才者人之情，顧所養何如耳。然則人之良心與山木而俱斃也，哀哉！孟子之意若曰：天下之事，貴乎防患於未然，尤貴乎補弊於已然。始之也無所防，終之也無所補，而可以無弊

者，無有也，吾嘗揆之物理、驗之人情而得之矣。今夫山，草木之所聚也，而其所以觀美於人者恃有此也，乃若牛山則有不然者矣。斧斤者往焉，既不能保其美於始；牛羊者往焉，又不能養其美於終。此其郊於大國，而求牧與芻之所便故也。是故昔之美者此山也，今之濯濯者亦此山也，無怪乎人之以未嘗有材者視之也。殊不知山之性能生之而不能全之，雨露之所潤者無幾，而人力之為害者已至，雖曰地道有敏樹之機，而所存不能補其所亡，不至於濯濯不已也。吾如有萌焉何哉？今夫心，仁義之所管也，人之所以異於禽獸者恃有此也，凡今之人則有不然者矣。其始也物交之攻取，而所謂良心者則寡之又寡以至於無；其繼也肆情於旦晝，則所謂夜氣者將梏之又梏以至於不能勝。此則放其心而不知求，有其端而不知充故也。是故初之具此仁義者固若人也，今之不遠於禽獸者亦若人也，無怪乎人以未嘗有才者目之也。殊不知人之情可以放之而亦可以求之，人心之惟危者愈危，而道心之惟微者愈微，雖曰吾心有不死之妙，而夜之不足以勝晝，不至於禽獸不已也。吾亦且奈之何哉？欲免禽獸之歸者可以省矣。立志如為山，循序如登高，而由小以高大可也。不然，則茅塞其心、荒蕪其學，其不為槁木也者幾希矣。」評謂：「依題立格，裁對處融煉自然，有行雲流水之趣。乃知板活不在制局，第於筆下分生死耳。」

　　卷六錄唐順之《孟子》「子莫執中」一節題文：「時人欲矯異端之偏，而不知其自陷於偏也。蓋不偏之謂中，而用中者，權也。子莫欲矯楊墨之偏而不知權焉，則亦一偏而已矣。此孟子斥其弊以立吾道之準也。且夫吾道理一而分殊，而為我之與兼愛，固皆去道甚遠者也；吾道以一而貫萬，而執其為我與執其兼愛者，固皆執一而不通者也。於是有子莫者，知夫楊墨之弊而參之於楊墨之間，以求執乎其中焉。蓋曰其孑孑然以絕物如楊子者，吾不忍為也，但不至於兼愛而已矣；其煦煦然以徇物如墨子者，吾不暇為也，但不至於為我而已矣。自其不為為我也，疑於逃楊而歸仁；自其不為兼愛也，疑於逃墨而歸義。子莫之於道似為近也，然不知隨時從道之謂權，以權應物之謂中，而楊墨之間，非所以求中也。徒知夫絕物之不可，而不知稱物以平施，則為我固不為也，而吾道之獨善其身者，彼亦以為近於為我而莫之敢為矣；徒知夫徇物之不可，而不能因物以付物，則兼愛固不為也，而吾道之兼善天下者，彼亦以為近於兼愛而莫之肯為矣。雖曰將以逃楊也，然楊子有見於我、無見於人，而子莫有見於固、無見於通，要之，均為一曲之學而已，知周萬

變者果如是乎？雖曰將以逃墨也，然墨子有見於人、無見於我，而子莫有見於迹、無見於化，要之，均爲一隅之蔽而已，泛應不窮者果如是乎？夫爲我一也，兼愛一也，故楊墨之爲執一易知也；中非一也，中而無權則中亦一也，故子莫之爲執一難知也。非孟子辭而闢之，則人鮮不以子莫爲能通乎道者矣。」評謂：「止將題所應有義意一一搜抉而出之，未嘗務爲高奇，而人自不能比併。占文老境也。」

卷六錄唐順之《孟子》「盡信書」一章題文：「大賢言書不可以盡信，而質以《周書》之誣也。蓋書不可以盡信，而《周書》之可疑者乃其證也。君子觀於書也，容可以無見哉？孟子因世之泥書而害理者，故其好古之下，有感而爲之言。曰：書所以錄當世之迹而垂後世之規，固不可以不信者。但傳疑本史氏之體，容非綜覈之眞；愛憎出一時之情，或有揄揚之過。蓋學者誦其言而斷之以理，無病於書也。苟不度其是非而盡信之，則不道之心，滋於見聞之誤；而私意之惑，起於影響之憑。以古人垂世之迹，而反爲誤世之文，則又不若無書之爲愈矣。他固未暇辨也，《武成》之書，所以紀武王之事者，宜若皆實錄矣。吾觀其始終顚末之詳，而稽其會文切理之要。其可取者僅二三策而已焉，他固未足信也。是何也？蓋仁者好生之德足以得民，神武之威至於不殺。無敵於天下者，乃其理之常也。今武王至仁也，紂至不仁也，以至仁伐至不仁，而猶曰血之流杵。則聖人之取天下，必假於殺戮之功；而仁人之於天下，不見乎無敵之驗矣。吾固以知書之不足盡信也。學者能因言而會之以心，考迹而斷之以理，則天下之書皆吾益矣。不然，寧不反爲書之所誤也哉？」評謂：「題本前斷後案，文亦前整後疏。筆力圓勁，神似歐蘇論辨。」

卷六錄唐順之《孟子》「可以言而不言」二句題文：「大賢於人之默非其時者而推其情，欲其充義之盡也。蓋心無所爲，則當言而必無不言者矣，若彼及時而故默焉者，豈非匿己以探人乎哉？孟子言人必悉此而去之，然後爲能充無穿竊之心也，意豈不謂：隱微雖人所易忽，而修辭固所以立誠，是不可以不察也。然豈特不可以言而言者爲以言餂人者哉？乃若擬議既足於己，於時不可以不言；而理義或疑於心，於事不容以不言。當此而言，謂之『含章時發』，發皆順理也；謂之『時然後言』，言皆由衷也。顧乃深潛以匿其志，而中心之藏，若弗能發其端，時之可言，弗暇計焉；隱默以緘其機，而心術之蘊，惟恐或泄其秘，事之當言，弗暇恤焉。若此者，非擬之而後言，以求免夫口過也；非縝密而不出，以求至於無咎也。養辨於默，固將以售奸於人

焉耳。蓋人之兩相與而意之未相入也，必資於言以示之情而達其機。顧其機之所發不先於我則先於彼，未有能相持而兩無所示者也。今也我之不言，固若示之以無意矣。其或彼有疑焉，而滯於吾之未有所決也；彼有見焉，而激於吾之未有所叩也。滯於吾之未有所決，則彼將不能自釋，而急於自發其所疑，而吾固可以逆知其情之所在矣；激於吾之未有所叩，則彼將不能自忍，而急於自售其所見，而吾固可以預知其情之所在矣。是吾之所以秘其情於不可窺者，乃其所以深泄乎人之情也；吾之所以伏其機於不可測者，乃其所以深發乎人之機也。向使可以言而遂言之，彼將因吾言而不爲之言，其情固有所隱而不盡露者矣；即因吾言而亦爲之言，而吾又方混於兩言淆亂之中，則又何以深察乎彼之隱也哉？士可以言而不言，其用心蓋如此，謂其爲穿窬之類也亦宜矣。」評謂：「此荊川居吏部時筆，縱橫奇宕，大類《韓非子》。」「抉摘餂者隱曲，纖毫無遁。指事類情，盡其變態而止。管、荀推究事理之文亦如是，但氣象較寬平耳。」

項喬成本科二甲十二名進士。《欽定四書文》正嘉文卷四錄其本科闈墨《中庸》「惟天下至誠」一節題文。

項喬（1493～1552），字遷之，溫州人。嘉靖八年（1529）進士，歷官南京工部主事、湖廣按察副使、廣東左參政等職。著有《甌東私錄》十卷等，今人整理有《項喬集》。《欽定四書文》正嘉文卷四錄其本科闈墨《中庸》「惟天下至誠」一節題文：「《中庸》歷言至誠之功用皆自然，所以發明天道也。夫至誠之道，天道也，其功用之所就，孰有不出於自然者乎？《中庸》三十二章，發明天道而言此，若謂：德之不誠者，雖一事不可以幸成；誠之未極者，雖有功亦由於強致。夫惟極誠無妄，蓋於天下而莫能加，是之謂天下至誠也。故於五品之人倫，辨其等而小大有定，比其類而彼此相親。曰親曰義曰序曰別曰信，道敦於天敘天秩之餘，極建於天下後世之遠也。謂不能經綸天下之大經乎？大經所從出，是謂天下之大本也，無一毫之人僞以雜之。仁義之全體以具，可以立天下之愛與宜也；禮智之全體以具，可以立天下之敬與別也。謂至誠而不能立本，可乎？大本所從出，是謂天地之化育也，無一毫之人僞以隔之。元亨鼓萬物之出機，吾以吾心之仁禮知之也；利貞鼓萬物之入機，吾以吾心之義智知之也。謂至誠而不能知化，可乎？夫至誠之一身甚微，而功用之所就甚大。疑其有倚於物而後能矣，殊不知惟其至誠也，則

此心流行於人倫之間，而道無不盡，即所謂經綸也，豈待倚著於物而後能經綸之乎？惟其至誠也，則此性從此心而具，而取之逢原，即所謂立本也，豈待倚著於物而後能立之乎？此心之誠，與天爲一，即所謂知化，而非但聞見之知也，豈待倚著於物而後能知化乎？是則以一心而妙天下之誠，以一誠而妙天下之用。至誠之道，一天而已矣。所謂誠者天之道，不其然哉？」評謂：「毫無障翳，制義之極則。」「經綸、立本、知化育，各到盡頭處，爲能與『無倚』緊相貫注。文句句從『至誠』心體上說，無一浮散語，明粹之至，不覺其樸直也。」

三　月

羅洪先（1504～1564）、程文德、楊名等三百二十三人進士及第、出身有差。楊一清等考選庶吉士。

《明世宗實錄》卷九十九：「嘉靖八年三月甲子，大學士楊一清等言：『進士改庶吉士，令讀中秘書，蓋自我成祖始。其所選士，或限年，或拘地，或采名，或即取之制策。夫限年則老成見遺，拘地、采名或有偏私之弊，惟取諸制策之優者爲得。及孝宗立爲定制，每科必選，選止二十人，留亦不過三五輩。今宜於二甲取前五十人，三甲取前三十人，合之得八十。唐順之等三人已呈聖覽甄錄，不必覆試，其餘如例。選二十人爲庶吉士，自後量晉數人，以備任使。其一甲羅洪先等亦當如舊例教習。臣等又以爲天之生才非一端，君之用人亦非一途，乞敕吏部延訪內外諸臣，有學行兼備者，改任宮寮館職。』上曰：『然。選取庶吉士乃祖宗育材盛典，其如擬行。今後兩京及在外官，有學行純正，堪任宮寮館職者，吏部從公查訪推用，勿得徇名濫舉。』」《嘉靖八年進士登科錄·玉音》：「嘉靖八年三月初十日，禮部尚書臣李時等於奉天門奏爲科舉事。會試天下舉人，取中三百二十名。本年三月十五日殿試，合請讀卷官及執事等官少師兼太子太師吏部尚書華蓋殿大學士楊一清等五十七員。其進士出身等第，恭依太祖高皇帝欽定資格。第一甲例取三名，第一名從六品，第二第三名正七品，賜進士及第。第二甲從七品，賜進士出身。第三甲正八品，賜同進士出身。奉聖旨：是，欽此。讀卷官：特進光祿大夫左柱國少師兼太子太師吏部尚書華蓋殿大學士楊一清，壬辰進士；光祿大夫柱國少傅兼太子太傅吏部尚書謹身殿大學士張璁，辛巳進士；光祿大夫柱國少保兼太子太傅吏部尚書武英殿大學士桂萼，辛未進士；光祿大夫柱國太子太保吏部尚書兼翰林院學士方獻夫，乙丑進

士；榮祿大夫太子太保兵部尚書李承勳，癸丑進士；資政大夫禮部尚書兼文淵閣大學士翟鑾，乙丑進士；戶部尚書梁材，己未進士；資善大夫刑部尚書高友璣，庚戌進士；資善大夫工部尚書劉麟，丙辰進士；都察院右都御史熊浹，甲戌進士；通議大夫詹事府詹事兼翰林院學士霍韜，甲戌進士；通議大夫詹事府詹事兼翰林院學士顧鼎臣，乙丑進士；中憲大夫通政使司左通政宋滄，戊辰進士；奉政大夫左春坊左庶子兼翰林院侍講學士穆孔暉，乙丑進士；翰林院侍讀學士奉直大夫許成名，辛未進士；翰林院侍講學士奉直大夫張潮，辛未進士；翰林院侍講學士奉直大夫許誥，己未進士；翰林院侍講學士奉訓大夫席春，丁丑進士。提調官：禮部尚書李時，壬戌進士；嘉議大夫禮部右侍郎嚴嵩，乙丑進士。監試官：文林郎福建道監察御史馬紀，丁丑進士；文林郎雲南道監察御史趙兌，辛巳進士。受卷官：奉議大夫左春坊左庶子兼翰林院侍讀盛端名，壬戌進士；翰林院編修承事郎徐階，癸未進士；吏科都給事中劉世揚，丁丑進士；承事郎戶科都給事中蔡經，丁丑進士。彌封官：資善大夫太常寺卿劉棨，秀才；奉政大夫修正庶尹尚寶司卿劉皋，生員；朝列大夫尚寶司卿邵文恩，甲子貢士；奉直大夫鴻臚寺少卿王道中，甲戌進士；翰林院編修承事郎歐陽德，癸未進士；承德郎禮科都給事中王汝梅，丁丑進士；承事郎兵科都給事中夏言，丁丑進士；承事郎尚寶司司丞張天保，秀才；翰林院掌典籍事中書舍人淩楫，儒士。掌卷官：右春坊右庶子兼翰林院修撰方鵬，戊辰進士；翰林院編修承事郎歐陽衢，丙戌進士；承事郎刑科都給事中趙廷瑞，辛巳進士；工科都給事中陳皋謨，辛巳進士。巡綽官：鎮國將軍錦衣衛掌衛事署都指揮使駱安；鎮國將軍錦衣衛署都指揮使王佐；昭勇將軍錦衣衛指揮使張琦；昭勇將軍錦衣衛署指揮使王蘭；明威將軍錦衣衛指揮僉事劉宗武；明威將軍錦衣衛指揮僉事陳寅；昭勇將軍金吾前衛指揮使王茂；懷遠將軍金吾後衛指揮同知徐廷。印卷官：承德郎禮部儀制清吏司署郎中事主事方一蘭，癸未進士；承德郎禮部儀制清吏司署員外郎事主事陸堂，癸未進士；承直郎禮部儀制清吏司主事歐陽塾，丙戌進士。供給官：奉議大夫光祿寺少卿周文興，戊辰進士；承德郎光祿寺寺丞葉廷芳，辛酉貢士；承德郎光祿寺寺丞彭黯，癸未進士；登仕佐郎禮部司務王澈，癸酉貢士；承德郎禮部精膳清吏司署郎中事主事丘其仁，丁丑進士；登仕佐郎禮部精膳清吏司署員外郎事司務李文中，甲子貢士；承直郎禮部精膳清吏司主事王汝孝，丙戌進士。」《嘉靖八年進士登科錄・恩榮次第》：「嘉靖八年，三月十五日早，諸貢士赴內府殿試，上御奉天殿親賜策問。三月十九日早，文武百官朝服侍班，是

日，錦衣衛設鹵簿於丹陛丹墀內，上御奉天殿，鴻臚寺官傳制唱名，禮部官捧皇榜，鼓樂導引出長安左門外，張掛畢，順天府官用傘蓋儀從送狀元歸第。三月二十日，賜宴於禮部。宴畢，赴鴻臚寺習儀。三月二十二日，賜狀元朝服冠帶及進士寶鈔。三月二十三日，狀元率諸進士上表謝恩。三月二十四日，狀元率諸進士詣先師孔子廟行釋菜禮，禮部奏請命工部於國子監立石題名。」《弇山堂別集》卷八十二《科試考二》：「八年己丑，命少傅太子太傅吏部尚書謹身殿大學士張孚敬、詹事府詹事翰林院學士霍韜為考試官，皆大禮貴人也，張距登進士八年耳。初變文格，以簡勁為主，其程文僅三百言云。取中唐順之（1507～1560）等。廷試，賜羅洪先、程文德、楊名及第。先是，大學士楊一清等以洪先、文德、名及唐順之、陳束、任瀚六卷進覽，上一一品題，首卷各御批，於洪先曰：『學正有見，言讜而意必忠，宜擢之首者。』於文德曰：『探本之論。』於名曰：『能守聖學，以為此知要之說。』於順之曰：『條論精詳殆盡。』於束曰：『仁智之用，著之吾心，此不易之說。』於瀚曰：『勉吾敬一之為主，忠哉。』六策以有御批刻錄中。是歲大學士楊一清考庶吉士，以唐順之、任瀚、陳束（1508～1540）三名為上御批取首列，而盧淮、諸邦憲、汪大受、郭宗皋、蔡雲程、楊佑、汪文淵、王表、曹忭、王穀祥、熊過、安如山、鄭大同、李實、孫光輝、吳子孝（1496～1563）次之。居數日，有旨：『邇年以來，每為大臣徇私選取，市恩立黨。唐順之等一體除用。有才行卓異學問優正者，吏部舉奏，收之翰林，以備擢用。』」徐階《明故左春坊左贊善兼翰林院修撰贈奉議大夫光祿寺少卿諡文恭念庵羅公墓誌銘》：「公諱洪先，字達夫，念庵其號。厥初豫章人，三徙而居吉水。」嘉靖己丑舉進士第一，「授翰林院修撰，壬辰（1532）以病痤起，充經筵展書官。己亥召拜贊善，充經筵講官。凡三立朝，皆不逾歲而歸。」江盈科《雪濤諧史》：「羅念庵中狀元后，不覺常有喜色。其夫人問曰：『狀元幾年一個？』曰：『三年一個。』夫人曰：『若如此，也不靠你一個，何故喜久之？』念庵自語人曰：『某十年胸中，遣狀元二字不脫。』此見念庵不欺人處。而國家科名，即豪傑不能不膻嗜，亦可見矣。」羅洪先，字達夫，號念庵，吉水人。《明史·儒林傳》則謂：羅洪先「嘉靖八年進士第一，授修撰，即請告歸。外舅太僕卿曾直喜曰：『幸吾婿成大名。』洪先曰：『儒者事業有大於此者。此三年一人，安足喜也。』」耿定向《先進遺風》：「念庵羅先生（洪先）魁天下時才弱冠。時外舅官棘寺卿，報初下，喜甚，趨告先生曰：『喜吾婿乃今幹此大事也。』先生聆已而頰發赤，對曰：『丈夫事業不知更有多少，在此等，三年遞一人耳，奚

足爲大事耶?』是日,猶自袖米,偕黃、何二孝廉聯榻蕭寺中論學焉。」趙用賢《松石齋文集》卷十一《熊南沙先生墓誌銘》:「先生熊姓,諱過,守叔仁。……戊子中鄉試。明年,永嘉相張文忠璁、南海霍文敏韜主己丑試。閩人林文俊得先生卷,且擢第一。永嘉見,謂所策時事多雜老、莊語,爲舛駁,抑稱置後。廷試,成二甲進士。」《國榷》卷五十四:「嘉靖八年三月庚戌,策貢士,賜羅洪先、程文德、楊名等進士及第、出身有差。」梁章鉅《制義叢話》卷五:「林樾亭喬蔭曰:少承庭訓,令熟讀羅念庵洪先『後生可畏』文,云:『使能志以帥氣焉,遠大之承,固可預期於今日;苟其進而不已焉,高明之極,難以限量其將來。』謂能使人神旺。制義之足以移人,此類是也。」《制義叢話》卷五:「徐存庵曰:凡作聖人寄慨題,其意中之所有不可無,無則學者之見不能窺見深遠也;意中之所無不可有,有則學者之見非復聖人之緒含也。如『射不主皮』節題,歸震川承云:『夫風俗之變而不可反也,舉射之一事而趨於力焉,聖人能不因禮文而有感也哉?』此聖人意中所有也。如金正希破云:『即射以觀古,其所以成天下之才者大矣。』則聖人意中所未有,而推其言亦可以通之者也。後來全衛公文至有曰:『驪山之役無能角技而救其君,繻葛之師無能逞材而射其臣,儻盡攝於竹書木簡之下,顧安得有完君王哉?』詞意險甚譎甚。庚辰徐印臺文又以『科』字爲設科之科,其小起即曰:『且後世文武之途出於二,故有剛滿則勁、秀滿則柔之憂。』蓋勝國末年,令天下生員習射,故有以文字迎合當途,而不自顧其支離如此。惟羅念庵文云:『此可見先王之慮天下也誠遠,度必不以力導天下,而長亂人之志;先王之防天下也甚微,實則欲以禮持天下,而馴君子之心。不然,既已射也,而何以不主皮也?此不可不深長思也。』此數語該備後人無數囂張之議,實足以涵蓋諸家。案:徐健庵先生此題去路云:『嗟乎!禮樂廢而屬軍實者,誰克致文德之雍容?政教墮而棄本治者,並難奏武功之赫濯。吾惟望古慨然爾。』又有一感慨,文雖佳,亦未必聖人意中所有也。」

據《嘉靖八年進士登科錄》,第一甲三名,賜進士及第。履歷如下:

羅洪先,貫江西吉安府吉水縣,民籍,縣學附學生,治《書經》。字達夫,行五,年二十六,十月十四日生。曾祖良,衛經歷。祖玉,贈兵部員外郎。父循,按察司副使。母李氏,加封宜人。具慶下。弟壽先、居先。娶曾氏。江西鄉試第八十名,會試第二十六名。

程文德,貫浙江金華府永康縣,民籍,國子生,治《書經》。字舜敷,行八十四,年三十三,九月初三日生。曾祖永延。祖世剛,封南京大理寺右評

事。父銈，按察司副使。母趙氏，封孺人。具慶下。兄文思。弟文謨、文訓。娶潘氏。浙江鄉試第八名，會試第十名。

　　楊名，貫四川潼川州遂寧縣，民籍，縣學生，治《春秋》。字實卿，行一，年二十五，六月十四日生。曾祖萬全，壽官。祖時景，壽官。父洪江。母杜氏。重慶下。弟台。娶劉氏。四川鄉試第一名，會試第六十九名。

　　據《嘉靖八年進士登科錄》，第二甲九十五名，賜進士出身。第三甲二百二十五名，賜同進士出身。

六　月

大學士楊一清上所撰嘉靖五年丙戌科題名記。復於國子監立石題名，著為例。

　　《明世宗實錄》卷一百二：嘉靖八年六月，「甲申，大學士楊一清言：舊例進士開科，禮部奏請於國子監立石題名，命儒臣撰記，以昭盛典，傳之永久。正德六年以來，國家多事，因循不作。皇上敦化崇文，始命輔臣追記補之，嘉靖五年丙戌科題名記，僉謂臣職當撰述。臣切謂此記，雖禮部題請，命翰林院撰文，然未常奉旨專命何官，而各年碑石並書臣某奉敕撰其文，又未嘗呈覽，揆之事體，似有未安。竊聞先朝大學士楊榮、李賢等，連科撰述，皆出宸命。況我皇上聖文溢發，凡近日冊詔誥敕，有所指點，皆非臣等所及。臣謹以所撰稿錄進，伏乞少運睿思，改發工部，仍行翰林院擬定制敕房官一員，書寫刻石，以後俱可照此行。上從其言，遂著為例。」

明世宗嘉靖九年庚寅（西元 1530 年）

本　年

徐渭舉業文字得山陰知縣劉昺賞識。

　　徐渭《畸譜》：「十歲。考未亡時，分予僮奴婦及其兒子共四人，夜並逃。知山陰者為鳳陽劉公昺，十四兄潞引我往告奴。劉一見，謬賞其姿曰：『童年幾何？今學做些什麼？』潞曰：『亦能舉業文字兩年矣。』劉更奇之，命題曰『居其所而眾星共之』，公理告書不二十紙，文不草而竟。公讀至『天不言而

星之共之，非天諄諄然以命之共也』云云，對股『星亦不言而眾星共之，非眾星諄諄然以約之共也』云云，大賞之，取佳箚免管，令送童子歸。且問渭：『童子何師？』曰：『姓王，名政。』『教女作文，教讀何書？』曰：『讀程文。』公取卷餘紙批曰：『小子能識文義，且能措詞，可喜可喜！爲其師者，當善教之，務在多讀古書，期於大成，勿徒爛記程文而已。』」

明世宗嘉靖十年辛卯（西元 1531 年）

閏六月

禮部請本年科舉暫不用古義，報可。

嘉靖十年閏六月，「丁亥，禮部言：『皇上頃從行人薛侃議，將《論》《孟》古義頒佈天下，示以程式，誠得返樸還淳之機，但文章習尚，久而後成。今科舉在邇，行之天下，勢不能遍。即使習學，未必如式，妄意類比，必多迂誕。士子既不得以舊習自顯其才，有司又不得以新格辯別賢否，一時科目，或至失人。請暫令今歲科目，不必盡拘格，挨明年會試行之，則風聲所激，文體自變。臣等又竊見嘉靖八年會試錄文，皆簡古純正，既不失祖宗之舊式，而於聖賢經義亦多發明，與古義無甚相遠。或止以前錄文體頒行天下，一體更正。』上是之，命照祖宗時科舉文式行，務在崇雅黜浮，以驗實學。罷古義不用。」

八　月

兩京及河南、山東、陝西、山西、浙江、湖廣、江西、福建、廣東、廣西、四川、雲南等十二布政司鄉試；貴州士子附雲南鄉試。

十二月

夏言請申明學政。從之。

夏言《桂州奏議》卷十《議請申明學政疏》：「該山東道監察御史楊宜題云云。等因。奉旨：『這本說的是，禮部看了來說，欽此。』欽遵。臣等看得人才者乃國家致治之具，而學校者乃人才所自出之地。蓋將取用於異日者，

務擇其精，必預養於平時者，不厭其廣。近日當事建議之臣，甄別太嚴，號稱沙汰。而各處提學官奉行過當，立意摧傷，以致所在學校生員年少者以文詞不工見黜，稍長者以齒貌近邁不容，甚則浪據毀譽，橫加擯棄，沮父兄教子弟之念，驅衣冠為田野之傭，其於聖朝育才之意，先王教人之法，實大相背戾。且史冊所載，聞有增廣生員、增置學舍者矣，有沙汰天下僧尼者矣，未聞有沙汰生員之名也。……約束生員之法，自有祖宗朝《臥碑》，提學官教士之方，備載朝廷聖諭，苟能遵行，足為善政。近年以來，提學官多據一己私見，適足以壞一方人才。初至即創立條約，刊刻成書，多尚繁苛，使士子曠時廢學，難以遵守。至於考校命題，則又截碎經文，試以隱僻，使士子於經書大義廢而不講，而用功於所不當讀之書。學為鉤棘怪僻之文，而卒莫通於理道，此則比來教化之弊，此人才之所以不振，而政事之所以不舉也。合無行令天下提學官，自今日為始，將見奉敕諭欽發各該學校，刊刻木榜於明倫堂懸掛，使生徒永為遵守，再不須更以己意別立教條，言人人殊，無所歸一。其巡歷考校，務要以經書大章大旨命題，不許破裂經文，巧立土意，取其義理純正、文辭典雅者列為優等，其支離怪僻，悖經叛理之言，雖甚藻麗，亦在不取而抑置於後。照舊以三等簿考其德行，若有放僻邪侈，行檢不修，甚不率教，或有十倫理者，考畢之時，聽有司提調官及本學教官、通學生員公同呈稟，提學官即當按實明正其罪，使不齒於鄉閭。不許泛濫訪察，以開奔競賄賂之門，曖昧黜退，以滋赴愬構訟之擾，庶士心知所趨向感奮，可以成材，可以善俗，法令明一而學校之政修矣。嘉靖十年十二月二十二日題，本月二十四日奉旨：『是。依擬行，欽此。』」

本 年

歸有光作《送吳純甫先生會試序》。

序云：「予惟國家以科目收天下之士，名臣將相，接踵而興。豪傑之士，莫不自見於其間。而比年以來，士風漸以不振。夫卓然不為流俗所移者，要不可謂無人也。自餘奔走富貴，行盡如馳，莫能為朝廷出分毫之力。冠帶褒然，輿馬赫奕，自喻得意。內以侵漁其鄉里，外以茇夷其人民。一為官守，日夜孜孜，惟恐囊橐之不厚，遷轉之不亟，交結承奉之不至。書問繁於吏牒，饋送急於官賦，拜謁勤於職守。其黨又相為引重，曰：彼名進士也。故雖舉然肆其恣睢之心，監察之吏，冠蓋相望，莫能問也。居無幾何，陞擢又至矣。

其始纍然一書生耳，纔釋褐而百物之資可立具，此何從而得之哉？亦獨不念朝廷取之者何如，用之者何如，爵祿寵錫之者何如也。豈其平居無懇惻之意歟？將富貴之地，使人易眩，失其守歟？世之所倚重者盡賴此輩，而如是彌望，君子蓋以爲世道無窮之慮焉。」（《震川先生集》卷九）吳中英，字純甫，昆山人。嘉靖十年應天鄉試中式。將赴禮部試，有光作序以別。序中論及「國家以科目收天下之士」，「士風漸以不振」，感慨頗深。有光時年二十六歲。

歸有光與同學諸人結文社。時縣中有南北兩社，同日並舉，有光晨起赴南社，午後赴北社，著文以外，飲酒談論，綽然有餘裕。（據沈新林編《歸有光年譜》）

陸世儀《復社紀略》卷一：「自令甲以科目取人，而制舉義始重已。士既重於其事，咸思厚自濯磨，以求副功令。因共尊師取友，互相砥礪，多者數十人，少者數人，謂之文社。即此以文會友，以友輔仁之遺則也。好修之士，以是爲學問之地，馳騖之徒，亦以是爲功名之門，所從來舊矣。粵稽三吳自有文社以降，最盛者，莫如崑山顧文康公之邑社，社友十一人，後皆爲名臣，可謂彬彬者矣。……嗣後歸希甫有光爲南、北二社，子、午、卯、酉同日並舉，一時文學之士，霞布雲蒸，若李廉甫、方思曾、吳秀夫，今文步古文之脈，實是鹿城始。」

明世宗嘉靖十一年壬辰（西元1532年）

正 月

禮部尚書夏言以歲當會試，條奏科場三事：變文體以正士習；責主司以定程式；簡考官以重文衡。

《明世宗實錄》卷一百三十四：嘉靖十一年正月，「壬申，禮部尚書夏言以歲當會試，條奏科場三事。一、變文體以正士習。言近年以來，文章日趨卑陋，往往剽剟摹擬《國》《左》等書，以相矜眩，不過以艱深之詞飾淺近之見，用奇僻之字蓋庸拙之詞，而純正博雅之體，優柔昌大之氣，蕩然無存。自皇上登極以來，屢渙德音，黜浮崇雅，乃昨歲天下進呈錄文，類皆猥鄙不經，氣格卑弱，背戾經旨，決裂程式。其刻意以爲高者，則浮誕譎詭而不協

於中，騁詞以爲辯者，則支離磔裂而不根於理。文體大壞，比昔尤甚。今年望敕考官，務取醇正典雅、溫柔敦厚之文，一切駕虛翼僞、鈎棘軋茁之習，痛加黜落，庶幾士知所向，文體可變。二、責主司以定程式。言應試之士校於風簷寸晷之中，欲實錄其文可爲程式者，蓋已絕無閒有。所以試錄文字多出主司之手，而兩京會試皆館閣儒臣所爲，足爲海內矜式。近令錄士子本文，不必考官自作，所以各省《試錄》文理紕繆，體裁龐雜。乞令考官今次會試，所命三場題目，俱要冠冕正大，有關理道。不許截裂牽綴，徒事帖括，及困以隱僻，有如覆射。若士子可錄之文，仍令考官重加裁正，以示模範。三、簡考官以重文衡。言同考試官例用翰林講讀官十一人，給事中三人，司屬三人。今本院自侍講以下通得十一人，則當盡數入場，方足供事。乞敕內閣於科部六人之外，再訪三四人，以補翰林不足之數。疏奏，上報曰：『文運有關國運，所繫不細。近來士子經義，詭異艱深，大壞文體，誠爲害治。其出榜曉諭，今年會試文卷，必純正典雅明白通暢者，方得中式。若有仍前鈎棘奇僻，痛加黜落。甚則令主考官奏聞處治。餘依擬。』改南京國子監祭酒林文俊爲國子監祭酒。」夏言《桂洲奏議》卷十一《請正文體以端士習疏》：「仰惟祖宗舊典，凡三年一開科取士。惟茲嘉靖十一年二月，例該會試天下舉人。臣等承乏南宮，叨知貢舉，除科場一應合行事宜，無不仰承德意，題奉欽依次第舉行外，但臣有一得，條爲三事，敢爲陛下陳之。一曰變文體以正士習。竊惟國家建學校聯師儒以教養天下之學者，既乃設科目，較文藝，以網羅天下之成材。自祖宗以來百六十年於茲，造士求才之法，可謂盡善極美，是以經術日明，文運日昌。蓋至於成化、弘治間，科舉之文號稱極盛，凡會試及兩京鄉試所刻文字，深醇典正，蔚然煥然，誠所謂治世之文矣。近年以來，士大夫學爲文章，日趨卑陋，往往剽剟摹擬《左傳》、《國語》、《戰國策》等書，蹈襲衰世亂世之文，爭相崇尚，以自矜眩。究其歸不過以艱深之詞飾淺近之說，用奇僻之字蓋庸拙之文，如古人所謂減字換字之法云耳。純正博雅之體，優柔昌大之氣，蕩然無有。蓋自正德末年，而此風始熾。伏自皇上登極以來，聖學格天，帝文煥日，且屢發德音，黜浮崇雅，宜乎文章之盛，駸駸乎與三代同風。乃昨歲天下進呈鄉試程文，類皆猥鄙不經，氣格卑弱，背盭經旨，決裂程式。其或刻意以爲高者，則浮誕詼詭而不協於中，騁詞以爲辨者，則支離磔裂而不根於理。文體大壞，比昔尤甚，乃知俗學流弊，振起爲難，有識者蓋深憂之。茲聖明在上，若不大振頹風，力救斯文之弊，則將

來道術日微，人才日壞，欲得眞才以輔成治理，蓋益難矣。此事關係甚大，又臣等以人事君之義莫重於此，伏乞聖明採納，敕考試官今次會試較士，務取醇正典雅、明白通暢、溫柔敦厚之文，凡一切駕虛翼僞、鈎棘軋苴之習，痛加黜落，庶幾士子知所趨向，而文體可變而正矣。二曰責主司以定程式。臣等切見本朝科舉文字，體格甚好，初場試以七篇，皆以《五經》、《四書》大義，求其旨趣不失而詞理俱到者，已爲難得。於中場試以論、表、判語，末場試以五策，求其隨叩即應而博洽貫通者，尤爲難得。所以應試之士於風簷寸晷之餘，欲實錄其文，可爲後學矜式者，蓋已絕無間有之，是取什一於千百也，所以試錄文字多出主司之手，而謂之程文，將以爲學者程式也。且自來諸省鄉試錄文字不及兩京，而會試錄文字每冠天下，蓋兩京主考用翰林官二人，而會試則用館閣儒碩及諫垣郎署之素有文名者充之，所以試錄程文成於多賢之手，足爲海內矜式，庶幾學者有以循據。近年題奉欽依，欲錄士子本文，不必考官自作，所以各處試錄文理紕繆，體裁龐雜，殆不可觀。以致初學之士，不辨臧否，方且爭傚所爲。至於平日善爲文者，亦不能守其故步，反遷就其非繆，以希合一時。則文之弊也，將來可勝救哉？臣等伏乞敕下考試官，今以會試所命三場，題目俱要冠冕正大，有關理道，足資治體。於經書則摘取大章大旨，於策、論則試以大經大法，不許截裂牽綴，徒事帖括及困以隱僻，有如覆射，每題於士子可錄之文，仍令考試官重加裁正，以示模範，於天下學者有所矜式。但議者以爲考試官留心改文，有妨閱卷，臣等請以今次發榜日期寬展至三月初五日以前，則閱卷刻文各有餘力，而眞才之得、程文之體當有可觀者矣。其三曰簡考官以重文衡。臣等查得會試例用考試官二員，該本部題請簡命儒臣詹事府、翰林院學士等官以充用，同考試官十七員，該內閣推舉講、讀、修撰、編修等官一十一員及六科給事中三員、六部司屬官三員以充。爲照先年翰林史館及各坊局儲材甚眾，五經各有剩員，每遇會試、鄉試，主考、同考俱得於群彥之中遴選以充，人不可必得，士子不能必知考官爲某，是以關節難通，人鮮猜議。況至於開科年分，凡翰林院官俱預先杜門謝客，以遠嫌疑。近年以來，事體稍異。今查得本院除學士五員外，自侍讀以下通得十一人，則當盡數入場，始足供事，然中間或有臨時妨礙，則五經房考官必不能備，難免誤事。乞敕內閣今次於六科部屬查照舊規，六員之外再加訪推三四員，以補翰林不足之數，庶文衡得人而取士之效可幾矣。再如會試之期伊邇，天下舉人方爾雲集，所宜預行曉諭，示以向方，

合候俞允，命下本部出給榜文，於本部及科場門首張掛，使多士知所遵守，
仍行考試官一體欽遵知會施行。嘉靖十一年正月二十一日題，本月二十三日
奉旨：『是。文運有關國運，所繫不細。近來士子經義詭異艱深，大壞文體，
誠爲害治。恁部裏便出榜曉諭，今次會試文卷，務要醇正典雅、明白通暢的
方許中式，如有仍前鉤棘奇僻，痛加黜落，甚則令主考官指名具奏處治。揭
曉日期照舊。其餘依擬行。欽此。』」

二 月

命詹事府少詹事兼翰林院學士張潮爲會試主考官，取林春等三百二十名。（據《明世宗實錄》卷一百三十五）

梁章鉅《制義叢話》卷十二：「（《文行集》）又曰：林春，字子仁，泰州
人，中嘉靖十一年會元。是科學士張潮、郭維藩爲主考，用尚書夏言正文體
疏，諸刻意騁辭者悉擯不取，春舉第一，時稱爲得人。案：張批其卷云：『布
帛菽粟之文，必是篤行君子。』見《閑雁齋筆談》。案：是科題爲『大哉堯之
爲君也』一章、『行而世爲天下法』二句、『謹庠序之教』二句。」

本科會試題。

本科會試題有《論語》：「大哉，堯之爲君也。巍巍乎，唯天爲大，唯堯
則之。蕩蕩乎，民無有能名焉。巍巍乎，其有成功也；煥乎，其有文章！」《孟
子》：「謹庠序之教，申之以孝悌之義。」《中庸》：「行而世爲天下法，言而世
爲天下則。」

來汝賢爲會試第二名，其舉業頗受薛應旂推重。

《遊藝塾續文規》卷一《方山薛先生論文》（門人袁黃手錄）：「來斐泉汝
賢，鄉、會皆第二，而其文實得會元正傳。予選貢後，舉業頗負盛名，自謂
海內無與伍者，因斐泉尹丹陽，持所業見之。斐泉閱畢，語予曰：『舉業者，
雉羔之飾，專欲利中耳。然文有可魁可元者，有不可魁元而但可成名者，又
有文不甚工，而極利中者，有好文字而必不可中者，子之文乃好而不中者也。』
予聞之甚駭，請問其故，斐泉適欲迎候上司，因約再見而悉言之。予一夜不
能安寢，明晨具衣冠請教，斐泉曰：『業師董中峰乃舉業宗工也。童年入京遍
謁諸老，其所傳授甚正，有批點程墨一帙，開關啓秘，洞示要領，凡文字工

拙之由，得失之故，靡不具備，因取一帙授予曰：「依此必中矣。」予手錄而熟玩之，其所取諸程墨中間，多有予所素鄙，以爲不足採者。從頭細閱，乃知彼所取者，在規矩之中，而予所期者，在意見之外，乃知至奇至妙之理，只在尋常說話中，而稍涉玄遠者，主司不錄也。乃知彼爲利捷之文，予所作者用意雖深，而未必利也。朝而諷，暮而繹，出入必攜之，年餘，始覺吾之文與彼之文同出一轍，遂聯捷矣。今以授二生，可熟復之。』浙江先年前輩，學術純正，文章典雅，雖語之舉業，亦從浙中得來，而陵遲至於今日，浮靡鄙陋，不復可觀，良可歎也。」

錢泰吉《太常公年譜》錄有今年會試試題。

錢泰吉《太常公年譜》：（嘉靖）十一年壬辰，三十一歲。春，與蔣道林聯舟北上，中式會試第四十九名。……

第一場

《四書》題：

「子曰：大哉，堯之爲君也」至「煥乎其有文章」；「行而世爲天下法，言而世爲天下則」；「謹庠序之教，申之以孝悌之義」。

《書經》題：

帝曰：吁！臣哉鄰哉！鄰哉臣哉！禹曰：俞。」

惟學遜志，務時敏，厥修乃來。允懷於茲，道積於厥躬。

惟曰欲至於萬年惟王，子子孫孫永保民。

迪知忱恂於九德之行，乃敢告教厥后曰：拜手稽首，后矣。

第二場

論題：

人臣懷仁義以事其君

表題：

擬賜欽天記誦謝表

判題：

信牌　　鈔法　　祭享　　夜禁　　越訴

第三場

策問：

教刑　　用人　　史學　　因時救弊　　理財

三　月

林大欽、孔天胤、高節等三百一十六人進士及第、出身有差。今年選庶吉士，已選錢亮、許樁等，世宗疑有私，報罷，後復選呂懷、范瑟等。

《嘉靖十一年進士登科錄・玉音》：「嘉靖十一年三月初九日，禮部尚書兼翰林院學士臣夏言等於奉天門奏爲科舉事。會試天下舉人，取中三百二十名。本年三月十五日殿試，合請讀卷官及執事等官少傅兼太子太師吏部尚書華蓋殿大學士張孚敬等五十八員。其進士出身等第，恭依太祖高皇帝欽定資格。第一甲例取三名，第一名從六品，第二第三名正七品，賜進士及第，第二甲從七品，賜進士出身，第三甲正八品，賜同進士出身。奉聖旨：是，欽此。讀卷官：光祿大夫柱國少傅兼太子太師吏部尚書華蓋殿大學士張孚敬，辛巳進士；榮祿大夫太子太保禮部尚書兼武英殿大學士李時，壬戌進士；光祿大夫柱國太子太保吏部尚書王瓊，甲辰進士；榮祿大夫太子太保兵部尚書王憲，庚戌進士；榮祿大夫太子太保兵部尚書兼都察院右都御史掌院事汪鋐，壬戌進士；資政大夫禮部尚書兼文淵閣大學士翟鑾，乙丑進士；資政大夫戶部尚書許讚，丙辰進士；資政大夫刑部尚書王時中，庚戌進士；資政大夫太子少保工部尚書蔣瑤，己未進士；嘉議大夫通政使司通政使陳經，甲戌進士；嘉議大夫大理寺卿周期雍，戊辰進士；中順大夫詹事府少詹事兼翰林院學士張潮，辛未進士；翰林院學士席春，丁丑進士；翰林院侍讀學士奉直大夫吳惠，辛未進士；翰林院侍讀學士奉訓大夫郭維藩，辛未進士；翰林院侍講學士廖道南，辛巳進士；翰林院侍講學士蔡昂，甲戌進士。提調官：資善大夫禮部尚書兼翰林院學士夏言，丁丑進士；通議大夫禮部左侍郎湛若水，乙丑進士；通議大夫禮部右侍郎兼翰林院學士顧鼎臣，乙丑進士。監試官：文林郎雲南道監察御史朱觀，癸未進士；文林郎貴州道監察御史葉照，癸未進士。受卷官：左春坊左中允孫承恩，辛未進士；翰林院修撰儒林郎姚淶，癸未進士；奉議大夫通政司右參議兼吏科都給事中李鳳來，辛巳進士；徵仕郎戶科給事中葉洪，己丑進士。彌封官：光祿寺卿黃宗明，甲戌進士；中順大夫鴻臚寺卿王道中，甲戌進士；中順大夫太常寺少卿掌尚寶司事劉臯，生員；翰林院修撰承務郎王用賓，辛巳進士；翰林院編修文林郎楊維傑，丙戌進士；承事郎禮科都給事中魏良弼，癸未進士；承事郎兵科都給事中張潤身，甲戌進士；中議大夫贊治尹太常寺少卿兼翰林院侍書劉銃，恩生；中順大夫順天

府府丞周令，秀才；奉政大夫尚寶司卿兼翰林院侍書徐富，甲子貢士；承德郎尚寶司司丞張天保，秀才；翰林院掌典籍事大理寺右寺署右評事淩楫，儒士。掌卷官：翰林院侍讀王教，癸未進士；翰林院修撰儒林郎倫以訓，丁丑進士；翰林院編修文林郎程文德，己丑進士；承事郎刑科都給事中陳守愚，癸未進士；承事郎工科都給事中趙漢，辛未進士。巡綽官：鎮國將軍錦衣衛署都指揮使王佐；昭勇將軍錦衣衛指揮使張錡；懷遠將軍錦衣衛指揮同知陸松；明威將軍錦衣衛指揮僉事陳寅；明威將軍金吾前衛指揮僉事劉勳；懷遠將軍金吾後衛指揮同知徐廷。印卷官：承德郎禮部儀制清吏司署郎中事主事田汝成，丙戌進士；承德郎禮部儀制清吏司署員外郎事主事王汝孝，丙戌進士。承直郎禮部儀制清吏司主事毛渠，丙戌進士。供給官：奉政大夫光祿寺少卿高尚賢，丁丑進士；奉政大夫修政庶尹光祿寺少卿孫檜，甲戌進士；承德郎光祿寺寺丞彭黯，癸未進士；承德郎光祿寺寺丞鄭憲，丁丑進士；登仕郎禮部司務王澈，癸酉貢士；承德郎禮部精膳清吏司署員外郎事主事李邦直，癸未進士。」《嘉靖十一年進士登科錄·恩榮次第》：「嘉靖十一年三月十五日，諸貢士赴內府殿試，上御奉天殿親賜策問。三月十九日早，文武百官朝服侍班，是日，錦衣衛設鹵簿於丹陛丹墀內，上御奉天殿，鴻臚寺官傳制唱名，禮部官捧皇榜，鼓樂導引出長安左門外，張掛畢，順天府官用傘蓋儀從送狀元歸第。三月二十日，賜宴於禮部。宴畢，赴鴻臚寺習儀。三月二十二日，賜狀元朝服冠帶及進士寶鈔。三月二十三日，狀元率諸進士上表謝恩。三月二十四日，狀元率諸進士詣先師孔子廟行釋菜禮，禮部奏請，命工部於國子監立石題名。」《殿閣詞林記》卷十四《殿試》：「嘉靖壬辰，今上御文華殿，輔臣以次讀卷，其第二卷孔天胤對《農桑策》云：『帝王敦本以厚天下之生，達權以通天下之變。』則臣道南所拔也。至乙未殿試策問，其第二卷孫陞對云：『人君有仁以聯天下之心，有禮以一天下之軌。』又出臣道南所拔。上皆親賜批卷。君相造命，豈亦有數乎？」《弇山堂別集》卷八十二《科試考二》：「十一年壬辰，命詹事府少詹事兼翰林院學士張潮、翰林侍讀學士郭維藩為考試官，取中林春等。廷試，賜林大欽、孔天胤、高節及第。先是，禮部尚書夏言上疏請正文體，諸刻意騁詞浮誕、磔裂破壞文體者，擯不得取。詔可。既廷試，言復令儀制郎中約束，諸士咸拱聽，而大欽獨後至，不聞也，起不用對冒，而文氣甚奇。吏部尚書汪鋐得之，詫曰：『怪哉。』以示大學士張孚敬。已定二卷，覽之曰：『雖破格，甚明健可誦也。』取為第三。既呈覽，上

御批第一。大欽時年二十有二，第二名孔天胤，以王親例補外爲湖廣提學僉事。」「是歲改庶吉士，已取錢亮、許榖、閔如霖、衛元確、段承恩、韓勛、扈永通、呂光洵、謝九儀、劉光文、黃獻可、劉士逵、劉思唐、閻樸、胡守中、錢籍、王梅、雷禮、邊涔、李大魁、郭希顏矣。上閱卷，見彌封官姓名，疑有私，遂報罷。後復選呂懷、范瑟、錢亮、黃應中、秦鳴夏、邊侁、閔如霖、王玝、衛元確、浦應麒、游居敬、趙汝濂、劉思唐、閻樸、胡守中、李本、趙維垣、何城、王梅、李大魁、郭希顏，命禮部右侍郎兼翰林院學士顧鼎臣教習。」焦竑《玉堂叢語》卷六《科試》：「田汝成記，壬辰禮部尙書夏言上言：『舉子經義論策，各有程式，請令今歲舉子，凡騁詞浮誕，磔裂以壞文體者，擯不得取。』上從之。會試既畢，夏公復召予語曰：『進士答策，亦有成式，可諭諸生，毋立異也。』予曰：『唯。』因諸舉子領卷，傳示如諭。既廷試，諸達官分卷閱之。時內閣取定二卷，都御史汪公鋐得一卷，詫曰：『怪哉，安有答策無冒語者？』大學士張公孚敬取閱一過，曰：『文字明快，可備御覽。』遂附前二卷封進，上覽之，擢第一，啓之，乃林大欽也。夏公大駭，謂予何不傳諭前語。予無以自解，乃就大欽詢之，對曰：『其實不聞此言，聞之安敢違也。』予乃檢散卷簿，則大欽是日不至，次日乃領之。因歎榮進有數，非人所能沮也。」朱國楨《湧幢小品》卷七《傳臚之謬》：「嘉靖十一年，上御殿傳臚。諸進士皆集闕門，一序班謬傳令儒服以進，首名林大欽及諸進士巾袍者百餘人，次名孔天胤以更服，止披門外。詔問狀，鴻臚卿王道中以爲禮部失於曉諭。上切責部臣，奪司官俸一月。禮部言已嘗先期揭示，實以序班妄傳，遂致錯誤，道中乃欲曲庇屬官，厚誣本部，非朝廷設官相臨之體。詔道中對狀，切責而宥之，序班孫士約等下法司逮問，大欽、天胤等俱免究。」《國榷》卷五十五：「嘉靖十一年三月甲子，策貢士奉天殿，賜林大欽、高節、孔天胤等進士及第、出身有差。」

據《嘉靖十一年進士登科錄》，第一甲三名，賜進士及第。履歷如下：

林大欽，貫廣東潮州府海陽縣，軍民籍，縣學附學生，治《詩經》。字敬夫，行一，年二十二，二月初六日生。曾祖山。祖瑄。父烏。母劉氏。慈侍下。娶孫氏。廣東鄉試第六名，會試第五十九名。

孔天胤，貫山西汾州，軍籍，州學生，治《詩經》。字汝錫，行一，年二十八，八月十六日生，曾祖表。祖大號，巡檢。父麟，儀賓。母新鄭縣君。具慶下。弟天民。娶王氏，繼娶王氏。山西鄉試第六名，會試第二百七十二名。

高節，貫四川成都府綿州羅江縣，民籍，國子生，治《禮記》。字公成，行二，年四十，正月十六日生。曾祖子清。祖本政。父騰，封南京刑部主事。母李氏，贈安人，繼母王氏，封安人。具慶下。兄第，按察司副使；弟策；簡，進士。娶王氏。四川鄉試第二十四名，會試第一百十九名。

據《嘉靖十一年進士登科錄》，第二甲八十名，賜進士出身。第三甲二百三十三名，賜同進士出身。

鄭普為本科進士。其制義為梁章鉅所關注。

《嘉靖十一年進士登科錄》：「鄭普，貫福建泉州府南安縣，軍籍，縣學生，治《易經》。字汝德，行一，年三十八，九月十九日生。曾祖妃乞。祖媽贊。父元。母伍氏。具慶下。弟藻、蓋、莊。娶楊氏。福建鄉試第二十七名，會試第七十二名。」梁章鉅《制義叢話》卷五：「錢吉士曰：『堯、舜率天下以仁』，作者多鋪張『如天好生』等語，惟福建鄭普嘉靖辛卯墨云：『不以天下私囂訟之人，不以天子關九族之愛，其使斯民之日習而安者，仁之外無餘教也。怨不藏於謨蓋之後，敬日積於載見之時，其使斯民之漸摩而入者，仁之外無他術也。』單就齊家說，最合。案：鄭普，南安人，辛卯舉人，壬辰進士。」

嘉靖十一年進士王畿云：舉業不出讀書、作文兩事。

錢謙益《牧齋有學集》卷四十五《家塾論舉業雜說》：「王龍溪云：『舉業不出讀書、作文兩事。讀書如飲食入胃，必能盈溢輸貫，積而不化，謂之食痞。作文如寫家書，句句道實事，自有條理。若替人寫書，周羅浮泛，謂之呫舌。於此知所用心，即舉業便是德業，非兩事也。」

本 年

歸有光與同縣俞允文（1512～1579）定交。時有昆山三絕之說，謂歸有光古文、俞允文詩、張鴻舉業也。

乾隆《江南通志・人物志・文苑》云：「俞允文字仲蔚，昆山人。十五為《馬鞍山賦》，援據該博，長老皆推遜之。年未及強，謝去諸生，讀書汲古，才名日盛。工於臨池，正書規模歐陽，行筆出入米芾。與王世貞交最善，列諸廣五子之首。都穆曰：『昆山有三絕，允文詩，歸有光文，張鴻舉業也。』」

明世宗嘉靖十二年癸巳（西元 1533 年）

十 月

命鄉試考官只用教職，不必差京官。（據《明世宗實錄》卷一百五十五「嘉靖十二年十月戊寅」）

俞汝楫《禮部志稿》卷七十二《京省試官》：「嘉靖十二年十月，禮部題為鄉試事：查得嘉靖六年，該學士張璁題為『慎科目以風勵人才事』，節該奉聖旨：『各鄉試係有司職務，考官雖出欽命，但近來教官多不得人，補偏救弊，似亦相應。況先年亦曾舉行，待開科之前數月，各布政司呈禮部，亦會舉京官或進士，每處二員，具奏馳驛前去。主考監臨官不許干預內簾職事，禮部仍作急先行各衙門及各提學官知道。欽此。』已經通行欽遵外，照得嘉靖十三年，例該天下鄉試之期，合行照例依期鄉試，但各省開科，名為鄉試，本係有司職務，實古人鄉舉里選之意。近以京官主試，委屬一時補偏救弊之法，可偶一行之，若遂踵為常規，似又不能無弊。況上科差出考官，與巡按御史每因爭較禮節，競生嫌隙，以致妨誤試事。其試錄文字，間有艱深奇僻，不堪為式，有壞文體。一切事宜，俱有未便。其正文體一節，合無查照本部上年題准事例，申明通行移咨都察院轉行各該巡按衙門，及令各省考官務要明經取士，為文必合程式，毋得崇尚奇詭。如有不遵，候試錄進呈到部之日，摘其文疵參究，照例追奪聘幣。其監臨、提調、監試等官，亦要與考試官同心戮力，以共成賓興重典，毋或異同貢事，重傷大體。奉聖旨：『考官只用教職，京官不必差。正文體依擬。欽此。』」夏言《桂洲奏議》卷十四《科舉疏》：「儀制清吏司案呈：照得嘉靖十三年，例該天下開科取士，欲預行浙江等布政司及順天、應天二府，各照前科事例，依期開科鄉試。及查得嘉靖六年九月內，該督察院署掌院事兵部左侍郎兼翰林院學士張璁題『為慎科目以風勵人材事』節該奉旨：『各省鄉試，係有司職務，考官雖出欽命，但近來教官多不得人，補偏救弊，似亦相應。況先年亦曾舉行，待開科之前數月，各布政司呈禮部，亦會舉京官或進士每處二員具奏，馳驛前去，主考、監臨官不許干預內簾職事，禮部仍作急先行各該衙門及各提學官知道，欽此。』已經通行欽遵外，案呈到部。臣等照得嘉靖十三年例該兩京及浙江等布政司鄉試之期，合行照例依期鄉試，但各省開科，名為鄉試，本係有司職務，實古人鄉舉里選之遺意。近以京官主試，委屬一時補偏救弊之法，可偶一行之。若遂

踵爲常規，似又不能無弊。況上科差出考官與巡按御史，每因爭較禮節，競生嫌隙，以致妨誤試事。其《試錄》文字，間有難深奇僻，不堪爲式，有壞文體。一切事宜，俱有未便。其正文體一節，合無查照本部上年題准事例，申明通行，移咨都察院，轉行各該巡按衙門，及令各省考官務要明經取士，爲文必合程式，毋得崇尚奇詭。如有不遵，俟《試錄》進呈到部之日，摘其文疵參究，照例追奪聘幣。其監臨、提調、監試等官，亦要與考試官同心戮力，以共成賓興重典，毋或異同貢事，重傷大體。所據今次各省鄉試，合無仍照上年事例，會舉京官主試，惟復止令各布政司遵照祖宗舊制舉行，伏乞聖明定奪。嘉靖十二年十月初六日具題，本月初九日奉旨：『考官只用教職，京官不必差。正文體依擬。欽此。』」

明世宗嘉靖十三年甲午（西元 1534 年）

八　月

兩京及河南、山東、陝西、山西、浙江、湖廣、江西、福建、廣東、廣西、四川、雲南等十二布政司鄉試；貴州士子附雲南鄉試。

茅坤舉鄉試第十一名。

茅坤《耄年錄‧年譜》曰：「甲午赴鄉試，時按察院使內黃張公子立，先撮十一府優等一百八十二人，共堂考《四書》題『當暑，袗絺綌』一節、《經》題『威克厥愛，允濟』二句。張公覽予文，大奇之。八月初八日，闈考試官及提調監試藩臬飲宴入簾，張公特對藩臬使党公、路公輩而曰：『予今年堂考計一百八十二人，獨得歸安茅坤。』且曰：『此子《四書》文固已出群，至《經》文，可謂得孫吳兵鈐者也。決當列之魁元，二司爲我記其所編號。』已而彌封房編予爲字第三號，而党亦未敢聞按院。其年三場，外簾分校。予頭場落，對讀房壽昌令錢公籍取第一。二場落，彌封房餘姚令顧公取第二。三場又落，平陽令唐公英仍取第一。共薦之党公。豈謂內簾曾公嘉慶塗抹之不復出。党且三移文駁之，曾仍不以出也。党始怒，揭按院張公，行且欲參劾之。至二十七日塡草榜，卷始出。張公按其所塗抹，怒曰：『既經塗抹若此，當不得首列矣。』異日公據入禮部似不雅，姑置之第十一。明日宴鹿鳴，按院及藩臬

諸大夫並爲予稱屈者久之。」歸有光《壽小洛何先生序》：「嘉靖十三年甲午，時惟閩州小洛何公，暨西蜀高公，來典試事於浙。當是時，兩公並海內名流，由進士起家，郡教授過焉；而予輩九十人，亦稍稍並以吳越所稱高才生，甲乙而次。撤闈之日，按故事，矢歌鹿鳴而賓興之。兩公號大賢，而諸生亦雁翔魚貫，雜沓而進，執觚獻酬，膝席前壽，鼓鐘前懸，匏竹後列，譬之張樂於洞庭之野，而馬仰秣，魚出聽，何其盛也！」

夏言上《遵明旨陳時政備采擇以裨修省疏》，請會試校士，務取醇正典雅、明白通暢、溫柔敦厚之文。准議。

夏言《桂洲奏議》卷十六《遵明旨陳時政備采擇以裨修省疏》：「查得先該本部題爲科舉事內一件，變文體以正士習。竊惟國家建學校聘師儒以教養天下之學者，既乃設科目較文藝以網羅天下之成材。自祖宗以來百六十年於茲，造士求才之法可謂盡善極美，是以學術日明，文運日昌。至於成化、弘治間，科舉之文，號稱極盛，凡會試及兩京鄉試所刻文字，深醇典正，蔚然炳然，誠所謂治世之文矣。近年以來，士大夫學爲文章，日趨卑陋，往往剽剟摹擬《左傳》、《國語》、《戰國策》等書，蹈襲衰世亂世之文，爭相崇尚，以自矜眩。究其歸，不過以艱深之詞飾淺近之說，用奇僻之字蓋庸拙之文，如古人所謂減字換字之法云耳，純正博雅之體，優柔昌大之氣，蕩然無有。蓋自正德末年，而此風始熾。伏自皇上登極以來，聖學格天，帝文煥日，方且屢發德音，黜浮崇雅，宜乎文章之盛駸駸乎三代同風。乃昨歲天下進呈鄉試程文，猥鄙不經，氣格卑弱，背盭經旨，決裂程式，其或刻意以爲高者，則浮誕詼詭而不協於中，驕詞以爲辨者，則支離決裂而不根於理。文體大壞，比昔尤甚。乃知俗學流弊，振起爲難，有識者蓋深憂之。茲聖明在上，若不大振頹風，力救斯文之弊，則將來道術日微，人才日壞，欲得眞才以輔成至理，蓋亦難矣。此事關係甚大。又臣等以人事君之義莫重於此，伏乞聖明採納，敕考試官今次會試較士，務取醇正典雅、明白通暢、溫柔敦厚之文，凡一切駕虛翼僞，鈎棘軋茁之習，痛加黜落，庶幾士子知所趨向而文體可變而正矣。等因具題。節奉旨：『是。文運有關國運，所繫不細。近來士子經義詭異艱深，大壞文體，誠爲害治。恁部裏便出榜曉諭，今次會試文卷，務要醇正典雅，明白通暢的方許中式。如有似前鈎棘奇僻，痛加黜落，甚則令主考官指名具奏處治。欽此。』已經通行，欽遵去後。今御史鄭坤所奏前因，合

候命下，仍通行各布政司提調官、各按察司提學官，遵照本部先今具題並欽奉聖旨，行令各該有司官刊刻板榜，發各府、州、縣儒學明倫堂懸掛，朝夕顧諟，以淑士心，務使文詞丕變，以還敦厚之風，庶幾他日科目得人，以成國家正大光明之業矣。仍將刊刻過緣由申報本部，以憑查考。嘉靖十三年八月二十三日具題，二十五日奉旨：『准議。』」

明世宗嘉靖十四年乙未（西元 1535 年）

二　月

命翰林院侍讀學士張璧、侍講學士蔡昂為會試考官。取中許穀等三百二十人。

《明世宗實錄》卷一百七十二，「戊戌，以會試天下舉人，命翰林院侍讀學士張璧、侍講學士蔡昂為試官。都察院奏差監御史，上諭之曰：『近年監試官寬縱，致場中士子通同傳遞，作弊多端。今所遣御史，務盡心防禁，違者罪之。』」

本科會試題。

本科會試題有《論語》：「子曰：賜也，女以予為多學而識之者與？對曰：然。非與？曰：非也。予一以貫之。」《孟子》：「君子之志於道也，不成章不達。」《中庸》：「子曰：吾說夏禮，杞不足徵也；吾學殷禮，有宋存焉；吾學周禮，今用之，吾從周。」

許穀（1504～1586）為乙未科會元。其制義為梁章鉅等所關注。

姜寶《前中順大夫南太常少卿石城許公墓誌銘》：「公諱穀，字仲貽，石城其號也。先世閩之侯官人，洪武二十一年徙富戶實京師，遂占籍上元。」「乙未上春官，旅次占夢，蓋又有兩異徵焉。比奏名，果為南宮第一。」張大復《梅花草堂筆談‧許穀》：「薛方山應旂（1500～1570 後），乙未北上，謂天下才無予選者。荊川翁語之曰：『兄居榜首何惑焉。雖然，白下許石城，其文溫潤典雅，元品也。兄謹備之。』薛訪得許，乃大服。是歲許第一，薛第二。語云：『文章如金珠玉貝，是有定價。』然惟作者知之。」唐順之（1507～1560）

號荊川。梁章鉅《制義叢話》卷五：「徐存庵曰：石城許仲貽穀與方山，同為蔡鶴江所得士，所著諸稿士林爭購藏之。其『禮之用』全章題文，通篇全用『也』字，精神聲吻，引人入勝。文云：『今夫禮也者，本天而出之者也，其體至嚴，不可得而易也；然因人情而為之者也，其理至順，不可得而強也。是故禮之用也，非取夫矜持之太過也，優而遊之，而行之以安舒，夫然後可以盡其意，此其為可貴焉者也。然而匪獨今也，古人之已試焉者也。古之先王，其道非一，禮其大者也；其用非一，和其貴者也。是故嚴而能泰也，和而有節也，盡善盡美，準之百代可行矣。觀其細行不遺也，大德不逾也，至中至正，達之天下皆然矣。夫可貴則可行，顧有和而不可行者，是豈禮之罪哉？吾獨尤夫用禮者也。蓋有見於從容，以為禮盡在是矣，乃溺而不止，無制度以節其淫；有見於安詳，以為禮可行矣，乃流而不返，無節文以約其蕩。一於淫則禮廢，發之而病於政也；一於蕩則禮荒，出之而害於事也。是失其貴者也，是忘其美者也，其不可行者宜也。是知可行者此和也，因禮以求和，從乎天者也；不可行者此和也，外禮以求和，循乎人者也。古之用禮者由前，今之用禮者由後，世之究禮者，其亦知所辨而已。』」梁章鉅《制義叢話》卷十二：「李雨村曰：唐荊川家居，薛方山上公車來別荊川，荊川曰：『意君此去當作會元，但南京有許仲貽者，曾以窗藝相質，君往須防其出一頭地也。』及榜發，許果得元，方山屈居第二。後方山提學浙江，試慈溪得向程卷曰：『今科子必得元也。』及試餘姚，得諸大圭卷，為向程曰：『子不得元矣，有大圭在。』已而果如其言。」

四　月

韓應龍、孫陞、吳山等三百二十五人進士及第、出身有差。改趙貞吉、盧宗哲等為翰林院庶吉士。

《嘉靖十四年進士登科錄・玉音》：「嘉靖十四年三月初九日，少保兼太子太保禮部尚書翰林院學士臣夏言等於奉天門奏為科舉事。會試天下舉人，取中三百二十五名。本年四月初二日殿試，合請讀卷官及執事等官少保兼太子太保吏部尚書武英殿大學士李時等五十八員。其進士出身等第，恭依太祖高皇帝欽定資格。第一甲例取三名，第一名從六品，第二第三名正七品，賜進士及第。第二甲從七品，賜進士出身。第三甲正八品，賜同進士出身。奉聖旨：是，欽此。讀卷官：光祿大夫柱國少保兼太子太保吏部尚書武英殿大

學士李時，壬戌進士；光祿大夫柱國太子太保吏部尚書兼兵部尚書汪鋐，壬戌進士；資政大夫正治上卿戶部尚書梁材，己未進士；資政大夫刑部尚書聶賢，庚戌進士；資德大夫正治上卿太子少保工部尚書秦金，癸丑進士；資政大夫兵部尚書兼都察院左都御史掌院事王廷相，壬戌進士；正議大夫資治尹掌詹事府事吏部左侍郎兼翰林院學士顧鼎臣，乙丑進士；正議大夫資治尹兵部左侍郎錢如京，壬戌進士；通議大夫通政使司通政使陳經，甲戌進士；中憲大夫大理寺左少卿羅輅，戊辰進士；中憲大夫太常寺少卿兼翰林院侍讀謝丕，乙丑進士；奉直大夫協正庶尹翰林院侍讀學士吳惠，辛未進士；奉直大夫翰林院侍讀學士張璧，辛未進士；奉訓大夫翰林院侍講學士廖道南，辛巳進士；奉訓大夫翰林院侍講學士蔡昂，甲戌進士。提調官：光祿大夫少保兼太子太保禮部尚書翰林院學士夏言，丁丑進士；通議大夫禮部左侍郎黃綰，官生；通議大夫禮部右侍郎黃宗明，甲戌進士。監試官：文林郎廣西道監察御史方鈍，辛巳進士；文林郎江西道監察御史張鵬，丙戌進士。受卷官：奉訓大夫右春坊右諭德倫以訓，丁丑進士；承直郎翰林院侍講江汝璧，辛巳進士；承事郎吏科都給事中董進第，辛巳進士；承事郎戶科都給事中菅懷理，己丑進士。彌封官：中大夫光祿寺卿吳大田，甲子貢士；中議大夫贊治尹太常寺少卿兼翰林院侍書劉銃，恩生；中順大夫太常寺少卿兼翰林院侍書徐富，甲子貢士；中憲大夫鴻臚寺卿王道中，甲戌進士；中憲大夫順天府府丞周令，秀才；奉政大夫修政庶尹尚寶司卿沈銳，儒士；奉議大夫尚寶司卿張天保，秀才；翰林院侍講楊維傑，丙戌進士；翰林院侍講歐陽衢，丙戌進士；承事郎禮科都給事中潘大賓，己丑進士；文林郎兵科都給事中魯忭，丙戌進士；翰林院掌典籍事承事郎大理寺右評事淩楫，儒士。掌卷官：翰林院修撰屠應埈，丙戌進士；翰林院修撰華察，丙戌進士；翰林院編修胡經，己丑進士；承事郎刑科都給事中周昆，癸未進士；承事郎工科都給事中戴繼，己丑進士。巡綽官：鎮國將軍錦衣衛掌衛事署都指揮使王佐；鎮國將軍錦衣衛管衛事署都指揮使陸松；昭勇將軍錦衣衛指揮使張錡；昭勇將軍錦衣衛指揮使李文；明威將軍錦衣衛指揮僉事陳寅；明威將軍錦衣衛指揮僉事趙俊；明威將軍金吾前衛指揮僉事劉勳；懷遠將軍金吾後衛指揮同知徐廷。印卷官：奉直大夫禮部儀制清吏司署郎中事員外郎歐陽塾，丙戌進士；承德郎禮部儀制清吏司主事皇甫涍，壬辰進士；承直郎禮部儀制清吏司主事張鑾，丙戌進士。供給官：奉政大夫光祿寺少卿黃嘉賓，甲戌進士；承德郎光祿寺寺丞彭黯，癸未

進士；承德郎光祿寺寺丞竇一桂，丙戌進士；禮部司務楊美冕，丙子貢士；奉直大夫禮部精膳清吏司署郎中事員外郎胡松，己丑進士；承德郎禮部精膳清吏司署員外郎事主事楊儀，丙戌進士。」《嘉靖十四年進士登科錄·恩榮次第》：「嘉靖十四年四月初二日早，諸貢士赴內府殿試，上御奉天殿親賜策問。四月初六日早，文武百官朝服侍班。是日，錦衣衛設鹵簿於丹陛丹墀內，上御奉天殿，鴻臚寺官傳制唱名，禮部官捧黃榜，鼓樂導引出長安左門外，張掛畢，順天府官用傘蓋儀從送狀元歸第。四月初七日，賜宴於禮部。宴畢，赴鴻臚寺習儀。四月初九日，賜狀元朝服冠帶及進士寶鈔。四月初十日，狀元率諸進士上表謝恩。四月十一日，狀元率諸進士詣先師孔子廟行釋菜禮，禮部奏請，命工部於國子監立石題名。」《弇山堂別集》卷八十二《科試考二》：「十四年乙未，命翰林院侍讀學士張璧、侍講學士蔡昂為考試官，取中許穀等。廷試，賜韓應龍、孫陞、吳山及第。先是，大學士李時等取中十二卷，進覽，上批答曰：『卿等以堪作甲卷十二來呈，朕各覽一周，其上一卷說的正合策題『夫周道善而備』，朕所取法，其上三說仁禮為用，夫仁基之，禮成之，亦甚得題意。其上四論仁敬，夫敬而能仁，他不足說，可以保治矣。其上二略泛而治於行，其下二卻似讜，雖與題不合，以言時事，故朕取之，可二甲首。餘以次挨去，不知是否？卿可先與鼎臣看一過，再同讀卷官看行。』上復御批首三卷，韓應龍曰：『是題本意，可第一甲第一名。』於孫陞曰：『說仁禮之意好，可第二名。』於吳山曰：『敬為心學之極，此論好，可第三名。』是歲並李璣、趙貞吉、郭樸、敖銑、任瀛、沈宏、駱文盛、尹臺（1506～1579）、康大和九人策皆刻之。是年四月內，禮部請考庶吉士，以故事聞上，詔於文華殿大門外親出御題考試。大學士李時會吏部尚書汪鋐，禮部尚書夏言，吏部左侍郎顧鼎臣、霍韜，右侍郎張邦奇，禮部左侍郎黃綰、右侍郎黃宗明，選進士李璣、趙貞吉、敖銑、郭樸、任瀛、駱文盛、尹臺、康大和、沈翰、歐陽喚、王立道（1510～1547）、嵇世臣、彭鳳、鄭一統、胡汝霖、林廷機、高時、黃廷用、奚良輔、汪集、郭鑒、沈良才、陳東光、王維楨（1507～1555）、張緒、李蓁、何維柏、盧宗哲、全元立、趙繼本，名上，奉旨：『朕覽趙貞吉等八名，盧宗哲等二十二名可留，卿還具題來行。內列吏禮二部堂上官及鼎臣名，不必部疏，此蓋朕親試也，可作例。』又陞顧鼎臣為禮部尚書兼翰林院學士，教之，後又益以吏部左侍郎翰林院學士張邦奇。」《明史·選舉志》：「十四年乙未，帝親製策問，手自批閱，擢韓應龍第一。降諭論一甲三人及

二甲第一名次前後之由。禮部因以聖諭列登科錄之首,而十二人對策,俱以次刊刻。」梁章鉅《制義叢話》卷五:「王陸亭大經曰:薛方山『追王太王、王季』二句題文,以德、以功、以世次,以法、以統、以廟食。分疏精確,艾千子所謂『八字經』也,後來名家俱不能出此範圍。」

據《嘉靖十四年進士登科錄》:「第一甲三名,賜進士及第。」

韓應龍,貫浙江紹興府餘姚縣,民籍,附學生,治《禮記》。字汝化,行五十,年三十八,九月十五日生。曾祖孟退。祖廣。父暹。母沈氏。慈侍下。兄榮華,聽選官;應富;應貴。弟應奎、應元。娶傅氏。浙江鄉試第三十一名,會試第二百五十三名。

孫陞,貫錦衣衛官籍,浙江紹興府餘姚縣人,國子生,治《易經》。字志高,行五十,年三十五,三月二十六日生。曾祖孟宏,贈禮部尚書。祖新,封刑部主事,贈禮部尚書。父燧,巡撫江西右副都御史,贈禮部尚書,諡忠烈。母楊氏,累封夫人。慈侍下。兄吉,典史;喜;基,經歷;堪,團營坐營署都指揮僉事;耆,僉事;墀,史館監生;坌;塘;里;垚。弟埈。娶韓氏,繼娶楊氏。浙江鄉試第七十二名,會試第二百九十四名。

吳山,貫江西瑞州府高安縣,軍籍,國子生,治《詩經》。字曰靜,行五,年三十六,三月二十五日生。曾祖浩。祖子機。父文選。母朱氏。具慶下。兄曰禮。弟曰鑒、曰衛。娶黃氏。江西鄉試第三十二名,會試第一百五十三名。

據《嘉靖十四年進士登科錄》,第二甲九十五名,賜進士出身。第三甲二百二十七名,賜同進士出身。

《欽定四書文》正嘉文卷二錄孫陞程文《論語》「周監於二代」一節題文。

文謂:「王制稽古而大備,聖人之所不能違也。夫稽古而損益之,王制之所為備也,聖人之從之也有以哉。想其意若曰:聖人之治天下也,不可變者道也,而不相沿者制也。夏之尚忠,商之尚質,皆卓然為一代之憲矣,至於我周,文武具明聖之德,周公當制作之權。是故監於有夏,監於有商,本經綸之迹以盡折衷之詳,而立當代之良法;損其太過,補其不及,因風氣之開以繼先王之志,而集典禮之大成。願而愨者,有文以濟之,品式章程,至詳至備,達天下於昭明之觀也;樸而略者,有文以飾之,道德風俗,大順大

同，協天下於亨嘉之會也。郁郁乎，何其盛哉！丘也生值其時，會逢其盛，固不能舍周以他從矣。念典刑之不遠，是則是傚，循循然納於軌物之中；幸謨烈之猶存，是訓是行，疊疊然式於範圍之內。慮自外於大一統之治法，而出入起居，將由之以終身也，雖曰夏、商之禮能言，吾豈棄此以趨彼乎！求無悖於大聖人之作為，而動容周旋，皆資之以寡過也，即使杞、宋之後足徵，吾豈襲舊以拂經乎！夫讚其文盛者，所以表制作之隆；決其從周者，所以明憲章之志。是可以見夫子之得統於文武周公，而文在茲矣。」評謂：「夫子得位有作，從二代之禮，固不能多於從周。然憲章文武，則禮儀三百、威儀三千，莫非躬行之事，從周固不待於得位也。文特儘其表裏。」「清規雅度，可為後學楷模。及觀歸（有光）作，則崇閎深遠，成一家之法度，邈乎其不可攀矣。」

薛應旂本科會試第二，廷試成三甲三十三名進士。《欽定四書文》正嘉文錄其文二篇。

薛為制義名家，有《薛方山稿》，俞長城題識云：「薛方山貫通六經，發而為文，如金出冶，如玉離璞，光芒煥然；又精於史學，宋元《通鑑》，昭代《憲章》，皆有功於當世。乙未已擬第一，偶讓石城（許穀），然後世論文者，必以方山為首。三主棘闈，甄別士類，聲稱藉甚。至其視學兩浙，嚴而有禮，多士有薛夫子之號，舊稱王、錢、唐、瞿（王鏊、錢福、唐順之、瞿景淳）為四大家，浙人去鶴灘（錢福）而易以方山，世未有非之者。」《欽定四書文》錄其文二篇。正嘉文卷一錄其《大學》「君子賢其賢而親其親」二句題文：「觀先王垂裕之大，可見其新民之極也。夫君子小人各得其所，先王之所以裕後者大矣。此固可以見其新民之極功，而亦豈非盛德至善之所致哉！傳者釋聖經『止至善』之義而有及於此，意豈不曰：有天下之盛德，必有天下之大業，我周文武之所以人不能忘者，亦惟其德業之在人耳。何者？創制立法以為世則，先王之所謂賢與親者，凡以為君子謀也，今先王往矣，而其賢與親則固在也。是故賢者識其大，不賢者識其小，而得於文謨武烈者，皆仰先哲以為歸，誦彝訓而胥傚矣，是賢其賢者，蓋不止於周召之屬也；天子則宜王，諸侯則宜君，而凡為文昭武穆者，皆履洪圖而思紹，率舊章而不越矣，是親其親者，蓋不止於成康之世也。其德業之在於君子有如此者。體國經野以為民極，先王之所謂樂與利者，凡以為小人謀也，今先王往矣，而其樂與利則固

存也。是故老者有所終，幼者有所養，而凡此文武之遺民皆安於皇極之中，囿於平康之域矣，是樂其樂者，不特見於求寧之日也；寒者爲之衣，饑者爲之食，而凡今天下之黎庶皆遂其作息之休，儘其鼓舞之利矣，是利其利者，不特見於彰信之時也。其德業之在於小人有如此者。由是觀之，則先王之澤蓋有以被於天下後世之人，而沒世不忘，固其所也。其新民之止於至善，何如哉？」評謂：「不及宣德乙卯程之渾然元氣，而用經確切，詞語醇雅。先正風裁，於茲未墜。」卷二錄其《論語》「魯一變至於道」文：「聖人言魯至道之易，欲其知所變也。夫道，先王之所以爲國者也。魯如一變，斯至之矣，而可以不變乎哉？夫子之意曰：齊魯之爲國也，其俗不同；而其變而之道也，其勢亦異。齊一變，固僅至於魯矣，以魯言之，其又何如哉？粵自我魯開國之初，當伯禽受封之日，文武之謨烈尚在，周公之訓誥方新。惟時秉禮立教，而凡所以行之於上者，莫非道也，迨隱桓以來，漸以替矣，然於禮教則猶知所重也；惇信明義，而凡所以達之於下者，莫非道也，迨成襄以降，寖以微矣，然於信義則猶知所崇也。苟爲之魯者，因先王之所遺而思其垂創之心，將見不必紛更之擾也，偏者補之，敝者救之，而一振舉之下，百度爲之自貞；因今日之所乘而興其紹述之念，將見不俟改革之繁也，廢者修之，墜者舉之，而一轉移之間，眾正爲之畢舉。言乎禮教，不特重之而已，秉之立之而昭佈於上下者，洋洋乎一如其舊；言乎信義，不特崇之而已，惇之明之而顯設於民物者，駸駸乎盡復其初。祿之去公室者自是可復，而爵賞一出於上，今日之魯，殆周公之魯而非隱桓以來之魯矣；政之逮大夫者自是可還，而政柄不移於下，今日之魯，殆伯禽之魯而非成襄以降之魯矣。謂之曰至道，信乎其爲有道之國，而望於天下也不徒然矣。奈之何其不變也哉！」評謂：「溯其肇端，及其流弊。舉『變』之作用，指『至』之條理，兼酌時勢，以明措注，可謂約而能該矣。」

張元成本科三甲進士。《欽定四書文》正嘉文錄其文二篇。

　　《可儀堂名家制義》收其《張小越稿》，俞長城題識云：「善學古者，不用古者也。擬古人之法，使得指爲何人之法，則迹滯而不化矣；徵古人之事，使得指爲何代之事，則理拘而不通矣。擬古人之法，而無法不變；徵古人之事，而無事不該，非小越先生，其孰能之？先生深於秦漢唐宋大家之法，又熟於二十一代之事，故文章高渾，議論確覈，然卒不得名之曰所擬何人、所

指何代也，故曰善學者也。」《欽定四書文》正嘉文錄其文 2 篇。卷四錄其《中庸》「無憂者」一章題文：「《中庸》歷舉三聖之事，見其盡中庸之道也。甚矣，惟聖人爲能盡道也。由文王所處之盛，而教化大行於武、周，孰非道之所在哉？《中庸》之意，謂夫盛哉有周之興也！世歷二代，人更三聖，而治道備矣。試以文王言之，自古帝王，以身而任天下之重，則必以心而勞天下之事，未有無憂者也；乃若由氣化而符人事，享成功而全盛德，無憂者其惟文王乎？蓋其以王季爲父，則其勤王家而作之於前，是文王之所當爲者，王季固先爲之也；以武王爲子，則丕承武烈而述之於後，是文王之所未爲者，武王固必爲之也。仰成而無俟於紛更，垂裕而不必於躬攬。斯則文王之無憂者，時則爲之也，而其盡道可知矣。由文王而武王，以太王、王季也者周道之所由興也，因其緒而纘之。功成於殷命之革，名全於殘賊之取。履帝位而有天下，崇高莫大乎富貴；饗先王而啓後人，敬愛兼及乎尊親。此則大統之既集而諸福之畢備，皆武王之事也，而非武王之所自爲也。要惟其緒之所自耳，而其所以能纘之者，非盡道而然乎？由武王而周公，以禮法也者文王之所有志而未逮者也，因其德而成之。近之則太王、王季有隆名之加，遠之則先公有大享之典。又制夫葬祭也，而慈父孝子之心始安；又制夫喪服也，而親親貴貴之義並行。此則志意之推廣而上下之各得，皆周公之事也，而非周公之所自爲也。要惟其德之所自耳，而其所以能成之者，非盡道而然乎？是則非文王則無以應運而興，以當無憂之會；非武王則累世之勳未就，文王猶有憂也；非周公則文明之治不宣，亦以重文王之憂也。三聖人者相繼而作，周欲弗興，得乎？」評謂：「握定『盡中庸之道』，按部選義，周密無遺，而時以精言綰括，非貪常嗜瑣者所能學步也。」卷五錄其《孟子》「殺人以梃與刃」三節題文：「大賢言時君虐政之害，必兩詰之而指其實也。夫政之行而至率獸食人，虐已甚矣，孟子猶必兩致其詰而指言之，夫固因其明以通之也哉？且夫人之情，不得其形而概語之，則無以深中其心，故常略而不聽；不由其漸而驟語之，則不免深犯其忌，故常拒而不入。孟子知之，其於惠王雖有願安承教之心，而猶不廢乎因明通蔽之術。始而曰『殺人以梃與刃，有以異乎』，此其事無當於王，雖少知事理者未有不能別白而明言之也，而王果曰『無以異也』；既而曰『以刃與政，有以異乎』，此其事漸及於王，使憚於自責者未嘗不深忌而諱言之者也，而王又曰『無以異也』。夫不難於梃與刃之對，而難於刃與政之對，然後語之有故而入之有由矣。孟子乃申告之曰：王知政之能殺人，亦

知王之政所以殺人者乎？蓋其民已窮而斂愈急，而常棄之於必危之地；財已盡而賦不休，而每用之於無益之中。觀王之禽獸，則肉肥而盈庖，馬肥而盈厩，此何以養之？厚斂以養之也；觀王之民，則生者多饑色，死者爲餓莩，此何以致之？厚斂以致之也。獸得以食人之食，而人不得以自食其食；獸不能以自食人，而王固驅之使食人。同生而異類，人物之辨也，至是而始反其常；貴人而賤畜，王者之政也，至是而不由其道。王之民不死於梃，不死於刃，而死於政者何限也。王亦嘗反而思之乎？」評謂：「此與『王之臣』及『白之謂白』等章，並見孟子語言之妙。若不逐層皴出，則神致不肖。文能使題情自相觸擊，通體如一筆書。」

乙未科進士諸燮，其制藝以「不衫不履」見長。

梁章鉅《制義叢話》卷五：「俞桐川曰：黃山谷有言：『士大夫百病可醫，惟俗不可。』旨哉斯言！諸理齋燮之文，傾攲偏側，遊衍散漫，無意於工而不詭於理，後人拗管摹之，愈摹愈遠，非文不及理齋，乃俗病之不可除也。昔人評理齋文曰：『不衫不履，物外遺人。』求理齋者，當求其所以不俗之故，則幾矣。」「《書香堂筆記》云：題理有最難解者，明乎郊社之禮、禘嘗之義，何以便有治國示掌之功。惟諸理齋文云：『明乎郊社之禮，則能事天如事親；明乎禘嘗之義，則能事親如事天。吾知知化則善述其事，窮神則善繼其志，而天下之民胞而物與者，無一非吾之所當仁、吾之所當愛，而吾之所以仁而愛者，自不容已也。雖曰天下之物，分不能以皆齊也，然所殊者分也，而所以一之者理也。推親親之厚，以大無我之公，以不忍人之心，行不忍人之政，則天下可運於掌，而況國乎？』原評云：『天地祖宗，是自吾身推而上的；天下民物，是自吾身推而廣的。上頭高一層，則下面闊一層。如祇推到父母處，則旁闊祇是兄弟，父母生兄弟者也；推到祖宗，則旁闊便有許多族姓，祖宗生族姓者也；如推到天地，則旁闊便包得民物在其中，天地生民物者也。人不孝於父母、祖宗者，安能愛兄弟族姓？不孝於天地者，又安能仁民愛物乎？若眞能事天地、祖宗、父母，則必能以天地、祖宗、父母之心爲心。此治國所以如示諸掌。雖王、錢做比，意思不出，此卻明目張膽言之。』案：自有此文、此評，而此題之理始出。惟行文不單不偶，自係當時初體，非今日舉業家所宜做，此前人所以有『不衫不履』之評也。」「俞桐川曰：昔人評酒，辣爲上，苦次之，酸次之，甘斯下矣。得此意者，可以評文。夫文所以甘，理不足而和其顏、柔其骨、飾其貌也。理

淺而故深之則酸，理平而故奇之則苦。若理足則達，理盡則止，直而不支，橫
而不溢，是之謂辣。辣者始則可畏，久則可愛；甘則食之易飽，棄之易饑。故
不善學者之好時文，猶之不善飲者之好甘酒也。川南嵇世臣文境甚奇，而盡於
『辣』之一字，知味者當自得之。」

《欽定四書文》正嘉文錄諸變文四篇。

卷二錄其《論語》「德不孤必有鄰」題文：「聖人於有德者而必其有親，
所以進人於德也。夫人莫不有是好德之心，則其所以類應於德者，勢也。曾
謂有德者而孤立乎哉？夫子以是為立德者勸。意謂：夫人之情莫不信同而疑
異，喜合而惡離。夫惟感之以自私之心，而後夫人之心疑；感之以拂天下之
行，而後夫人之心沮。於是畏而莫之合，以至於窮焉而無所與者。是果德之
罪哉？夫德也者，原於天而俱於人，非有我之所得私；足於此而通於彼，為
人情之所甚便。吾德之不修，吾無以孚於人，吾懼焉而已矣；吾德之既修，
固未有感之而不應者，而何病於孤耶？蓋德則公，公則有以通天下之志而無
所疑；德則愛，愛則有以足其甚便之欲而無所拂。是雖無意於人之我同也，
心同則相求，自將信其道而願為之徒；雖未嘗強人以必從也，類同則相濟，
自將樂其便而安為之與。莫非吾人也，則莫非吾徒也；莫非吾德也，則莫非
吾與也。苟以其私也而惡吾之修，是固異於德者也，而何病於君子之同哉？
以其忌也而畏吾之修，是自離於德者也，而何病於君子之合哉？必也天下無
君子而後吾之德始孤，必也天下皆小人而後相率以自外於吾德。今天下之不
皆君子固也，亦未必皆小人，則吾德之有鄰而吾道之不至於終窮也，固可信
其必然矣。」評謂：「兩義到底，揮灑如志，又時作參差，使人迷眩。」「運
古文氣脈於排比中，屈盤勁肆，辭與意適。此等文若得數十篇，便可肩隨唐、
歸，惜乎其不多見耳。」卷四錄其《中庸》「夫婦之愚」八句題文：「體物而
不盡於物，君子之道之費也。蓋道之費者，隱之為也。夫婦有在，而聖人有
所不在焉，其斯以為費而隱乎？且造化以顯仁而涵藏用之機，君子由體道而
合盡性之妙。故觀於費也，而道之隱也可知矣。彼見天下之道存乎知。夫婦
有知，聖人亦有知也，自局於明者觀之，孰不曰聖人之知非夫婦所與知也，
然而良知之本體，則無分於聖愚焉。何思何慮之地，具明覺之真機而不假於
外求；不識不知之中，涵明通之妙用而非由於外鑠。蓋夫婦之愚有可與知者
矣，乃若充夫婦之所知以至於無所不知，宜若聖人之易事也。然而遠近異迹，

而耳目所逮或限於聞見之未周；古今異時，而載籍所稽或苦於文獻之未備。則聖人亦有所不知焉。是則夫婦之所知者，各具之明也；聖人之所不知者，全體之智也。惟其各具也，夫婦之所以同於聖人；惟其全體也，道之所以不盡於聖人也。知至聖人而猶不足以盡道，則天下無全知，而斯道之妙，蓋有超乎知識之外者矣。道之費也，而可以知盡哉？體天下之道存乎行。夫婦有行，聖人亦有行也，自限於力者觀之，孰不曰聖人之能非夫婦所與能也，然而良能之本體，初無間於物我焉。利用以出入者，雖精微之未究而不失夫順應之常；日用以終身者，雖習察之未能而無適非天理之懿。蓋夫婦之不肖有可與能者矣，乃若充夫婦之所能以至於無所不能，宜若聖人之能事也。然或分有所制，則雖有受命之德而終無以成格天之功；勢有所阻，則雖有兼濟之心而終無以弘博施之澤。則聖人亦有所不能也。是則夫婦之所能者，本原之同也；聖人之所不能者，大用之備也。惟其同也，可以責道於夫婦；惟其備也，不可以責備於聖人也。行至聖人而猶不足以盡道，則天下無全能，而斯道之神，蓋有出於形器之表者矣。道之費也，而可以行盡哉？」評謂：「極其宏博，而一語不可刪，所謂滿發而溢流，與浮掇灝氣者自別。」「體方而義備，不復效先輩之含蓄，已開胡思泉（友信）蹊徑。」卷四又錄其《中庸》「明乎郊社之禮」三句題文：「知所以事神，則知所以治人矣。蓋先王所制祭祀之禮，吾一本也，仁人孝子明乎此，則所以愛人者自不容已，而治天下不難矣。且人物之分，本無二致，私心勝而人與己判乎其不相屬矣。有能真見夫郊社之禮不徒為感格之虛文而已：天地者，萬物之父母；而大君者，父母之宗子也。天地有功於人物，而宗子者不思所以崇其德、報其功焉，則自絕乎所生而為悖德之人矣。故祭天圜丘，因陽之生而報其始；祭地方澤，因陰之生而報其成。此固仁人不自已之心，而非私智之所出也。禘嘗之義不徒為致生之虛名而已：祖考者，吾身之父母；而吾身者，宗祀之所主也。祖考流澤於後嗣，而吾不思所以報其本、反其始焉，則自棄其身而為不肖之子矣。故五年合食於太廟，以明有尊；四時即事於群廟，以明有親。此又孝子不自已之心，而非私意之所為也。夫明乎郊社之禮，則能事天如事親；明乎禘嘗之義，則能事親如事天。吾知知化則善述其事，窮神則善繼其志，而天下之民胞而物與者，無一而非吾之所當仁、吾之所當愛，而吾之所以仁而愛之者，自不容已也。雖曰天下之物分，不能以皆齊也，然所殊者分也，而所以一之者理也。推親親之厚以大無我之公，以不忍人之心行不忍人之政，則天下可運於掌，

而況於國乎？於此益可見先王制禮，有關於天下之大，而武王、周公之爲此者，要亦不過乎物而已。斯道之費之大有如是。」評謂：「夫天地祖宗，是自吾身推而上的；天下民物，是自吾身推而廣的。上頭高一層，則下面闊一層。如祇推到父母處，則旁闊祇是兄弟，父母生兄弟者也；推到祖宗處，則旁闊便有許多族姓，祖宗生族姓者也；如推到天地處，則旁闊便包得民物皆在其中，天地生民物者也。人不孝於父母祖宗者，安能愛兄弟族姓；不孝於天地者，又安能仁民愛物乎？若眞能事天地、祖宗、父母，則必能以天地、祖宗、父母之心爲心，此治國所以如示諸掌。雖王、錢做此意思不出，此卻明目張膽言之。」「從『理一』處打通，則『分殊』處自貫。鎔先儒語如自己出，而無陳腐之氣，由其筆意高脫也。」卷六錄其《孟子》「天下之言性也」一節題文：「大賢因言性者止於已然，而進之以自然也。蓋性不可知，而情則其已然者也。言性者求之於已然之『故』已矣，而又孰知『故』之本於『利』耶？孟子懼用智者之自私而性之不明於天下也，故其言曰：人具乎性，雖天下之同得，而性原於天，實無形而難知。因其難知，而求之於窈冥昏默之間，則非所以論性矣。蓋性雖無形，而情則易見。天下之言性也，因其已然之迹，而推其秉彝之初；即其發見之端，而探其本然之妙。則因外可以達內，而蘊之自中者有莫掩之誠；由顯可以通微，而性之難知者無終晦之理。言性而求之於故，固可謂得其旨矣；然止於故而不求之於自然之勢，又論性之常也。孰知已然之本於自然乎？蓋性原於天下之一，而情效天下之動者也。順其性之所止，則善端在我，隨感而見，非有所爲而爲之者，其勢則然也；拂其性之本然，則愛惡相攻，因感而異，或相倍蓰而無算者，亦其勢使然也。於此而無以辨之，而徒曰『吾之所言者是故也，是可以盡夫性矣』，則凡天下之人無有不善，而小人放辟邪侈，所以悖之而凶者不可不謂之故也，而謂人之性本如是也，可乎？以是言性，則人之性愈晦，而人之紛爭辯論者，徒勞而無益矣。是知因故而驗性可也，而認性於故不可也；謂故本於利可也，以故而爲利不可也。因其本然之勢而利導之，則易簡而天下之理得矣，何性之不明也哉？」評謂：「孟子指『情』以證『性』，此『故』之說也。但『情』也有不好一邊，須指其一直發出、未經矯揉造作者，如『乍見孺子入井』、『嘑爾蹴爾、不受不屑』之類，纔見得情之正、性之眞，此『利』之說也。看得四通八達，而筆力又足以發之。歸、唐而外，作者亦能自樹立，非瞿、薛二家所能肩隨也。」

本　年

歸有光作《山舍示學者》，論及科舉之弊。

文云：「有光疏魯寡聞，藝能無效。諸君不鄙，相從於此。竊以爲科舉之學，志於得而已矣，然亦無可必得之理。諸君皆稟父兄之命而來，有光固不敢別爲高遠，以相駭眩。第今所學者雖曰舉業，而所讀者即聖人之書，所稱述者即聖人之道，所推衍論綴者，即聖人之緒言。無非所以明修身、齊家、治國、平天下之事，而出於吾心之理。夫取吾心之理而日夜陳說於吾前，獨能頑然無概於中乎？願諸君相與悉心研究，毋事口耳剽竊。以吾心之理而會書之意，以書之旨而證吾心之理，則本原洞然，意趣融液。舉筆爲文，辭達義精，去有司之程度亦不遠矣。近來一種俗學，習爲記誦套子，往往能取高第。淺中之徒，轉相仿傚，更以通經學古爲拙。則區區與諸君論此於荒山寂寞之濱，其不爲所嗤笑者幾希。然惟此學流傳，敗壞人才，其於世道，爲害不淺。夫終日呻吟，不知聖人之書爲何物，明言而公叛之，徒以爲攫取榮利之資。要之，窮達有命，又不可必得；其得之者，亦不過酣豢富貴，蕩無廉恥之限，雖極顯榮，祇爲父母鄉里之羞。願與諸君深戒之也。」（《震川先生集》卷七）

明世宗嘉靖十六年丁酉（西元 1537 年）

八　月

姚淶、孫承恩任順天鄉試主考。

《弇山堂別集》卷八十二《科試考二》：「十六年丁酉，命翰林院侍講學士姚淶、左春坊左中允孫承恩主順天試。命右春坊右諭德江汝璧、司經局洗馬歐陽衢主應天試。」孫承恩《文簡集》卷三十《同年錄序》：「嘉靖丁酉之歲，予與學士四明姚明山主北畿鄉試。未幾，諸中式之士葺有斯錄，欲予二人各係一言。逮茲十餘稔矣，於是諸士凡四上禮闈，而獲雋者致五十餘人。咸以是科得人爲盛，乃今五十一人之仕於朝者。」

兩京及河南、山東、陝西、山西、浙江、湖廣、江西、福建、廣東、

廣西、四川、雲南、貴州等十三布政司鄉試。

徐學聚《國朝典彙》卷一百二十八：「（嘉靖）十六年八月，命侍講學士姚淶、中允孫承恩主順天鄉試，諭德江汝璧、洗馬歐陽衢主應天試，取鄭光溥、王諷等各百三十五人。南考官批語失列名，下部參看，謂『不敬』，當提問。又策題以《周禮》『祀戎』為問，語多譏訕。試官汝璧、衢，錦衣衛逮訊；提調府尹孫懋、丞楊麒、監場御史何鉉、沈應楊，南京法司究問，房考學正許文魁等，所在巡按逮問。所取士不准會試。後復許之。降璧提舉，衢通判。禮部尚書嚴嵩又指《廣東試錄》『聖謨』、『帝懿』、『四郊』、『上帝』俱不抬頭，陳白沙、倫遷岡非君前臣名之義。且飛衛、紀昌道遇交射，黃郊紫薇碧虛子問答怪異。詔學正王本才等、布政陸傑等、按察司蔣淦等，俱巡按官逮問。本才等仍奪禮幣，御史余光法司逮訊。仍通行天下提學官，禁士習怪誕，違式者悉黜之。」

順天鄉試，次題為「天子之道博也」一節，犯世宗名諱。

沈德符《萬曆野獲編補遺》卷二《科場‧場題犯諱》：「世宗朝，章奏觸忌者，例得重譴，至中年而鄉、會《試錄》，尤多諱忌，然亦有不盡然者。如初登極時不必論，嘉靖十六年丁酉順天鄉試，次題爲『天地之道博也』一節，則犯御名上一字。次年戊戌會試，出『博厚所以載物』，一節，又犯御名。十九年庚子，福建出『至誠無息』五節，凡四犯御名。然是時猶未逮治考官也。至二十八年己酉，浙江題爲『博厚配地』一節，亦犯御名。是年山東以『無爲而治』程文語涉譏訕，逮巡按御史葉經，死於杖下。何以獨不問浙江也？至三十一年壬子，四川出『博厚所以載物』二節，則兩犯御名。三十七年戊午，山西、雲南、貴州俱出『徵則悠遠』三節，則三犯御名，俱置若不聞。至四十年辛酉，順天、山東俱出『久則徵』至『博厚則高明』，湖廣出『徵則悠遠』一節，俱兩犯御名，以上俱不見詰。雖云二名不偏諱，然張永嘉嫌名亦已奉欽改，何諸臣不照顧及此？蓋上是時方修祈年永命故事，臣下爭進諛詞以求媚，故『至誠無息』一章層出疊見，初不計及御名上一字也。揆之唐宋臣子避諱同音者，何啻千里云。」

馮惟敏（1510～1590）中舉。

咸豐《青州府志》卷四四：馮惟敏，「字汝行，裕三子。總角時，裕之官

石阡，力不能攜家，以惟敏行，課以六經、諸子史，性聰穎，學日益進。爲文弘肆，萬言立就。歸自石阡，聲譽噪一時。晉陵王慎中督學山東，自謂無書不讀，少所推許，及見惟敏文，乃大賞異之，以爲其才不能逮也。嘉靖十六年舉於鄉，謁選，授直隸淶水知縣。」改教潤州，遷保定府通判。有《海浮山堂詞稿》、《擊築餘音》和雜劇《梁狀元不伏老》、《僧尼共犯》等。

湖廣提學僉事陳束刻《湖廣鄉試錄》並作序，王慎中不滿於第二問策之指斥宋儒。

王慎中復陳束書云：「得讀《湖廣錄》，其二十篇之中，詞致奇，文采偉麗者數篇，蓋超然而不同，雖微吾子曉諭之，予固亦能識其爲名筆也。是使秦漢之士復生，授之以簡，使爲之，亦若此而已。而余私心所不足於子者，惟第二問策，指斥宋儒，殊失其眞。且誣其書，以爲讀之令人眩瞀而不可信，是子於此數子之書，未嘗潛心以讀之也。夫學未到彼，則於其言宜未能知，既未之知，則其不信也亦宜，但不宜以己之不信，而遂斥立言者之非耳。吾子材高意廣，卓越時流，願稍自挹損，盡心於宋人之學，則其所就，又當如何？」（《遵巖先生文集》卷十五）

十一月

禮部尚書嚴嵩，摘廣東試錄，如聖謨、帝懿、四郊、上帝等失崇上，稱陳白沙、倫遷岡非君前臣名之義，逮巡按御史余光於法司。考官學正王本才等，布政使陸傑等，按察使蔣淦等，並下巡按御史。（據《國榷》卷五十六）

詳見《弇山堂別集》卷八十二《科試考二》。

明世宗嘉靖十七年戊戌（西元 1538 年）

二　月

顧鼎臣、張邦奇為會試考官，取袁煒等三百二十人。

《明世宗實錄》卷二百九：嘉靖十七年二月，「庚午，禮部會試，取中式舉人袁煒等三百二十名。」茅坤《茅鹿門集》卷首張汝瑚《茅鹿門先生傳》：

「先生姓茅氏，名坤，字順甫。……戊戌會試，中允李公學詩得先生卷，奇之，擬首。總裁尙書顧公鼎臣怒其策中譏切時政，欲抑之。學士張公邦奇力爭，乃置第十三。」呂本《光祿大夫柱國少傅戶部尙書建極殿大學士贈少師諡文榮袁公墓誌銘》云：袁煒（1508～1565），字懋中，別號元峰。慈溪人。「十歲習擧子業，讀書一過目輒成誦。十七補縣學生，淹貫經史，名譽日殷殷起。嘉靖丁酉舉鄉試第二。明年會試第一。廷試卷呈上覽，已批第一，中言邊將事過直，文華讀卷後，易置第三，授翰林院編修。是年端居公卒，守制還，用禮襄事，癸卯起復。」

本科會試題。

本科會試題有《論語》：「質勝文則野，文勝質則史。文質彬彬，然後君子。」《孟子》：「孟子道性善，言必稱堯舜。」《中庸》：「博厚所以載物也，高明所以覆物也，悠久所以成物也。博厚配地，高明配天，悠久無疆。如此者，不見而章，不動而變，無爲而成。」

三 月

茅瓚、羅珵、袁煒等三百二十人進士及第、出身有差。

《明世宗實錄》卷二百十：嘉靖十七年三月，「戊子，上親策會試中式舉人袁煒等，……是日上不御殿，命禮部官給散制題。」《嘉靖十七年進士登科錄·玉音》：「嘉靖十七年三月初九日，禮部尙書兼翰林院學士臣嚴嵩等於奉天門奏爲科舉事。會試天下舉人，取中三百二十名。本年三月十五日殿試，合擬讀卷官及執事等官少傅兼太子太師吏部尙書華蓋殿大學士李時等六十四員。其進士出身等第，恭依太祖高皇帝欽定資格。第一甲例取三名，第一名從六品，第二第三名正七品，賜進士及第。第二甲從七品，賜進士出身。第三甲正八品，賜同進士出身。奉聖旨：是，欽此。」「讀卷官：光祿大夫柱國少傅兼太子太師吏部尙書華蓋殿大學士李時，壬戌進士；光祿大夫柱國少傅兼太子太師禮部尙書武英殿大學士夏言，丁丑進士；榮祿大夫太子太保吏部尙書許讚，丙辰進士；光祿大夫掌詹事府事太子太保禮部尙書兼翰林院學士顧鼎臣，乙丑進士；光祿大夫太子太保兵部尙書張瓚，乙丑進士；資德大夫太子太保刑部尙書唐龍，戊辰進士；資善大夫工部尙書兼翰林院學士溫仁和，壬戌進士；資德大夫正治上卿太子少保兵部尙書兼都察院左都御史掌院事王廷相，戊戌進士；通議大夫吏

部左侍郎兼翰林院學士掌院事張邦奇，乙丑進士；嘉議大夫通政使司通政使鄭紳，甲戌進士；通議大夫大理寺卿屠橋，辛未進士；嘉議大夫太常寺卿兼翰林院侍讀學士陸深，乙丑進士；翰林院侍讀學士奉直大夫姚淶，癸未進士。提調官：資政大夫禮部尚書兼翰林院學士嚴嵩，乙丑進士；通議大夫禮部左侍郎兼翰林院學士張璧，辛未進士；嘉議大夫禮部右侍郎兼翰林院侍講學士蔡昂，甲戌進士。監試官：文林郎山西道監察御史王鎬，己丑進士；文林郎河南道監察御史董珊，丙戌進士。受卷官：奉直大夫右春坊右諭德張治，辛巳進士；奉直大夫右春坊右諭德王用賓，辛巳進士；文林郎吏科都給事中高擢，乙丑進士；徵仕郎戶科左給事中曾烶，癸未進士。彌封官：中大夫光祿寺卿周令，秀才；中大夫太僕寺卿徐富，甲子貢士；中順大夫鴻臚寺卿陳璋，禮生；中憲大夫太常寺少卿張文憲，癸未進士；中憲大夫尚寶司事太常寺少卿劉皋，生員；奉政大夫光祿寺少卿陳侃，丙戌進士；奉直大夫司經局洗馬楊維傑，丙戌進士；奉直大夫尚寶司少卿張湘，丙戌進士；翰林院編修文林郎秦鳴夏，壬辰進士；文林郎禮科都給事中李充濁，丙戌進士；文林郎兵科都給事中朱隆禧，己丑進士；翰林院掌典籍事奉直大夫戶部浙江清吏司員外郎淩楫，儒士。掌卷官：翰林院檢討從仕郎閻樸，壬辰進士；翰林院檢討徵仕郎李本，壬辰進士；翰林院檢討徵仕郎郭希顏，壬辰進士；徵仕郎刑科右給事中李徵，壬辰進士；徵仕郎工科左給事中薛廷寵，壬辰進士。巡綽官：驃騎將軍錦衣衛掌衛事都指揮使陳寅；昭毅將軍錦衣衛管衛事都指揮僉事袁天章；昭毅將軍錦衣衛都指揮僉事張琦；昭勇將軍錦衣衛署都指揮僉事季英；明威將軍錦衣衛署指揮使陸炳；懷遠將軍錦衣衛指揮同知鄭璽；明威將軍錦衣衛指揮僉事趙俊；明威將軍錦衣衛指揮僉事劉鯨；明威將軍錦衣衛指揮僉事高恕；明威將軍錦衣衛指揮僉事張爵；武德將軍錦衣衛署指揮僉事杜承宗；明威將軍金吾前衛指揮僉事劉勳；昭勇將軍金吾後衛指揮使賈澄。印卷官：奉政大夫禮部儀制清吏司郎中陳篍，癸未進士；奉直大夫禮部儀制清吏司員外郎皇甫涔，壬辰進士；承德郎禮部儀制清吏司主事尹耕，壬辰進士；承德郎禮部儀制清吏司主事張鈇，己丑進士。供給官：奉政大夫光祿寺少卿彭黯，癸未進士；奉政大夫光祿寺少卿馮惠，己丑進士；承德郎光祿寺寺丞竇一桂，丙戌進士；承德郎光祿寺寺丞邊侁，壬辰進士；奉政大夫禮部精膳清吏司郎中胡松，己丑進士；奉直大夫禮部祠祭清吏司員外郎江曜，官生；承德郎禮部精膳清吏司署員外郎事主事許勉仁，己丑進士；承德郎禮部精膳清吏司主事汪集，乙未進士。」《嘉靖十七年進士登科錄·恩榮次第》：

「嘉靖十七年三月十五日早，諸貢士赴內府殿試，上御奉天殿親賜策問。三月十九日早，文武百官朝服侍班。是日，錦衣衛設鹵簿於丹陛丹墀內，上御奉天殿，鴻臚寺官傳制唱名，禮部官捧黃榜，鼓樂導引出長安左門外，張掛畢，順天府官用傘蓋儀從送狀元歸第。三月二十日，賜宴於禮部。宴畢，赴鴻臚寺習儀。三月二十日，賜狀元朝服冠帶及進士寶鈔。三月二十三日，狀元率諸進士上表謝恩。三月二十四日，狀元率諸進士詣先師孔子廟行釋菜禮，禮部奏請命工部於國子監立石題名。」《弇山堂別集》卷八十二《科試考二》：「十七年戊戌，命太子太保禮部尚書掌詹事府事翰林院學士顧鼎臣、太子賓客吏部左侍郎翰林院學士張邦奇爲考試官，取中袁煒等。廷試，賜茅瓚、羅珵、袁煒（1508〜1565）及第。」「是歲，內閣初擬吳人陸師道爲狀元，御筆批作二甲第五，取袁煒第一。文華宣讀已出，復召大學士李時、夏言，學士顧鼎臣入，改作第三，親擢茅瓚第一。見陸詹事深家書中。」孫應鼇《孫山甫督學文集》卷四《喬三石公墓誌銘》：「三石先生喬公，耀州人也，諱世寧，字景叔。……公在諸生，督學使秦公文、何公景明、唐公龍皆目爲國士。嘉靖乙酉舉於鄉，果第一。戊戌，諸進士對制，獨公文剴切粹美，業已置進士選首。會唐公爲司寇，與讀卷，見文詞大類公，於是間語諸同事。語稍泄，執政意忌，遂不以選首進。」查繼佐《罪惟錄》志卷十八《科舉志》：「（嘉靖）十七年戊戌正月，禮部請正文體，禁引用《莊》、《列》不經語，詔可。試貢士，得袁煒等三百二十人。閣擬陸師道一甲第一，上手判二甲第五，取袁煒第一。文華殿宣讀已出，上復改爲第三，特簡茅瓚第一，而羅珵次之，煒又次之。」陸師道字子傳，長洲人。嘉靖戊戌進士，除工部主事。改禮部，復改南禮部，遷工部郎中，進尚寶少卿。《明詩紀事》己籤卷十七錄其詩一首，陳田按語云：「子傳廷試策入夏桂洲手，桂洲稱其文賈、董，字鍾、王，擬第一，永陵改置二甲，除工部主事。桂洲奏改禮部，入直內閣。子傳不欲近權相，請急歸。師事文徵明，友王雅宜、彭孔嘉、徵仲子壽承、休承，評騭文事，考校金石，從事丹青。茗碗爐香，翛然竟日。間從諸人泛石湖，取越來道，放舟胥口，尋覽虎丘、上方、支硎、天池、玄墓、靈巖、鄧尉、萬笏、大石之勝。吳中好事人操酒船跡之於山水間，取酣適而別，興到弄筆，得薄蹏一點染，可謂高致。余見子傳小幅淹潤精緻，不減文畫。詩長於摹古，《張烈婦行》擬《廬江小吏》，大是佳作。」

據《嘉靖十七年進士登科錄》：「第一甲三名，賜進士及第。」履歷如下：

茅瓚，貫浙江杭州府錢塘縣，匠籍，縣學增廣生，治《易經》。字邦獻，

行一，年三十，九月初六日生。曾祖仕安。祖茂。父麟，聽選官。母張氏，繼母茹氏。具慶下。弟琁、珂。娶方氏。浙江鄉試第二十二名，會試第二百四十四名。

羅珵，貫江西吉安府泰和縣，軍籍，國子生，治《書經》。字邦珍，行一，年四十六，十一月十五日生。曾祖鐸，舉人署訓導事，贈通議大夫吏部右侍郎。祖用俊，國子監助教，累封通議大夫吏部右侍郎。父欽德，按察副按察使。母康氏，封宜人。具慶下。弟瑠。娶楊氏。江西鄉試第三十八名，會試第二百三十二名。

袁煒，貫浙江寧波慈溪縣，民籍，縣學附學生，治《詩經》。字懋中，行三，年三十一，十月十八日生。曾祖完。祖瑤。父汝舟。母汪氏，繼母張氏。具慶下。兄炤、煥。弟灼。娶管氏。浙江鄉試第二名，會試第一名。

據《嘉靖十七年進士登科錄》，第二甲九十五名，賜進士出身。第三甲二百二十二名，賜同進士出身。

茅坤（1512～1601）中進士。

茅坤字順甫，號鹿門山人。歸安人。嘉靖戊戌進士，歷官禮部、吏部主事，南兵部主事，廣西僉事，大名兵備副使，有《白華樓藏稿》、《續稿》、《吟稿》、《玉芝山房稿》、《耄年錄》等。茅坤《耄年錄・年譜》曰：「戊戌會試，左春坊中允平度李公芳仍首薦之兩主試掌詹事府事尚書顧公鼎臣，及吏部侍郎兼翰林院學士張公邦奇，張稱之嘖嘖不置，然顧獨覽予《答策》而曰：『正德以前賄賂之風止行於中官，而近年來則交乎縉紳矣。』顧大怒，且曰：『此子浮薄不足取！』李公軒頤訟不置，他經房屠公應埈輩亦力贊之，而顧猶色愠未解也。於是張公兩解之，填第十三，仍刻策一道。已而殿試，適同鄉官翰林者謂掌卷檢討某曰：『予湖中二生，茅坤同吳維嶽，茲二人者行且並入御覽，或大魁矣。』輒匿卷。已而張公亦以讀卷官上殿三檢予試卷，且謂刑部尚書唐公龍曰：『茅某前會試策場中為最，殿試策當呈御覽，今且久之不及見，奈何填榜至第三甲中？』予同吳卷始出，且復扯壞。」（見《耄年錄》）茅國縉《先府君行實》：「年二十三，鄉舉第十一。又三年戊戌，禮部舉第十三人。時都人士傳其文，聲籍甚。及廷試，忌者故匿其卷，漫漶始出，公卿咸惜之。因請急歸省。比歸，抵家良久，里人無知者。家人慍曰：『衣錦者，固夜行耶？』父老殊器之。」

《可儀堂百二十名家制義》於本科選茅坤制義。俞長城《茅鹿門稿》
題識評為「法嚴」、「品貴」。

俞長城題識云：「東鄉（艾南英）論文，首推震川，固城（陳名夏）又以
鹿門為上，二說相持未定。要之，震川文固函蓋一世，而古雅溫醇，鹿門亦
不相下也。鹿門貫通經籍，善抉古人之奧，以龍門為師，以韓、柳、歐、蘇
為友；於明之古文，則取陽明，時文則取荊川，餘無當意者。蓋宗之正則法
嚴，擇之精則品貴。彼夫伏謁權貴，要結時英，輒訑訑自得，師友既濫，又
何問所學之深淺也。昔陽明擒宸濠，荊川破倭寇，皆以文武才有名當世，而
先生之治粵西與大名也，兵法精妙，出奇制勝，亦有二公風。然則，先生所
取，非僅其文辭已也。惟其有之，是以似之。凡師友古今者，當以鹿門為法。」

《欽定四書文》正嘉文錄茅坤文四篇。

卷二錄其《論語》「鄉人飲酒」一節題文。文謂：「聖人飲於鄉而必嚴夫
老老之節焉。蓋鄉黨莫如齒也，聖人侍飲於杖者之側，而必時其出以為節焉，
斯其所以尊高年也乎？且夫鄉人之飲酒，所以合比閭族黨之眾，而為歲時宴
饗之會者也。時則鄉人之所貴也以年，而禮之所先也以讓。其有杖而飲者，
一鄉之人所共父事之，而不敢以筋力之禮相施報者也；則亦一鄉之人所共齒
尊之，而不敢以聚散之常相後先者也。杖者未出而我或先之，君子以為亢矣；
杖者既出而我或後之，君子以為命矣。唯孔子則不然。不敢群少長相為宴言
而已也，必也周還於俎豆之間，時其起居而不離；亦不敢唯酒食相為征逐而
已也，必也俯仰於几席之際，時其動靜而不違。方杖者之獻酬為歡而未出也，
惟見其與之僛僛也，與之左右也，為酒無算，蓋不敢乘之以跛倚之私而孑然
而先矣；及長者之宴卒成禮而既出也，惟見其與之盤辟也，與之攜持也，舉
足不忘，亦不敢任之以流湎之情而踉然而後矣。始之旅而進也，固曰長者位
上，少者位下，所以習齒讓於始也；繼之旅而退也，亦曰長者在前，少者在
後，所以謹齒讓於終也。要之，其侍食也，曰父黨在則禮然，而不敢不敬共
矣；其辭而去也，亦曰父黨在則禮然，而不敢不肩隨矣。吁，聖人之尊高年
也如此夫！」評謂：「所補皆題中所應有，而配置形容備極融煉。鹿門講八家
古文之法，其制義惟取清空流利、首尾一氣而少實義，難為諸生家矩度，故
轉嫌其少矜重者。」卷三錄其《論語》「謹權量」三句題文：「聖王歷舉夫經
始之政，而大一統之治者可見矣。蓋權量也，法度也，廢官也，天子所以待

天下之治者也。於斯三者而能舉之，王政其四達矣乎。若曰：大哉，武王之革命乎！夫既當天造草昧之初，則必善與時消息之政，豈特散財誓師之可見者而已哉？彼權量者，王者所以一財貨於眾以前民用者也。商紂以來，上為之厚斂，下為之牟利，俗之在天下也日以偽而不得其平者眾矣。武王時則從而謹之：權誠懸，而財貨之決於衡石者不得以私輕重也；量誠懸，而粟米之登於釜庾者不得以私多寡也。斯則耳目以一，出入以均，而向之誣上行私以相折閱者無有矣，權量其謹矣乎！法度者，王者所以懸象魏於上以聽民治者也。商紂以來，君驕而敗度，臣脅而背公，法之在天下也日以削而不得其理者眾矣。武王則從而審之：觀風於上而損益於古今焉，變禮易樂者不得逞也；問俗於下而調劑其命令焉，壞常變紀者無所售也。斯則正之朝廷，宣之邦國，而向之侵淩倍畔以相踰佚者無有矣，法度其審矣乎！以至庶官者，體國經野、設官分職以立民極者也。商紂以來，剝喪元良，賊虐在位，官之在天下也日以廢而不得其職者有矣。武王則從而修之：為之設其參而傅其伍，古之因事以眾建天下之官者，至此皆循職而責其成也；為之陳其股而置其輔，古之設官以均任民生之治者，至此皆按牒而行其敘也。斯則有其舉之莫敢廢焉，而向之失職離次以墜王度者無有矣，廢官其修矣乎！以謹權量則泉貨流，以審法度則典章飭，以修廢官則殘缺舉。予故觀於是而知周之所由興也。」評謂：「鹿門之文，一氣旋轉，輕清流逸，但少沈實堅峭處，後學難於摹擬。此種非其本色，而自謂大方之文，與俗眼迥別，其實乃順時而眾所易曉也。」卷四錄其《中庸》「周公成文武之德……及士庶人」題文：「聖人以世德親其親而及人之親焉。蓋制禮以治天下者，先王之志也，聖人尊親而措諸四海焉，非所以成世德矣乎？《中庸》述周公之制作，以明道之費隱。若曰：德莫大乎孝，孝莫大乎尊親。是故文王從殷而不革者，分也；武王受命而不為者，時也。使其尚在，有不以尊尊親親為周道者乎？是故周公仰二后之在天，而遹成夫配京之業；因革命以定禮，而作述夫世德之隆。尊古公曰太王，尊季歷曰王季，而廟中之禮奉之以王爵焉，蓋推文武之意，自仁率親矣；祀后稷於太廟，祀群公於夾室，而宗公之祀歆之以王禮焉，蓋推太王、王季之意，自義率祖矣。然此特行之王國耳。祖以及祖而尊同，宗以及宗而敬同，其能以獨親其親乎？於是類而推之，達乎諸侯焉，使其有是心也，則有是禮也，降自天子，而天下無不行禮之國矣；達乎大夫焉，使其有是心也，則有是禮也，降自諸侯，而天下無不行禮之家矣；及士庶人焉，使其有是心也，則有

是禮也，降自大夫，而天下無不行禮之人矣。惟其位之崇卑，而使之皆得因親以致愛；隨其分之大小，而不至以法而廢恩。此之謂聖人因心廣教也。是知追崇其先祖者，子道之盡也；下達乎庶人者，君道之立也。其始也，體文武以孝事先人之意；其繼也，廣文武以孝治天下之心。善繼善述，於茲見矣。」評謂：「博大整飭中，風神自見。」「鹿門深得古文疏逸處，涉筆便爾灑然，如此典重題，落落寫意，已領其體要。」卷六錄其《孟子》「無曲防」三句題文：「恤鄰而尊王，五霸同盟之辭也。夫鄰封者兄弟之國，而王朝者爵賞所出也。曰恤之，曰尊之，其斯五霸之善乎？昔孟子述其同盟之辭，而終之以此。若曰：自周室既衰，諸侯放恣，不復知有修睦之典與共主之義也久矣，凡我同盟，其可不亟反之乎？今夫天災流行、旱乾水溢，國之常也，而況在鄰服？則利不相先，害不相後，所謂唇齒之國，其情尤當體者。故為之濬其畎澮，時其瀦瀉，斯則猶有古者與國之意存焉。無徒以四境為悅，旱則為之閉其泉，若以自溉也，而不與人同其利也；水則為之障其川，若以自固也，而不與人同其害也。如此者謂之曰『曲防』，曲防者，吾同盟勿與也。歲時薦饑、有無懋遷，國之制也，而況在鄰服？則以我之贏，濟彼之縮，所謂賑吊之邦，其義尤當急者。故為之持其委積，達其道路，斯則猶有古者恤災之意存焉。無徒以一國為利，或以告饑，則為之厲禁於川梁，而不為通也；或以請輸，則為之設譏於關市，而不與易也。如此者謂之曰『遏糴』，遏糴者，吾同盟勿與也。以至建邦錫姓、興廢繼絕，天子所以一四海，而非諸侯之所得恖也。自命卿以上猶必請之，而況分茅胙土之大乎？故卿大夫之功所當賞，公族之世所當續，必請之天子，斯則猶有古者一統之義存焉。無曰東遷以後政不在王室也非一日矣，土地吾有也，吾所剖符而食之也，天子不得而知也；人民吾有也，吾可分籍而授之也，天子不得而知也。如此者謂之『封而不告』，封而不告，吾同盟勿與也。吁！夫如是，一則恤鄰，而諸侯之在當時猶不至於相夷矣；一則尊君，而王室之在當時猶不至於盡廢矣。豈非『彼善於此』乎？若夫今之諸侯，如之何其可幾也？」評謂：「典碩中具疏宕之致，故爾超然越俗。」

春

歸有光再入文社。

歸有光《野鶴軒壁記》：「嘉靖戊戌之春，予與諸友會文於野鶴軒。吾昆之馬鞍山，小而實奇；軒在山之麓，旁有泉，芳冽可飲。稍折而東，多磐石，

山之勝處，俗謂之東崖，亦謂劉龍洲墓，以宗劉過葬於此。墓在亂石中，從墓間仰視，蒼碧嶙峋，不見有土。惟石壁旁有小徑，蜿蜒出其上，莫測所往。意其間有仙人居也。始，慈溪楊子器名父創此軒。令能好文愛士，不爲俗吏者，稱名父。今奉以爲名父祠。嗟夫！名父豈知四十餘年之後，吾黨之聚於此耶？時會者六人，後至者二人。潘士英自嘉定來，汲泉煮茗，翻爲主人。予等時時散去，士英獨與其徒處。烈風暴雨，崖崩石落，山鬼夜號，可念也。」（《震川先生集》卷之十五）

明世宗嘉靖十八年己亥（西元 1539 年）

十二月

御史聞人詮請力崇古樸，糾治詭異文體。從之。

《明世宗實錄》卷二百三十二：嘉靖十八年十二月，「丙戌，河南道御史聞人詮言：今時文體詭異已極，乞申飭天下，力崇古樸。其要在先責學校，使提督憲臣痛加黜罰。次責場屋，使考校等官公爲品騭。上是其言，命自後遇鄉試，禮部必詳閱試錄與各生公據，有仍前離經叛道詭辭邪說者，則治監臨考校官之罪，而黜其中式者爲民。」

明世宗嘉靖十九年庚子（西元 1540 年）

八 月

童承敘、楊維傑為順天鄉試主考。兩京及各布政司舉行鄉試。

《弇山堂別集》卷八十二《科試考二》：「十九年庚子，命左春坊左庶子童承敘、右春坊右庶子楊維傑主順天試。命翰林院學士張治、右春坊右諭德龔用卿主應天試。」趙用賢《松石齋文集》卷十八《太學生帆涇湯公行狀》：「公諱某，字子重，帆涇其別號。……未弱冠晉廩生，自是每試則冠其曹。然至大比，數困弗利。……於是乃以例貢入北畿，試又弗利。嘉靖庚子，翰林童先生主試事，得公卷，擬置高第。比覓第三試卷，不可得，竟棄去。已撤棘而卷出。」公，指湯子重。嘉靖庚子，即嘉靖十九年（1540）。《國榷》

卷五十七：「嘉靖十九年八月丙寅，左春坊左庶子兼侍講童承敘、左中允兼修撰李學詩主考順天。」

歸有光（1506～1571）舉應天鄉試第二名。

王錫爵《明太僕寺寺丞歸公墓誌銘》：「歲庚子，茶陵張文毅公〔治〕考士，得其〔歸有光〕文，謂爲賈、董再生，將置第一，而疑太學多他省文，更置第二，然自喜得一國士。其後八上春官不第。蓋天下方相率爲浮游泛濫之詞，靡靡同風，而熙甫深探古人之微言奧旨，發爲義理之文，洸洋自恣，小儒不能識也。於是讀書談道於嘉定之安定江上，四方來學者常數十百人。」

明世宗嘉靖二十年辛丑（西元 1541 年）

二 月

溫仁和、張袞爲會試考試官，取林樹聲等三百名。

據《明世宗實錄》卷二百四十六。陸深《儼山集》卷四十六《擬會試錄序》：「嘉靖歲辛丑，今上皇帝紀元之二十年也。會試復當開科。……春二月，實當其期。……臣等以某日陛辭，錫燕禮部而後入院，棘鎖簾墉，百務整整。……乃如例三試之。……時就試者兩畿、十三省咸集，而湖廣實皇上龍飛之地，特展解額，總之新舊士凡四千有奇，中式者三百二十人，遵宸斷也。擇其文之尤者二十篇與諸名氏鋟梓爲錄。」趙用賢《松石齋文集》卷十七《少保諡文靖嚴公行狀》：「公諱訥，字敏卿。……辛丑，第進士。……公爲學，不主章句，要以意繹聖賢之旨，而其歸率體會於身心實踐。弱冠時，喜陽明先生家言，每讀一篇，必置几上一叩首。辛丑對策卷，盛推先生能繼濂、洛絕統。主司者大不悅，爲標數十語抨擊。幸卷既入錄，得不擯及。」《國榷》卷五十七：「嘉靖二十年二月甲子，署詹事府事禮部尚書溫仁和、翰林院侍讀學士張袞主禮闈。」

本科會試題。

本科會試題有《論語》：「何事於仁，必也聖乎？」《中庸》：「故君子語大，天下莫能載焉。」《孟子》：「始條理者智之事也，終條理者聖之事也。智譬則

巧也，聖譬則力也。」

三　月

沈坤（1507～1560）、潘晟、邢一鳳等二百九十八人進士及第、出身
有差。

　　據《嘉靖二十年進士登科錄》。《弇山堂別集》卷八十二《科試考二》：「二
十年辛丑，命掌詹事府禮部尚書翰林院學士溫仁和、翰林院侍講學士張袞爲
考試官，取中林樹聲等。廷試，賜沈坤、潘晟、邢一鳳及第。改進士高儀（1517
～1572）、董份、嚴訥（1511～1584）、高拱（1512～1578）、梁紹儒（1509～
1573）、熊彥臣、晁瑮、陸樹聲（1509～1605）、陳陛、裴宇、陳以勤（1511
～1585）、王材、徐養正、潘仲驂、楊宗氣（？～1570）、王顯忠、何雲雁、
張鐸、王交、徐南金、曹忭、林懋和、王三聘、王言、何光裕、萬士和（1516
～1586）、葉鏜、夏子開爲庶吉士，命仁和及太子賓客吏部侍郎翰林院學士張
潮教習。」案，今年選庶吉士在十一月。《萬曆野獲編》卷十六《嘉靖三丑狀
元》：「嘉靖二十年辛丑狀元沈坤，直隸太和衛人也。歷官南祭酒，憂居，以
倭事起，將吏奔潰，坤率壯勇保其鄉里，遂以軍法榜笞不用命者。其里中雖
全，而人多怨之。有儒生輩爲謠言構之，御史林潤彈治之。時坤起爲北祭酒，
上命捕至詔獄拷治，瘐死獄中。潤所劾梟敗卒之首，並剁住房人兩手，皆無
其事也。」林樹聲即陸樹聲。《萬曆野獲編》卷十六《一榜詞林之盛》：「弇州
紀盛事，但述一榜中大僚，而未及詞林。今按嘉靖辛丑館中，則宰相五人，
潘宮保晟、高宮保儀、嚴宮保訥、高少師拱、陳少傅以勤。尚書五人，董宗
伯份、陸宗伯樹聲、徐司空養正、萬宗伯士和、裴宗伯宇。贈尚書一人，陳
宗伯陛。其三品大九卿又七人，不暇盡記。然內惟潘爲一甲第二人，餘皆庶
常也。弇州記一榜四相，於辛丑但紀潘新昌、嚴常熟、高新鄭、陳南充，而
遺高仁和儀，亦千慮之一失也。後戊辰詞林，七相、五尚書、十侍郎中丞，
可以繼之。」

　　據《嘉靖二十年進士登科錄》：「第一甲三名，賜進士及第。」

　　沈坤，貫直隸大河衛軍籍，蘇州府昆山縣人，山陽縣學生，治《詩經》。
字伯載，行一，年三十五，十一月初十日生。曾祖澄。祖蕙。父煒。母於氏。
慈侍下。弟增、堸、坊。娶趙氏。應天府鄉試第七十三名，會試第二百十名。

　　潘晟，貫浙江紹興府新昌縣，民籍，縣學生，治《書經》。字思明，行十，

年二十五，七月初八日生。曾祖尚宗。祖憲潮。父日昇，教諭。母石氏。具慶下。兄時、旻、最。弟昃、昊、晨、冕、京。娶何氏。浙江鄉試第七十七名，會試第七名。

林一鳳，貫南京龍江左衛籍，河南祥符縣人，國子生，治《書經》。字伯羽，行一，年三十二，正月初五日生。曾祖組。祖宗。父在。母林氏，繼母周氏、高氏。嚴侍下。弟一麟。娶鄭氏。應天府鄉試第一百一十四名，會試第七十六名。

據《嘉靖二十年進士登科錄》，第二甲九十名，賜進士出身。第三甲二百五名，賜同進士出身。

陸樹聲為本科會元，廷試二甲四名。方苞謂其文已近隆萬蹊徑。《欽定四書文》正嘉文錄其文 2 篇。

卷四錄其《中庸》「修道之謂教……致中和」題文：「論道成於教，君子體而純之也。夫聖人修道，亦以不可離者教天下也，然非能純其功，何以不離道哉？且道裁於聖心而其原根於人心，以心論道，則不離寂感，不離性情，此在由教入道者純其心而已矣。自教之未立，而道始不明於天下；自聖人有教，而道始昭然於人心。顧道何以修也？謂其原無偏倚，原無乖戾，而修之以建中和之極也；教何以設也？恐人離道於靜，離道於動，而教之以成中和之德也。然則道安可離哉？我觀形聲未起之先，以及於意念乍萌之始，一瞬息間，夫非道機之運乎，則道固非可以須臾離者；君子密之覘聞之未交，而又謹隱微之獨覺，一瞬息間，夫非體道之時乎，則其修道也又何敢以須臾離者？借曰道而可離，此必無與於吾之性情而後可，乃吾心之喜怒哀樂非道乎？此道就存、發而論，是受中也，是太和也，何嘗須臾不存於性情？分體、用而論，是大本也，是達道也，何嘗須臾不通於寂感？故君子戒懼慎獨以修之也，誠不離之也，而未純也，必也致中乎，必也致和乎？戒懼慎獨，修而益純，而靜與動之無間；偏倚乖戾，化而不有，而命與性之俱全。夫然後不離道於覘聞之先，而聖人教之以主靜者始無負矣；夫然後不離道於隱微之境，而聖人教人以慎動者始無負矣。然則所謂修道者，亦修其不可離者耶？」評謂：「前後將首句與末句相串，即攝入中三節在內。中間以『道不可離』作線，既能擒定題位，又能聯合題緒。」「題雖割截，而道理語氣本自平正。文之鈎勒貫穿，已近隆萬間蹊徑，存此以示文章隨世而變，必有其漸也。」卷五錄

其《孟子》「不見諸侯何義」一章題文：「士不見君之義，必聖人而後至也。夫守義自有中道也，失之過，失之不及，奚而不法孔子哉？且士君子處世，君以國士待我，而我不以國士見之，甚也；君以眾人遇我，而我輒以眾人見之，恥也。故必有所就則見，有所先則見。如未爲臣而見焉，是不使上求下而使下求上，不使君先士而使士先君，非古也。古有段干、泄柳，文侯先而以踰垣避，繆公先而以閉門拒。夫以兩主之賢，降千乘之勢，下訪布衣，而一見且吝矣。吾恐天下無以責夫文侯、繆公之徒，而彼亦將有以辭其責也。非已甚而何？聖人則不爲已甚者也。陽貨以禮先，子以禮往拜，不踰垣、不閉門，豈爲辱人之賤行哉？求我者迫也，施我者先也。然貨可見，而謂天下盡可見之諸侯，則非矣；孔子可見貨，而謂天下盡可見諸侯之士，則謬矣。如非待其迫且先而見之，曰我不爲干木，我願學孔子也，我不爲泄柳，我善法孔子也，媚顏軒冕之側而強居王公之庭，乃曾子鄙爲『脅肩諂笑』者耳，子路鄙爲『未同而言』者耳，烏得稱有養之士乎哉？而吾定二子之所養矣。是知世無文侯，垣亦可踰也；世無繆公，門亦可閉也；世無先施之陽貨，權貴之家決不可入也。豈可因一孔子而遂少段干、泄柳之儔哉？」評謂：「堅瘦有力，其縱橫擺脫處，欲合即合，欲渡即渡，意之所至，精神無不貫注。」「用古文『機相灌輸』之法，錯綜盡致，筆意峭勁。」

潘仲驂成二甲五名進士。仲驂為季馴仲兄，《欽定四書文》正嘉文卷四錄其《中庸》「仲尼祖述堯舜」一章題文。

文謂：「《中庸》詳聖德而擬諸天地，因明天地之道焉。夫小大合德，天地之道大矣。而聖人之德能與之準，自生民以來，孰有如夫子也耶？嘗謂仲尼未生，道在帝王；帝王未生，道在天地。是故堯舜文武，道之會也，仲尼祖述而憲章，則一貫之授，有以執其中，而先進之從，有以識其大，斯道不在帝王，而在仲尼矣；天時水土，道之原也，仲尼上律而下襲，則時中之運，配天以行健，而安貞之吉，應地以無疆，斯道不在天地，而在仲尼矣。參三才以立極，而會萬善以成身。以言乎統體，則廣大而不禦也；以言乎流行，則變通而不窮也。擬諸其形容，則吾知其覆也如天，其載也如地，而高明博厚之業，與上下而同流者，見其統會之大焉；其序也配四時，其明也配日月，而悠久無疆之運，準造化而合德者，見其流行之神焉。則仲尼與天地爲徒矣。而天地之道果何如耶？天地之覆載，皆物也；錯行代明，皆道也。物並育矣，

育之並者或疑於害，而性命各正，何害之有？道並行矣，行之並者或疑於悖，而循環無端，何悖之有？所以然者，有小德以顯天下之仁，而流而不息，爲物之辨，爲道之倫焉，其斯以爲不害、不悖也；有大德以藏天下之用，而合同而化，爲物之命，爲道之本焉，其斯以爲並育、並行也。易簡妙動靜之機，而一神兩化以盡其利；乾坤備性情之德，而日新富有以成其能。此天地之所以爲大也，觀乎天地而在聖人者可知矣。」評謂：「實詮細疏，一字不架漏，而氣脈復極融暢。」

明世宗嘉靖二十二年癸卯（西元 1543 年）

八 月

秦鳴夏、浦應麒任順天鄉試主考。兩京及各布政司舉行鄉試。

《弇山堂別集》卷八十二《科試考二》：「二十二年癸卯，命左春坊左中允秦鳴夏、左贊善浦應麒主順天試。命翰林院侍讀華察、右春坊右中允閔如霖主應天試。」張萱《西園聞見錄》卷四十四《吏部》三《科場·往行》：「閔如霖，字師望，號午塘，烏程人。嘉靖壬辰進士，改庶吉士，歷官南京禮部尚書。嘉靖癸卯，主應天鄉試，既撤棘，有狂生某者詣公自言，公令誦其文，誦未畢，公即抽所落卷示之，議彈甚悉，其人愧服而去。」嘉靖壬辰，即嘉靖十一年（1532）。嘉靖癸卯，即嘉靖二十一年（1543）。梁章鉅《制義叢話》卷十二：「周暉《金陵瑣事》云：嘉靖癸卯科，《論語》題爲『仁者先難而後獲，可謂仁矣』，尤英在場中大言曰：『過文中若用『先其所難則易者可知，後其所獲則失亦勿恤』四句，未有不中者。』開榜，尤爲解元，程文墨卷中皆有此語。案：《貢舉考略》是科解元爲昆山沈紹慶，非尤英也。此恐有誤，姑存之。」

明世宗嘉靖二十三年甲辰（西元 1544 年）

二 月

會試，命太子賓客禮部尚書兼翰林學士張潮、左春坊左庶子江汝璧為

主考官，取瞿景淳等三百二十名。據《明世宗實錄》卷二百八十三。

本科會試題。

本科會試題有《論語》：「事君敬其事而後其食。」《中庸》：「詩云：不顯惟德，百辟其刑之。是故君子篤恭而天下平。」《孟子》：「使禹治之，禹掘地而注之海，驅蛇龍而放之菹。水由地中行，江淮河漢是也。險阻既遠，鳥獸之害人者消，然後人得平土而居之。」

趙時春不喜瞿景淳舉業文字。

錢謙益《牧齋有學集》卷四十五《家塾論舉業雜說》：「趙浚谷子有雋才，不課舉業。其婿李廓庵怪而問之；浚谷曰：『吾見近來舉業日敝一日，故不欲兒曹為之。』廓庵曰；『近來舉業日盛一日，乃以為敝，何也？』谷曰：『子試舉近代舉業之佳以示余。』廓庵檢得《十先生稿》瞿昆湖『子使漆雕開仕』一節文字呈上。浚谷看訖，問曰：『此文佳處何在？』廓庵指其講『子說』處云：『「即其不輕於仕，則他日之能事可知，即其不安於未信，則他日之能信可知」，此皆前人所未發。』浚谷曰：『吾謂近來舉業之敝，正指此等處也。子之悅之，只悅其當下一念，豈暇推及他日？他日之信不信，夫子豈能預保而預喜之耶？《荀子·非十二子》有漆雕氏之儒，畢竟斯之終未能信，流為曲學，使夫子預保而預喜之，是為漆雕氏所賣矣，聖人不若是愚也。』」

瞿景淳（1507～1569），字師道，號昆湖。其掄元之作，有「集大成」之譽。

《遊藝塾文規》卷一《墨卷當看》：「前日之墨卷，後日之法程也。予幼頗不愚，自負深詣，見墨卷初出，心頗不愜，一一拈出而詆排之。時從管南屏先生遊，告予曰：『墨卷者，今之中式文字，汝以彼為非，則與彼異趣矣。須要看得他好，方有入頭處，方可利中。』予領其教，重複細閱，乃知向來多少粗心浮氣。蓋風簷寸晷之文，誠有不必盡善者，然詞或未修，而意獨出群；意或未佳，而氣獨昌順；氣或未暢，而理獨到家。其他或輕清，或俊逸，或自然，或平澹，有一可取，便足中式，不必專摘其疵，亦不必曲為之護，政使瑕瑜不掩，亦自成家。荊川先生批選程墨極精極細。昆湖先生將辛丑陸先生、戊戌袁煒、乙未許穀、壬辰林春、己丑唐先生五科會元墨卷，從頭細批，闡其精微，破其關鍵。蓋會前五人之精髓，以作甲辰之文字，所謂集大

成者也。今之後生未嘗不閱墨卷，亦未嘗不選墨卷，然得其皮毛，遺其神理，總之，在影響之間耳。甚有選定之後，束之高閣，並不翻閱，政如市娼倚門，閱人雖多而留意者少，後來相見，即素所賞契者，亦茫然不復憶矣。」《遊藝塾續文規》卷四《了凡袁先生論文》：「諸格中惟一滾格最難。大凡文字，一股要一意到底，若合二股觀之，又要似一股；更合八股觀之，又要似一股。從源發流，由本生末，方是合式文字，故惟一滾格爲最難。有提有繳，中間只六股，然亦難得一意到底。前輩惟瞿昆湖先生得其宗旨，其會試墨卷中，《論語》猶有遺憾，《詩經》『彼有不獲穉』四句，是一滾格。此題總來祇言『豐成之利』，使俗筆爲之，一句便把題目說盡，斬然無味矣。渠首二比卻根『時雨』，漸漸說到『彼此俱足』上，第四比又承『俱足』說去，始把題目上『穉、穧、秉、穗』等實填出來。第四比末句云：『取之而不能盡取也。』第五比起云：『所在盈溢而豐登有象。』兩意相承，了無痕迹，真不可及，宜熟玩之。」「昆湖先生窗稿中，如『舜禹有天下而不與焉』，絕妙可法。先把『巍巍乎』發起，中間六股極有變化，如飛龍出沒，不可端倪。其初提云：『天下非小物，匹夫之有天下，又非其素也；以匹夫而有天下，人之動心，宜何如者？而舜禹則若不與者焉。』既如此，下便合整做二小比，此常格也，渠卻接云：『方其未得乎此也，固非有期乎此也；及其既得乎此也，又非有察乎此也。』玲瓏寫意，妙處令人難覓。至『九官之命』二比，以真境寫真理，說題極透。論常格，則末二比宜即接此二比講去，渠卻收：『樂舜之有天下者，有虞之民，而在舜則無樂乎？堯之禪也。樂禹之有天下者，有夏之民，而在禹則無樂乎？舜之禪也。』翻空摘奇，工在意外。」梁章鉅《制義叢話》卷二：「瞿昆湖景淳曰：「幼習舉業，祇是胡做，如是十餘年，學既不成，試每不利。一日偶讀《莊子》云：『風之積也不厚，其負大翼也無力；水之積也不厚，其負大舟也無力。』恍然悟爲文之法，遂屏去筆硯，調息凝神，一意涵養性靈，以培其基。閉門靜坐三月有餘，自此試筆爲文，便覺輕新流逸，迥然出群。既而屢試冠軍，聯捷鄉會，而閱吾文者無不稱善。甚矣，靜之爲功大也。」「瞿昆湖曰：作文須要從心苗中流出，初時覺難，久之自易，蓋熟極自能生巧也。今之後生，專去翻閱腐爛時文，以爲得法，抑知吾有至寶不去尋求，而取給他人口吻以爲活命之資，真可歎矣。更有一題到手，輒取舊文以爲式樣，初時以爲省力，不知耳目增垢，心志轉昏，自家本來靈性反被封閉不得透出，即能成文，亦平庸敷淺，不足觀矣。」梁章鉅《制義叢話》卷五：「王耘渠曰：

瞿昆湖景淳『天子一位』六節文，煉格煉意，不著一詞以障其間，故格整而意自圓，意密而氣愈渾，使昆湖文盡如是，何愧大家？惜其趨向圓美，過於成熟，以會元爲風氣之歸，使後人揣摩利便，遂於斯道別成一小宗。嗣之爲月峰、具區猶可也，降至霍林、求仲，則於圓熟中益之以蕪穢之詞、庸靡之調，而爲此道詬病者，遂波及先生矣。」梁章鉅《制義叢話》卷五：「余在鼇峰書院肄業時，掌教者爲孟瓶庵師超然，師本吾鄉名解元，乾隆己卯科『事君敬其事而後其食』元墨，及門諸生無不能背誦如流者。文見後十六卷。師曰：『此題前後名作如林，余文亦不過時墨熟調，何足諷誦。君等獨未見前明瞿昆湖先生之文乎？此余少所熟讀在口者，幸在風簷中未襲其一字，而實不能不襲其意耳。今爲君等誦之，自知拙文之瞠乎後也。』文云：『臣之事君，自一命而上，孰不有事之當爲者乎？是事也，所以熙帝之載也，存乎臣者也。亦孰不有食之當得者乎？是食也，所以恤臣之私也，存乎君者也。其小而爲服休之臣也，其事雖小，亦必有難盡者，亦必思任使之未稱而精白以承之，翼翼乎，惟懼事之或忝而已矣；其大而爲服采之臣也，其事愈大，尤必有難盡者，則必思付託之未效而儼恪以圖之，兢兢焉，惟恐事之或曠而已矣。上之求不負吾君也，而非求以自利也，雖曰君之昭祿因吾事之上下，然吾懼食之浮於人，而不懼人之浮於食，則亦靖共爾位可矣，而他又何知焉？下之求不負所學也，而非求以肥家也，雖曰君之受糈因吾事之繁簡，然吾方以素食爲恥，而不以得祿爲榮，則亦無曠庶官足矣，而他又何計焉？案：似此隱括群言，似淡而實濃，似輕而實重，豈時墨所能相提並論？然此在當日，亦尙是揣摩科舉文字，雖未離化、治矩矱，而易方爲圓，已漸爲談機法者導乎先路，吾黨正當先熟此以立其根基也。』」梁章鉅《制義叢話》卷十二：「俞桐川曰：瞿昆湖先生景淳少負異才，試輒不利，日諷五科會元文，漸入大雅，乃冠南宮，元家衣鉢所自始也。世之論文者，以高樸爲貴，以圓熟爲卑，昆湖之派極於宣城，遂爲世所詬病。然吾觀昆湖之文，擇理精、樹義確，而出之以沖夷之度。宣城亦然，間雜時語，故遜昆湖，昆湖何可少也？傳言昆湖喜怒弗形，容貌渺小。而不阿權貴，大節莫奪，王弇州極稱之。若其文內堅凝而外渾厚，亦如其貌。人不可皮相，文又可皮相乎哉？」

《欽定四書文》正嘉文錄瞿景淳文 6 篇。
　　卷三錄其闈墨《論語》「事君敬其事而後其食」句文。文謂：「聖人論人

臣之義，惟務自盡而不求其利也。夫爲祿而仕，非所以事君也。事求自盡，而祿有不計焉。夫子之言，所以立人臣之防也。蓋曰：君之使臣也，固以厚下爲深仁；而臣之事君也，則惟以奉公爲大節。人惟不明乎分義，而臣節始微矣。以予觀之，臣之事君，自一命而上，孰不有事之當爲者乎？是事也，所以熙帝之載也，存乎臣者也。亦孰不有食之當得者乎？是食也，所以恤臣之私也，存乎君者也。是必明乎內外之分，而可貞之守每定於立朝之初；嚴乎義利之辨，而匪躬之節恒勵於策名之日。小而爲服采之臣也，其事雖小，亦必有難盡者，則必思任使之未稱，而精白以承之，翼翼焉惟懼事之或忝而已矣；大而爲服休之臣也，其事愈大，尤必有難盡者，則必思付託之未效，而嚴恪以圖之，兢兢焉惟恐事之或曠而已矣。上之求不負吾君也，而非求以自利也，雖曰君之詔祿因吾事以上下，然吾懼食之浮於人，而不懼人之浮於食，則亦靖共爾位可矣，而他又何知焉？下之求不負所學也，而非求以肥家也，雖曰君之制食視吾事之繁簡，然吾方以素飱爲恥，而不以得祿爲幸，則亦無曠庶官足矣，而他又何計焉？使事之不敬而惟食之急焉，則其事君也亦懷利以事之而已矣，臣道幾何而不亡也。吁，夫子言此，所以勵天下之臣節者亦嚴矣哉！」評謂：「未離化、治矩矱，而易方爲圓，漸爲談機法者導夫先路矣。然於揣摩科舉文字中較短絜長，則其功候已到。」卷四錄其《中庸》「道也者」二節題文：「《中庸》言道不可離，而因示人以體道之全功也。夫道，貫動靜而一之者也，靜知所存而動不知察焉，亦難免乎離道矣，豈所以爲體道之全功哉？子思蓋曰：道原於天而具於人，則盡人以合天者，人之責也。而人多忽焉者，豈其無見於道乎？今夫道之在人，斂之一心，則爲存主之實；達之萬變，則極充周之神。無物而不有也，無時而不然也，蓋有不可須臾離者焉，使其可離，則亦外物之不能爲有無，而非所以謂之道矣。君子蓋知道之不可離，而所以存其天者，則存乎此心之一也。雖不睹矣，而亦戒愼焉，此心之常明常覺者，蓋將內視以爲明，而忘其無所睹也；雖不聞矣，而亦恐懼焉，此心之常清常靜者，蓋將返聽以爲聰，而忘其無所聞也。退藏密而一物之不容，緝熙至而一息之匪懈。蓋自天人之幾未判，而吾所以存之者已無不至矣，使必待於耳目之交而後謹之，則失之或疏，而安保其無須臾之離哉？然猶未也。道貫動靜，而人心之始動，則道之離合所由分者也。人嘗以其隱而忽之矣，而自知之明無隱不燭，則見孰甚焉？人嘗以其微而忽之矣，而自知之明無微不察，則顯孰加焉？善吾知也，不善吾知也，蓋不可以隱微而忽

焉者，使其可忽，則吾心之神明有可欺，而非所以語夫幾矣。君子蓋知幾之不可掩，而所以察其幾者，則存乎此心之精也。既嘗戒慎矣，而於此又加慎焉，防乎其防而謹於己之所獨睹者，蓋甚於人之所共睹也；既嘗恐懼矣，而於此又加懼焉，惕乎其惕而謹於己之所獨聞者，蓋甚於人之所共聞也。危微之辨識之必早，而悔吝之介反之必力。蓋自天人之幾始判，而吾所以察之者已無不力矣，使必待其事爲之著而後圖之，則失之或晚，而寧免於離道之遠哉？吁！知所存矣，而繼之以省察，則益精；知所察矣，而先之以存養，則益密。此君子心學之要，所以會道之全者與？」評謂：「八股至此，綿密已極，過此不可復加，故遂流而日下也。長至五六百字而不可增減，可以知其體認之精、敦琢之純矣。」「『戒慎恐懼』是兼睹、聞時說，『隱微』是揭出幾之初動說。體道之全，在一以守之，省幾之要，在精以察之。以經注經，後有作者，莫之或易。」卷六錄其《孟子》「仁之實」一章題文：「大賢言道之實而統同於孝弟，欲人知所重也。甚矣，孝弟盡天下之道也，知道之實皆統於此，則所以務其實者惡容已哉？孟子慮人之遠以爲道也，故言此以詔之。曰：良心每妙於各足，而至道不假於旁求。人之求道而不自孝弟始，殆未免於徇其華而遺其實也。何則？立人之道有仁焉，仁固無乎不愛矣，然而非實也，究其實之所存，則惟在於事親焉，立愛自親，而天下之異文合愛者，皆統於斯矣；立人之道有義焉，義固無乎不敬矣，然而非實也，究其實之所存，則惟在於從兄矣，立敬自兄，而天下之殊事合敬者，皆統於斯矣。根柢於一心，而充拓於萬化，此事親、從兄所以爲仁義之實也。然豈惟是哉？人之所以知此道者，有智焉。智也者，知也，而智之實不必遍物以爲知也，亦惟知此二者弗去而已矣。由良知以發覺而不失其本，物誘有所不能遷也，終身有所不能易也，斯則天下之眞知，而凡所以通天下之故者胥此啓之矣。所以履此道者，有禮焉。禮也者，履也，而禮之實不必盡飾以爲節也，亦惟節文斯二者而已矣。因良能以致用而不失夫天然之中，聯之以情而不瀆也，秩之以分而不離也，斯則天下之至禮，而凡所以嘉天下之會者胥此推之矣。所以樂此道者，有樂焉。樂也者，樂也，而樂之實不必極音以爲樂也，亦惟樂此二者而已。人誠樂於斯也，則天機自動於有感，而生意之油然者，殆不可得而已也；四體自喻於不言，而舞蹈之在我者，吾不得而自知也。斯則天下之至樂，而凡合生氣之和、道五常之行者，孰非此爲之造端也哉？此孝弟之所以爲至德要道也。人誠求之孝弟，則天下之道一以貫之而無遺矣。不然，其如本之先

拔何哉？」評謂：「章妥句適，無他奇特而題義完足。瞿浮山文不使力、不使機，充裕優閑，亦時文家正派。」卷六又錄其闈墨《孟子》「武王不泄邇」一節題文：「聖人之心，合遠近而一於敬也。夫聖王以天下爲度，而遠也近也，皆其敬之所及也。武王兼之而一無所忽焉，此其有得於心法之精歟？孟子敘群聖之統而及於武王，蓋曰：帝王之統一天下也，天下之事皆其事，天下之人皆其人。而處之有未當者，則以心學之不講而爲勢所移也。武王其善治心者乎？蓋天下之不一者，遠近之勢也；至一者，吾心之理也。自夫人之有見於遠、無見於近也，則以其勢之親，而狎昵之私或生其間矣，唯我武王，則雖人之所易泄者莫如邇也，而亦不之泄焉。敬以勝怠，而不安於燕僻之私；義以勝欲，而不移於積習之溺。綴衣虎賁皆知恤也，而燕朝無惰容；刀劍戶牖皆箴銘也，而幽獨無惰行。蓋雖耳目之習見，而此心之愼以密者，則惟恐細行之不矜以累夫大德者矣，又安知其爲邇而泄之耶？自夫人之有見於邇、無見於遠也，則以其勢之隔，而遺忘之弊或乘其後矣，唯我武王，則雖人之所易忘者莫如遠也，而亦不之忘焉。道濟天下，而常切夫範圍之思；知周萬物，而每軫夫曲成之慮。建侯樹屏，所必飭也，而計之爲甚詳；燕翼貽謀，所必預也，而慮之爲甚遠。蓋雖事機之未形，而此心之重以周者，則惟恐先事之不圖以貽夫後悔者矣，又安知其爲遠而忘之耶？夫無忽於遠，易能也，近而不忽則非德之盛不能矣；無忘於近，可能也，遠而不忘則非仁之至不能矣。此固武王之聖，而亦孰非此心之憂勤者爲之哉？」評謂：「於《注》所云『德盛』、『仁至』皆傅以經義，各有歸宿。瞿浮山文高者不過貼切通暢，殊不遠時文家數。當時以並王、唐，未可爲定論也。」又錄其《孟子》「天子一位」六節題文：「周室班爵祿之制，皆以次而降焉者也。夫爵祿之班，先王公天下之心；而等級之明，所以嚴天下之防也。此制定而周家有道之長其基於此矣。孟子告北宮錡，蓋曰：先王之治天下也，有爵以馭其貴，有祿以馭其富，此固公天下之大端也，所以秩其分而平其施，有不可踰焉者矣。試以其略言之。天下之所共宗者一天子也，天子之一位，其尊尚矣，自是則有公有侯有伯有子男，而各一其位焉，以一人而撫萬邦，以萬邦而戴一人，五等之施於天下者，所以大一統而示天下之有王也；國中之所共宗者一君也，君之一位，其尊至矣，自是則有卿有大夫有上中下士，而各一其位焉，貴以臨賤，賤以承貴，六等之施於國中者，所以辨上下而示國中之有君也。此其班爵之制也，而祿之班則又視其爵矣。在天子，則有方千里之國焉；在公侯伯子男，

則有百里、七十里、五十里之國焉；又有不能五十里之附庸焉。是君非獨豐也，王章也，所以固天下之本也；臣非獨薄也，侯度也，所以立天下之準也。此其通於天下者也。祿之班於王畿也，卿之受地視夫侯矣，大夫所受亦不失夫伯之地焉，元士所受亦不失夫子男之地焉。是重內臣者，所以尊王室也；比外封者，所以制祿入也。而千里之畿又將以之共官，天子不欲專之以自私矣。祿之班於侯服也，大國君卿之祿蓋已厚矣，次國殺其一而大夫以下不爲之殺焉，小國又殺其一而大夫以下不爲之殺焉。是儉於君卿者，義之裁也；優於大夫士者，仁之施也。而百里、七十里、五十里之國，又將以之待下，諸侯亦不敢專之以自奉矣。夫其爵之班也，而貴賤之相承，有以嚴天下之分焉；祿之班也，而大小之各足，有以公天下之利焉。吾是以知周室班爵祿之制，法天而不私也。」評謂：「以義制法，文成而法立。整練中有蒼渾之氣，稿中所罕見者。」卷六又錄《孟子》「口之於味也」一章題文：「大賢於性、命而伸抑之，所以嚴理、欲之防也。甚矣，欲不可縱而理則當自盡也。欲以命勝，理以性勝，而君子自修之道畢矣。孟子蓋懼人之不知也，故曰：性之在人也所當盡，而有不必徇者，性之欲也；命之在人也所當安，而有不必拘者，命之理也。此理欲消長之機，而辨之必早辨者也。是故自人之形生神發，而欲於是乎出焉。口善味而目則欲色也，耳善聲而鼻則欲臭也，四肢之於安佚，亦有惟意所便者矣。此則與形俱賦而絕之不能使之無，不可謂非性也。然有命焉，貧賤者此命也，固不可違也；富貴者此命也，亦不可越也。大欲所存，而命實行乎其間，若有爲之節制者矣。君子於此，思養心之要，而自甘於澹泊；勵克己之勇，而無即乎愲淫。亦惟聽之於命耳，而敢諉之於性哉！何也？人心易危也，而又諉之性焉，則將無所不至矣。是故君子貴順命也。人之有物有則，而理於是乎出焉。仁存於父子而義則所以正君臣也，禮存乎賓主而智則所以辨賢否也，聖人之於天道，亦有獨契其全者矣。此其分量不齊而強之不能使之一，不可謂非命也。然有性焉，清且厚者此性也，固未始有加也；濁且薄者此性也，亦未始有損也。生稟萬殊，而性實存乎其中，固有爲之各足者矣。君子於此，務致曲之學，而因以會其全；致反身之誠，而因以踐其實。亦惟必之於性耳，而敢諉之於命哉！何也？道心易微也，而復諉之命焉，則將無所不已矣。是故君子貴盡性也。吁！人之所必求者而故抑之，人之所不求者而故伸之。孟子此言，其諸正人心之大綱與？」評謂：「和平朗暢，不溢不虧。文章有到恰好地位者，此類是也。」

尤瑛成本科三甲進士。《欽定四書文》卷五錄其《孟子》「寡人之於國也」一章題文。

文謂：「時君望民以小惠，大賢詳啓以王道之得民焉。夫小惠未遍，民弗與也，必也行王道焉，而天下之民歸之矣。如之何可以罪歲也？且立國致勝之道有三，一曰興民利，二曰定民制，三曰賑民饑，三資者備而王隨之矣；彼惠王者，惠而不知為政也，故以小惠為盡心，又以民寡為歲罪，胡王之明於戰而暗於治哉！何也？兵家之較勝負，非以五十步之走笑百步也；王者之爭眾寡，非以移民間之粟笑鄰國也。誠知敗軍不可以言勇，則當自奮而為常勝之兵；誠知小惠不足以得民，則當自反而圖致王之道。吾請為王策焉。夫王之民，死生皆憾之民也，非歲之罪，王無以興其利故也；王之民，老壯俱疲之民也，非歲之罪，王無以定其制故也。必也一舉而行王道之始焉，因民之利而利之，則可以足食，可以裕用，而生者與死者俱無憾矣，是王業所由基也，而猶未已也；必也再舉而行王道之終焉，制民之產而教之，則可以厚生，可以正德，而老者與壯者俱得所矣，是王業所由成也，而今猶未能也。其先思備荒之政，而狗彘之食，無復昔之不檢乎？其先思救荒之策，而倉廩之實，無復昔之不發乎？蓋不曰民之就死，歲兵之也；而必曰歲之殺人，吾刺之也。不區區移民之舉，而民自我賑者，其心盡焉，由是行王道而天下樂聞其風矣；不區區移粟之謀，而粟自吾發者，其心盡焉，由是行王道而天下思被其澤矣。其誰不舍鄰國以趨於魏哉？否則，擬之以殺人之罪，既與操刃者同科；喻之以畏敵之誅，又與奔亡者同律。民其曷歸焉？而王且重為天下笑矣。」評謂：「有提掇聯綴，而段落清明、氣度和雅，長題文之正式。」

三 月

秦鳴雷（1518～1593）、瞿景淳（1507～1569）、吳情等三百二十二人進士及第、出身有差。是科未考選庶吉士。（據《嘉靖二十三年進士登科錄》）

據《嘉靖二十三年進士登科錄》：「第一甲三名，賜進士及第。」履歷如下：

秦鳴雷，貫浙江台州府臨海縣，軍籍，府學增廣生，治《春秋》。字子豫，行四，年二十七，二月初二日生。曾祖宗傳。祖彥彬，封行人司司副贈刑部郎中。父文，布政司左參政。母姚氏，封宜人；繼母楊氏。慈侍下。兄鳴春，

貢士；鳴夏，右春坊右中允兼翰林院修撰；鳴秋。弟鳴多。娶趙氏。浙江鄉試第八十名，會試第一百七名。

瞿景淳，貫直隸蘇州府常熟縣，匠籍，縣學生，治《詩經》。字師道，行一，年三十八，五月二十七日生。曾祖欽。祖瑛。父國賢。母秦氏。慈侍下。娶李氏。應天府鄉試第十六名，會試第一名。

吳情，貫直隸常州府無錫縣，軍籍，國子生，治《詩經》。字以中，行一，年四十一，正月十二日生。曾祖貫。祖程。父亨。母徐氏。重慶下。弟懷、惺、恒、忱、惇。娶楊氏，繼娶戴氏。應天府鄉試第十二名，會試第七十三名。

據《嘉靖二十三年進士登科錄》，第二甲九十三名，賜進士出身。第三甲二百一十六名，賜同進士出身。

明世宗嘉靖二十五年丙午（西元 1546 年）

八　月

李本、吳山任順天鄉試主考。兩京及各布政司舉行鄉試。

《弇山堂別集》卷八十三《科試考三》：「二十五年丙午，左春坊左中允李本、右春坊右贊善吳山主順天試。命翰林院侍讀郭樸、右春坊右中允孫陞主應天試。」《遊藝塾續文規》卷四《了凡袁先生論文》：「一句格，其變化多在首二比。如嘉靖丙午應天袁解元『孝者所以事君也』墨卷，他把『孝』與『事君』提起，卻接去云：『然自其理而究之，則主乎家者，莫尊乎親，而子之所以事其親者，固不容有一毫之不盡；主乎國者，莫尊乎君，而臣之所以事其君者，亦不容有一毫之不盡也。』下面便好做，作六比固可，四比亦可，『不容有一毫之不盡』，句甚佳，蓋理到盡頭處，便無加損，臣、子相同處，全在這裏，所謂得其大意者也。」

明世宗嘉靖二十六年丁未（西元 1547 年）

二　月

孫承恩、張治為會試考試官。庚戌，會試，取胡正蒙等三百名。

據《明世宗實錄》卷三百二十。孫承恩《文簡集》卷三十《會試錄序》：「嘉靖二十有六載，是為丁未。天子朝群后來萬邦，萬邦之士與計偕者四千三百人有奇，景附闕下，願為帝臣，求試於有司。春二月，……三試之，仰遵宸斷，取中式者三百人。」楊繼盛《楊忠愍集》卷三《自著年譜》：「丁未，年三十二歲。會試中三十八名，主考孫毅齋、張龍湖，房考都給事中蒲田鄭於野公也。殿試中二甲第十一名。未開榜先，鄭於野兩次差人報予中第一甲，蓋大學士夏公以予策多傷時語，遂不敢進呈觀。」《國榷》卷五十九：「嘉靖二十六年二月己丑，吏部左侍郎兼翰林學士署詹事府事孫承恩、署翰林院事張治主禮闈。」梁章鉅《制義叢話》卷五：「衛壯謀廷琪《文行集》云：王任用，字汝欽，太倉人，弇州先生族孫。試久不利，益治經術。嘉靖丁未會試，揭曉日無報捷者，自分復刪，疾視其稿曰：『文如此，何以得雋？』既知在第二名，復取稿視之曰：『文如此，何以不元？』聞者絕倒。案：是科題為『固天縱之將聖』二句，王汝欽破題云：『聖人論天厚聖人以德，而有以兼乎藝也。』評者遂謂王破用『兼通』二字，不如胡破只用一『兼』字妙。愚謂此亦強生分別，皮相之見也。王作後幅云：『是知夫子之所以異於人者，非多能也，聖也；夫子之所以為聖者，非人也，天也。天生人而厚於聖人，天生聖人而厚於夫子，非子貢知足以知聖人，不能為此言也。』此數語清空如話，題妙畢該，恐非元作所能及也。」梁章鉅《制義叢話》卷六：「鄭蘇年師曰：《明文小題選》中，有楊椒山先生『王勃然變乎色』文，云：『暴國之勢，尊君而抑臣；驕主之心，好諛而惡直。』極似先生憤時口吻。惟陸稼先生曰：『此係蘇州文學尤鈿作，鈿字洵美，才命甚盛，屢試不第。嘗感時事，借楊椒山名作此文，見尤展成《西堂雜俎》二集。』案：衛壯謀輯《明人文行集》，有楊公會墨『禹思天下有溺者』一節文，乃嘉靖丁未科三十八名也。」

本科會試題。

本科會試題有《論語》：「固天縱之將聖，又多能也。」《中庸》：「性之德也，合內外之道也。」《孟子》：「一鄉之善士，斯友一鄉之善士。一國之善士，斯友一國之善士。天下之善士，斯友天下之善士。」

三 月

李春芳、張春、胡正蒙等三百零一人進士及第、出身有差。（據《嘉

靖二十六年進士登科錄》）

據《嘉靖二十六年進士登科錄》：「第一甲三名，賜進士及第。」履歷如下：

李春芳，貫直隸揚州府高郵州興化縣，民籍，句容縣人，國子生，治《詩經》。字子實，行一，年三十八，十二月十五日生。曾祖秀。祖旭。父鎧。母徐氏。重慶下。弟齊芳、承芳。娶徐氏。應天府鄉試第一百十七名，會試第十名。

張春，貫江西臨江府新喻縣，民籍，國子生，治《易經》。字仁伯，行一，年三十七，十月二十五日生。曾祖永齡。祖端教。父天質。母施氏。嚴侍下。兄翰伯、少伯、郡伯、穎伯、儒伯。弟化伯、信伯、仕伯、泰、佐伯、在伯。娶吳氏。江西鄉試第八十七名，會試第一百三十九名。

胡正蒙，貫浙江紹興府餘姚縣，民籍，國子生，治《禮記》。字正伯，行十，年三十五，正月二十四日生。曾祖海。祖玠，聽選官。父青。母徐氏。具慶下。兄先之；與之，貢士；準之；執之；獻之。弟正學、正家、正字、奕之。娶翁氏。浙江鄉試第七十三名，會試第一名。

據《嘉靖二十六年進士登科錄》，第二甲九十名，賜進士出身。第三甲二百八名，賜同進士出身。

歸有光應禮部試下第南還。

是年試卷爲《中庸》題，「天地位萬物育」，有光用「山川鬼神莫不安，鳥獸魚鱉莫不若」，房考官大筆批一「粗」字，有輕薄子，每誦此以爲嬉笑，有光終不與之計較。據沈新林《歸有光年譜》。

王世貞成二甲八十名進士，《欽定四書文》正嘉文錄其程文二篇。

卷四錄其《中庸》「待其人而後行」二節題程文：「《中庸》以行道屬諸人，而必申言其不虛行也。蓋德者，凝道之本也，苟無其德，何以行之哉？《中庸》明人道也，意曰：大哉聖人之道！無外無內，斯其至矣。然豈無所待而行哉？涵於大虛，其體不能有爲也，而以人爲體，恒待人以成其能；原於天命，其用不能自顯也，而以人爲用，恒待人而運其化。合之而天地萬物孰統體，是必有致中和者出焉，而後位育之效行於兩間也；析之而禮儀威儀孰推行，是必有觀會通者出焉，而後經緯之章敷於群動也。是行道之必待於人如

此，而道其可以虛行哉？故曰苟不至德，至道不凝焉。蓋道與德一也，得此之謂德，道之所待以行者也。苟非其人，則中之所存，未能完性命之眞；而知之所格，不能達神明之蘊。雖洋洋者固流動而未嘗息也，而無德以統體之，則其極於天而淯於物者，亦象焉而已矣，而與吾心固自爲二也，其何能凝斯道之全體而贊其化育哉？雖優優者固充足而未嘗間也，而無德以推行之，則其經而等、曲而殺者，亦迹焉而已矣，而與吾身固自有間也，其何以會斯道之妙用而行其典禮哉？信乎道不能自行，而亦不可以虛行也。修德凝道之功，其可緩乎？」評謂：「其周折皆王、唐舊法也，而沈釀之厚，遂極鏗鏘要眇，備文章之能事。」「層接遞卸，虛實相參。不凌駕而局自緊，不矜囂而氣自昌。作者於古文未免務爲炳炳烺烺，而制義則清眞健拔，絕無矜張之氣。」卷五錄其《孟子》「天下大悅……咸以正無缺」題程文：「大賢贊元聖大順之治，而必徵諸《書》焉。蓋文武之謨烈盛矣，而實周公成之也，此天下之所以悅其治與？昔孟子釋公都子『好辨』之疑及此。若曰：世之治也，有啓運之君，則必有翼運之臣。吾嘗觀於有周，而知周公一代之治功矣。蓋文武嗣興，雖足以對天下之心，而害有未除，民之望治猶未已也，周公相武王而悉殄其害焉。夫是以民安於撥亂，而萬邦仰奠麗之休；物阜於勝殘，而群生蒙煦育之利。有夏固已修和矣，茲則太和洋溢而民悅益爲之無疆；四方固已收同矣，茲則至治浹洽而民心益爲之胥慶。此固周公輔相之功有以光昭於前而垂裕於後者也。《書》不云乎？『丕顯哉，文王謨！丕承哉，武王烈！佑啓我後人，咸以正無缺』。蓋丕顯以開厥後，文謨固無斁也，而實周公勤施於上下，俾遹駿之聲愈顯於無窮，而謨之盡善者爲可傳焉；丕承以貽孫謀，武烈固無競也，而實周公翼贊於先後，俾纘緒之業愈承於不替，而烈之盡美者爲可久焉。以觀文王之耿光，子道盡而父道益著；以揚武王之大烈，臣道盡而君道益隆。此所以致天下之悅，而唐虞之盛復見於成周也。然則頌文武之德者，詎可忘周公之功，而一代之治允有以纘禹之績與？」評謂：「無一字不典切。氣格之高、音節之妙，在制藝已造其巔矣。」「《書》旨說周公，引《書》卻只說文武。文法自須幹補，難其天衣無縫、滅盡針線之痕。後之作者，能似其精妙，而不能學其渾成。」

周思兼成二甲五十八名進士。《欽定四書文》正嘉文卷三錄其《論語》「邦君之妻」一節題文。

思兼工制義，有《周萊峰稿》，俞長城題識云：「嘉靖季年，文尙博達切實，萊峰先生，別立門戶，汪洋瀟灑，而不尙詭異；震盪迂迴，而不貴麗濃……世言文宗眉山者，必推萊峰，萊峰有以似之矣。」《欽定四書文》正嘉文卷三錄其《論語》「邦君之妻」一節題文：「聖人定名分於諸侯之夫人，所以大爲之防也。夫名之不正，未有不瀆其倫者。此夫人之稱，夫子之所甚嚴也。今夫禮也者，所以立天下之大防；名也者，所以定天下之大分。名分之炳於天下者，夫人能知之，而當世之所未講者，邦君之妻之稱也。夫邦君之妻一也，而或稱於君，或稱於夫人，或稱於邦人，或稱於異邦，或邦人、異邦之相稱，其名不可以例論也。是故君之所稱，稱曰夫人，曷爲而稱夫人？謂其可以理陰教也，謂其可以章婦順也，尊夫人所以尊國家也。夫人之自稱，稱曰小童，曷爲而稱小童？明其無知也，明其不敢與君齊也，卑其名所以尊其君也。邦人之稱，稱曰君夫人，曷爲而繫君於夫人也？君也，夫人也，其尊同也，尊之不可以二也。稱諸異邦之稱，稱曰寡小君，曷爲而稱寡小君也？爲夫人謙言之也，爲君謙言之也，爲國家謙言之也，謙之者亦所以尊夫人也。異邦人之稱，稱曰君夫人，曷爲而亦稱君夫人也？尊其夫人，所以尊吾君之夫人也，尊異邦之君，所以尊吾君也。是故邦君不得而貶其名，夫人不得而崇其號，邦人不得而隆其稱，異邦不得而抑其爵。天下之大名分、大綱常，而非人之所能加損於其間也。是故邦君而不稱之與君齊也則替，夫人而不自抑也則僭，邦人而不尊之也則慢，稱諸異邦而不謙也則誇，異邦人而不尊之也則辱。天下之名分自此而紊，天下之大禮自此而褻，而相瀆之禍將相尋於天下矣。」評謂：「名構老格，相因以熟，自不得不思變易。前作總挈，後作總收，行之以排疊，運之以英偉。頓覺耳目改觀，亦漸開隆萬風氣矣。」

張居正成二甲九名進士。《欽定四書文》正嘉文錄其文二篇。

卷一錄其程文《大學》「生財有大道」一節題文。文謂：「善理財者，得其道而自裕焉。蓋務本節用，生財之道也。果能此道矣，國孰與不足乎？且夫聚人曰財，國而無財，非其國矣；理財曰義，財而不義，非其財矣。是以君子之生財也有道焉，固不必損下以益上，而經制得宜，自有以裕於國也；其於道也又甚大焉，固不必損上以益下，而公私兩利，亦有以裕於民也。然則何如？蓋天地本有自然之利，而國家本有惟正之供，惟其力之不勤而用之無節，故恒見其不足耳。誠能驅天下之民而歸諸農，其生之也既無遺利矣，

又且汰冗員、裁冗費，不使有浮食焉；盡三時之勤以服乎耕，其爲之也既無遺力矣，又且量所入、爲所出，不使有侈用焉。斯則勤以務本，而財之入也無窮；儉以制用，而財之出也有限。以無窮之財，供有限之用，是以下常給而上常餘，雖國有大事而內府外府之儲，自將取之而不匱矣；百姓足而君亦足，雖年或大祲而三年九年之蓄，自可恃之以無恐矣。謂之大道，信乎其爲謀國經久之計，而非一切權宜之術可比也。然則有國家者，豈必外本內末而後財可聚也哉？」評謂：「質實簡嚴，有籠蓋一世之氣。」卷三錄其程文《論語》「先進於禮樂」一章題文：「聖人於禮樂，述時人之所尚，表在己之所從。蓋文敝則宜救之以質也，聖人論禮樂而獨從先進也，有以哉。想其意蓋謂：禮樂貴在得中，而君子務乎實勝。今也或失之靡矣，吾方憂其敝而莫之救也，而世之論者乃曰『先進於禮樂，野人也』，蓋見其簡而遂以爲陋也，見其直而遂以爲俚也，是以今而論昔也，則其謂之野人也固宜；『後進於禮樂，君子也』，蓋習其繁而以爲有度也，習其縟而以爲有章也，是以今而論今也，則其謂之君子也亦宜。夫習俗易以移人，而古道乖其所好，世固如此。若我用之，則願從先進焉。何也？禮樂所以養德也，而養德者宜處其實，不宜處其華；所以維風也，而維風者宜居其厚，不宜居其薄。以求諸實，先進有焉，有其實則用以治心而心平，用以治身而身正，周公之遺範猶存，固吾所夢想者也，雖戾於俗，奚恤乎？以求諸厚，先進有焉，有其厚則用之朝廷而化行，用之邦國而俗美，文武之遺風未泯，固吾所憲章者也。雖以爲野，何傷乎？吁，夫子之言，其欲挽春秋以復乎成周之盛，意獨至矣。」評謂：「意思乃人所共有，而規模閎遠，矜重中具流逸之致。」

王樵成三甲十五名進士。《欽定四書文》正嘉文錄其文四篇。

卷二錄其《論語》「夫子之道」二句題文：「大賢於聖道，借其可名者以明其不可名之妙焉。蓋一以貫之，聖人之忠恕也，特不待於推耳，知其無二理，則知其無餘法矣。曾子深有悟而難於言也，故其告門人，若曰：二三子有疑於夫子之道乎？吾以爲聖人之道，盡之於聖人之心；聖人之心，具之於吾人之心。自其盡己謂之忠，而心之在吾人，惟聖人爲能無不盡也，有夫子之忠焉，而恕由是出；自其推己謂之恕，而心之在人人，惟聖人爲能無不通也，有夫子之恕焉，而忠由是行。舉天下同此實理，而人以僞妄參之，故不能因物而順應，心苟無妄，則隨吾身之所接，而加以吾所固有之心，夫安施

而不得其當乎？舉天下同此實心，而人以物我間之，故不能體物而無我，此心若盡，則聽凡物之自來，而處以物所自有之理，夫安往而不得其所乎？老者安，少者懷，皆此忠之所及，皆此心之全體爲之也；天地變化，草木蕃，皆此恕之流行，皆一心之妙用所貫也。忠譬則流而不息也，恕譬則萬物散殊也。『一以貫之』，子誠未喻也，亦未聞於『忠恕』乎？即其可名者，而其難名者盡之於是矣，豈有餘法哉？」評謂：「忠恕三層自是訓詁語，非制義體也。運訓詁之理於語氣中，指示朗然而渾無圭角，苦心獨造之文。」卷三錄其《論語》「子張問明」一節題文：「聖人語賢者以明而重致其意焉。蓋譖愬之巧不行，非明且遠者不能也，聖人丁寧於子張，其因其失而使知所警也夫？且夫理者君子之所以揆事，而或託於理以藏其術；情者君子之所以求實，而或雜於情以亂吾聽。欲有道以照之，此人之所以貴於明也。故子張以明問，而夫子告之曰：明者非他，能察而已矣。今夫事本非實，而譖者遽然極言其事、愬者泛然不切於身，則未足以惑人也。有浸潤之譖焉，緩煩而談，借事而論，欲以陰入於我而初若無預於彼，此在人有不覺其譖之行者，以先於所入而安於所未嘗疑也；有膚受之愬焉，徵於切近，指於可信，激吾以膚受而乘吾所不及詳，此在人有不覺其愬之行者，以先於所見而動於所不能堪也。誠於是而能不行焉，可謂明也已矣。何也？是二者嘗行於偏且暗者。惟其不明，故一有所聞而忿心應之也。今也明足以知浸潤之情，曰無故而然，其中必有故也，弗行也；明足以知膚受之意，曰縱其實然，豈不可以徐審之也，弗行也。明者不惑，其不謂之明乎哉？抑不特可謂之明而已也，誠於是而能不行焉，可謂遠也已矣。何也？是二者常行於隘且迫者。惟其不遠，故一有所聞而淺心應之也。今也旁燭於浸潤之表，曰是其言在於此而意在於彼乎，不聽之矣；遠覽於膚受之先，曰是其動我於耳目之近而蔽我於堂阼之上乎，不聽之矣。遠者明之至，其又不謂之遠乎哉？吁，好高之士，有摘奸發伏以爲明，而或反見欺於耳目之近；有窮高極深以爲遠，而不能測人於方寸之間。視此可以省矣。」評謂：「恐詞繁不殺處寫不出好勢，乃作此避難就易之局。總發上截，而以下截分頂之，故謂之變體也。刻劃深透，幾可襲跡於唐荊川。而終不能強者，古文之氣脈耳。」卷四錄其《中庸》「故君子不可以不修身」一節題文：「聖人於君身之修而歷推其當務焉。蓋仁能事親，而智足以知天、知人，皆身之所以修也。聖人歷推而言之，君子可以知務矣。且爲政有本，修身有要，由所謂道與仁、親與賢而觀之，則君子之所事可知矣。故君子者，政之自出，

孰不曰得善政而行之，足以致治矣；又孰不曰得賢臣而任之，足以善政矣。而不知有其君則有其臣，是得之於身者得之於人也；有其人則有其政，是得之於身者得之於政也。未有君子而不以修身爲本者也，然身修於道，而親親之仁又所以修道者也。愛隆於一本，以爲事吾親也，而即所以仁吾身；孝盡於因心，以爲親親之仁也，而即所以盡人道。未有思修身而可以不事親者也，然道修於仁，而尊賢之義又所以輔仁者也。知大賢而吾師之，則觀法有資，而修身之道進；知小賢而吾友之，則講習有賴，而親親之理明。未有思事親而可以不知人者也，然親親之殺、尊賢之等，又皆天理之自然，而知不及於此，非知之至也。故思知人者，又必學窮乎人事之則，皆有以知其所自來而不容已；心通乎性命之原，皆有以見其所以然而不可易。語知而至於知天，斯其至矣乎？語修身之事而至於知天，斯其盡矣乎？是則非知人先於事親也，以爲事親而不知人不可也；非知天先於知人也，以爲知人而不知天不可也。聖人之意，其欲人以智爲入道之門、仁爲體道之要也歟？」評謂：「此是承上引下語脈，文家易生轇轕，得此篇而題解始透。會通上下數節，清出題緒，而以實理融貫其間，可謂善發《注》意。」卷四錄其《中庸》「誠者非自成己而已也」一節題文：「《中庸》論誠能及物，而因發其蘊也。蓋性本一原，故成己、成物一理也。誠則自然及物也，又何疑哉？今夫君子知不誠之無物，而誠之之自貴也，夫固欲有以自成耳。然既誠矣，則豈自成己而已耶？吾知隨吾身之所接，而加以吾所固有之心，誠之無息於此者，物之各得於彼者也，而物亦有以成其所以自成矣；聽凡物之自來，而處以物所自有之理，所以使之順治者，不待爲之作則也，而彼即有以道其所當自道矣。是何也？蓋成己非他也，天理流行之際，吾心本有大公之體而不容有一私之累者，謂之仁，而己於是乎成焉，是其體之存也而未有無用之體；成物非他也，萬事萬物之宜，吾心自有素定之則而不容有一毫之差者，謂之智，而物於是乎成焉，是其用之發也而未有無體之用。在己、在物，雖有內外之殊；曰仁、曰智，則皆吾性之德。性無內外，則安有處己一道而處物又一道耶？有外非性而無物非內，則安有成己一時而成物又一時耶？故君子患未誠耳。誠則仁智具而內外合，體之立而用以行。時而措之，未有得於己而失於物者也；得必俱得，則成不獨成也。豈不信夫？」評謂：「『成己，仁也』五句總是發明『誠者非自成己而已』二句之故。此文當看其上接『誠之爲貴』，下接『成己仁也』五句處，然後此節文勢如首尾具而成身矣。」「老潔無支蔓。」

冬

王廷表訪楊慎於滇，得《經義模範》一卷。

王廷表《經義模範序》：「丁未冬，表訪太史楊升庵，得《經義模範》一帙，乃同年朱良矩所刻也。退觀之，義凡十六篇，《易》義二篇，爲姚孝寧，餘篇則蜀先賢廣安張才叔、中江吳師孟、簡州張孝祥也。夫經義盛於宋，張才叔《自靖，人自獻於先王》之義，呂東萊取之入《文鑒》，與古文並傳。朱文公每醉後口誦之，至與諸葛武侯《出師》二表同科。我成祖文皇帝命儒臣纂集《尚書大全》，以其義入注，經義之盛，無逾此篇。選者以此特軋卷首，有見哉。其餘十五篇皆稱是，蓋出於胸臆之妙，非口耳剿說，如今之套括也。臨安大邦伯左綿、東崖胡公屬表序而重梓之，非惟表蜀之先賢，抑惠我滇後學之盛心乎？敬序以復於公云。」《明史·藝文志》著錄楊慎《經義模範》一卷。《四庫全書總目》卷一八九集部總集類四著錄《經義模範》一卷，提要曰：「不著編輯者名氏。前有王廷表序，稱嘉靖丁未訪楊升庵於滇，得《經義模範》一帙，乃同年朱良矩所刻云云。考廷表爲正德甲戌（1514）進士，是科題名碑有朱良、朱敬、朱裳、朱節、朱昭、朱方六人，未詳孰是。以字義求之，殆朱方爲近乎？方，浙江永康人，其仕履亦未詳。所錄凡宋張才叔、姚孝寧、吳師孟、張孝祥四人經義十六篇，其弁首即才叔《自靖，人自獻於先王》一篇，呂祖謙錄入《文鑒》者也。時文之變，千態萬狀，愈遠而愈失其宗，亦愈工而愈遠於道。今觀初體，明白切實乃如此。考吳伯宗《榮進集》，亦載其洪武辛亥會試中式之文，是爲明之首科。其所作與此不甚相遠。知立法之初，惟以明理爲主，不以修詞相尚矣。康熙中，編修俞長城嘗輯北宋至國初經義爲《一百二十家稿》，然所錄如王安石、蘇轍諸人之作，不能盡知所自來，世或疑焉。此集雖篇帙寥寥，然猶見經義之本始。錄而存之，亦足爲黜浮式靡之助。」

明世宗嘉靖二十七年戊申（西元 1548 年）

本　年

徐階《崇雅錄序》論正德以降場屋之文日趨奇博，作於本年前後。

　　徐階《世經堂集》卷十二《崇雅錄序》:「國家以文取士,百八十年於茲。在宣德以前,場屋之文雖間失之樸略,而信經守傳,要之不牴牾聖人。至成化、弘治間,則既彬彬盛矣。正德以降,奇博日益,而遂以入於楊、墨、老、莊者,蓋時有之。彼其要歸,誠與聖人之道不啻秦越,然其言之似是,世方悅焉,而莫之能改也。」

明世宗嘉靖二十八年己酉（西元 1549 年）

八　月

　　康太和、閣樸任順天鄉試主考。兩京及各布政司舉行鄉試。

　　《弇山堂別集》卷八十三《科試考三》:「二十八年己酉,命翰林院侍讀康太和、右春坊右贊善兼翰林院檢討閣樸主順天試。命翰林院侍讀敖銑、修撰黃廷用主應天試。」

明世宗嘉靖二十九年庚戌（西元 1550 年）

二　月

　　張治（1488～1550）、歐陽德任會試主考,尹臺等任同考試官,以權臣重臣發策。

　　《玉堂叢語》卷四:「張文肅治虛懷高朗,臨事果斷,秉直不撓。時嚴相用事,一時脂韋涊淰,不敢與抗。公庚戌主會試,發策問,乃以權臣重臣立題,辭峻峭弗之諱。是秋,虜犯京師,力疾抗疏,乞決白河禦之,不報,遂怏怏而終。（《國雅》）」胡直《宗伯尹洞山先生傳》:「洞山先生尹氏,諱臺,字崇基,吉永新人也。庚戌復充會試同考試官,策問及重臣權臣,上覽,亟取《臣鑒錄》、《賢奸傳》省覽,為之感動,由是稔先生名,一時上下有延頸相天下之望。而不相。中者進讒輔臣嚴嵩曰:『權臣蓋指公也。』嵩陽答以好言而中心怨次骨矣。」《國榷》卷五十九:「嘉靖二十九年二月壬寅,禮部尚書兼文淵閣大學士張治、署詹事府事吏部左侍郎歐陽德主禮闈。」

庚申，禮部會試，取傅夏器等三百二十名。（據《明世宗實錄》卷三百五十七）

查繼佐《罪惟錄》志卷十八《科舉志》：「（嘉靖）二十九年庚戌，試貢士，得傅夏器等三百人，賜唐汝楫、呂調陽、姜金和等及第、出身有差。或曰汝楫與首輔有連，故得殊拔。」梁章鉅《制義叢話》卷十二：「《明文百家萃》云：傅夏器，福建南安人。久困公車，志愈銳，於制義日益討論，技乃無匹。時章華陽分校禮闈，首薦公卷，大學士張文邦擊節賞之，及拆號見公名，歎曰：『吾釋褐時，耳傳廷璜名，今其人猶在耶？非華陽薦之，又失之矣。』案：此嘉靖庚戌科，題爲『子貢問君子』一章、『洋洋乎發育萬物』一節、『既竭心思焉』三句，主試者張治、歐陽德。」

本科會試題。

本科會試題有《論語》：「子貢問君子。子曰：先行其言而後從之。」《中庸》：「洋洋乎發育萬物，峻極於天。優優大哉，禮儀三百，威儀三千。」《孟子》：「既竭心思焉，繼之以不忍人之政，而仁覆天下矣。」

三　月

唐汝楫、呂調陽（1506～1580）、姜金和等三百二十人進士及第、出身有差。是科未考選庶吉士。（據《嘉靖二十九年進士登科錄》）

據《嘉靖二十九年進士登科錄》：「第一甲三名，賜進士及第。」

唐汝楫，貫浙江金華府蘭溪縣，民籍，國子生，治《易經》。字思濟，行二十八，年三十七，八月初七日生。曾祖賢，推官累贈光祿大夫太子太保兵部尚書。祖學，累贈光祿大夫太子太保兵部尚書。父龍，前光祿大夫太子太保吏部尚書。前母徐氏，累贈一品夫人；母劉氏，贈一品夫人。永感下。兄汝器，監生；弟汝舟，貢士；汝梅；汝秀；汝渭；汝明；汝陽；汝禮；汝豐；汝淮；汝旦；娶郭氏。順天府鄉試第一百三名，會試第十一名。

呂調陽，貫廣西桂林中衛軍籍，臨桂縣人，國子生，治《易經》。字和卿，行三，年三十五，二月十八日生。曾祖鑒。祖綱。父璋，知縣。母張氏。具慶下。兄應陽。弟鳴陽、端陽。娶朱氏，繼娶張氏。廣西鄉試第二十二名，會試第八十七名。

姜金和，貫江西饒州府鄱陽縣，民籍。縣學生，治《易經》。字節之，行

一，年三十六，七月初三日生。曾祖憲，伊府長史。祖信，贈刑部郎中。父地，知府。母范氏，封宜人。具慶下。弟金礪。娶王氏，繼娶計氏。江西鄉試第三十三名，會試第二百八十二名。

據《嘉靖二十九年進士登科錄》，第二甲九十五名，賜進士出身。第三甲二百二十二名，賜同進士出身。

歸有光應禮部試下第，謁張治於邸第。

張曰：「吾閱天下士多矣，若子者可謂入水不濡，入火不蒸者也。」欲留就乙科，意有所他處，有光辭不就。張治於丁未、庚戌連主南宮試，見有光不第，輒不懌者經旬，對客曰：「吾為國得士三百人不為喜，而以失一士為恨。」（《歸震川先生年譜》）

唐一庵云：嘉靖庚戌以後，廷對策漸失朝廷策士之意。

李樂《見聞雜記》卷二：「唐一庵先生曰：『本朝只有兩部書，一部是《大明律》，一部是狀元廷對策。可惜《大明律》今日居官問理者專尚姑息苟且，將律意律文俱不用。廷對策自嘉靖庚戌以前還近古，以後漸失朝廷策士之意矣。』」

傅夏器為本科會元，廷試二甲九名。《欽定四書文》正嘉文卷四錄其《中庸》題文二篇。

其一為「春秋修其祖廟」一節題文。文謂：「聖人之於祭也，因時而為之制，可以見繼述之大也。夫祭以交神，禮之大節也，聖人順天之時而事無不盡，不亦見其繼述之善耶？《中庸》若曰：聖人之孝，通於神明之德，而見於神明之交。欲知聖人之孝，於祭祀觀其深矣。夫祭之數而煩者，不敬也；疏而怠者，不仁也。聖人稽之天時，質之吾心，而禮制行焉。方其春也，怵惕之心感於雨露之濡，而有禘祭以迎其來焉；及其秋也，悽愴之心感於霜露之降，而有嘗祭以送其往焉。祭以時而行，事以情而盡。祖廟所以本仁崇祀之地也，欲以妥靈爽，而可不修乎？是故太廟有常尊，世室有常主，奠麗於左昭右穆之位，以奉神靈之統者，皆小宗伯職之也。廟貌之不易，藉以為新；祖考之精神，萃之有地。蓋思其所居，而陟降之心慰矣。宗器所以尊德世守之寶也，欲以示子孫，而可不陳乎？是故河圖在東序，大訓在西序，參錯於天球弘璧之間，以為有國

之光者，皆天府職之也。先德之致，昭其不朽；世澤之新，保以永存。蓋思其所寶，而善守之義彰矣。至若衣裳者，先王嘗垂之以治天下矣，神之所憑依，將不在是乎？是故於其祭也，立尸以象神，則出遺衣以授之。假有形之物寓精英之有在，本一氣之通儷音容之如見。觀於守祧之所司者，可知矣。時食者，先王嘗用之以享萬方矣，神之所歆享，將不在茲乎？是故於其祭也，隨時以爲享，則辨其物而薦之。將以明德之馨見民力之普存，取諸天地之產昭四時之不害。觀夫庖人之所司者，可知已。因天道不已之變，而制爲禘、嘗之禮；本諸吾心不容已之誠，而修夫追祭之儀。武王、周公制禮之善如此，其斯以爲善繼善述乎？」評謂：「情文該洽，蔚然茂美。前此多拙樸，太過即涉浮靡，斯爲雅宗矣。『敬』字及『禘、嘗、昭、穆』等，犯字不犯意，前人不避也。」又「宗廟之禮」二句題文：「觀聖人制禮以明倫，親親之義見矣。夫昭穆之序不明，倫之所由淆也。聖人宗廟之禮明乎是耳，親親之義不可以見乎哉？《中庸》舉武、周之制作以明費隱，若曰：天秩有禮，所以廣孝也，所以合族也，此義弗明而彝倫攸斁，是故先王宗廟之禮於是乎起焉。夫宗廟之禮，合群廟之主而祀之，於三年則合群廟之子孫而從之於宗廟也。翼翼廟貌，左右列矣，而駿奔於其間者，由之以奠位，彼此不得以相淆；赫赫神靈，南北分矣，而祼將於其間者，循之以爲規，次序不容以或紊。是以謂宗廟之禮。然而其義何如耶？蓋以族繁則易亂，世遠則易疏。要其始也，分乖於統之不定，昭混於穆，穆混於昭，而天親既亂於人爲；故其終也，情拂於分之不明，昭加於穆，穆加於昭，而天性遂喪於物感。茲所謂宗廟之禮者，明準於幽，而後世嗣相傳有所考而不亂，列乎左者吾知其爲昭也，列乎右者吾知其爲穆也；人準於神，而後族屬相維有所別而不淆，昭與昭齒不亂之於穆也，穆與穆齒不亂之於昭也。廟正於上，族屬於下，而倫理由之以明；宗昭於上，情洽於下，而恩義由之以篤。先王制宗廟之禮，其逮子孫也如是哉？吁！原宗廟之起，本於治神而尊尊之道章；究宗廟之禮，可以治人而親親之義顯。盡制以盡倫，其斯以爲聖人之制作乎？」評謂：「他人多從祭禮昭穆制度上立論，此獨專就親親明倫之義重發，蓋本之《禮記・大傳》。」「典制題不難於有根據，難於開闡舊聞而自出精意，此文得之。」

湯日新成本年三甲進士。《欽定四書文》正嘉文卷二錄其《論語》「君賜食」一節題程文。

文謂：「聖人於君賜而承之各有禮焉，可以觀敬矣。甚矣，君賜之不可苟

也，隨物之異而皆有禮以承之，聖人敬君之誠蓋如此。且春秋之時，大烹之典雖廢，而問饋之禮猶存。苟以禮來者，孔子嘗受之矣，然而君臣之際，豈徒以交際之常處之也哉？是故惟辟玉食，君之所以自饗者也，時而賜之，夫子得而食之矣，然亦非敢以苟食也，必正席焉，以致其對君之肅，必先嘗焉，以歆其休享之誠，蓋將飽德於屬厭之餘，而分錫於品嘗之後，固不敢視為飲食之微而褻焉以用之者矣，其禮行於賜食有如此者；至若腥也者，所以充君之庖者也，君賜之腥，則先嘗之禮非所拘也，夫子必熟而薦之焉，物非餕餘，固可以伸追養之志，而羞之饋祀，庶足以昭君德之馨，蓋不敢用之於人，而必用之於神，使君之所以逮下者得以上逮於祖考，夫固以榮之焉耳，其禮行於賜腥有如此者；生也者，所以備君之腥者也，君賜之生，則熟薦之禮非所泥也，夫子必從而畜之焉，物之當愛，故欲生之而不傷，而惠出於君，以故愛之而愈切，蓋不能終置於不用，亦不敢無故而輕用，使君之所以推恩者得以推及於禽獸，夫固以仁之焉耳，其禮行於賜生有如此者。是則食非不頒也，而先嘗之，先敬而後惠也；腥非不嘗也，而熟薦之，因敬以為孝也；生非不薦也，而必畜之，推敬以廣仁也。賜雖不同，而應之曲當如此。此固夫子處物之義而上交之誠。事君之敬，不亦可見矣乎？」評謂：「此文有補題處，有互見處，有代記者設聖人心事處。總由學識才兼到，故能逐段周詳如此。」「從守溪文化出，意味雅密，已盡題之能事。」

錢有威成三甲進士。《欽定四書文》正嘉文錄其文 2 篇。

　　卷三錄其《論語》「以直報怨」二句題文。文謂：「聖人酌怨、德之報，惟其稱而已矣。蓋報施之道不容以任情也，怨以直報，而德必以德報之，又焉有不得其稱者哉？夫子示或人之意，若曰：天下有不齊之遇，而君子有平施之心。子欲以德而報怨，不惟失報怨之平，而德亦將難其報矣。自我言之，人之有怨於我者，我雖無復之之意，而事之相加亦報也。使蓄怨而故為之薄，固不可以為直；雖遠嫌而故為之厚，亦豈所以為直乎？故夫報怨者亦惟大公以廓其度，而事之未至，初無作好作惡之心；順應以普其施，而事之既至，莫非公是公非之道。苟其可愛，從而愛之，非其可愛，則固未嘗不憎也；苟其可取，從而取之，非其可取，則固未嘗不舍也。直道而行，若彼素無怨於我而我素不知其為怨者矣。要之，怨有不容於不報者，吾秉義而行之，亦不害其為直也。夫怨而報之以直，已不失為厚矣，又奚必以德哉！惟夫人之有

德於我者，彼雖無望報之心，而我之自處不容於不報也。使以怨而報焉，則固刑戮之民矣；雖以直而報之，亦豈輕重之等乎？故夫報德者仁以存心，而有德者不忍忘；禮以處人，而先施者不忍悖。如其可愛，固得以遂吾心矣，即不然，苟可以曲全其恩者，何不用焉？如其可取，固得以用吾厚矣，不然，苟可以曲行其惠者，何不為焉？是雖一人之私情，而實天下之公理矣。要之，德有不容於不報者，吾雖過厚以遇之，猶恐莫稱其德也。夫德而報之以德，則在我者始得其平矣，豈可加之於怨哉？是知直以報怨，義之公也，而亦未始非仁；德以報德，仁之厚也，而亦未始非義。仁至義盡，此報施之道所以為得，而或人之言多見其偏矣。」評謂：「於題之中邊前後，無處不徹，更極轉側幹補之妙。」卷六錄其《孟子》「所以動心忍性」二句題文：「大賢原天困聖賢之意，無非成其大受之器而已。甚矣，困之進人也！動心忍性，而不能者曾益焉，大受有不可勝哉！孟子之意以為：富貴福澤，所以厚夫人也。天欲降大任於是人，固將以厚之也，而必先之以困者，果何以哉？殆有深意存焉耳。彼聖賢之生，仁義禮智根於心者也，若無待於動之而後有者，然道心惟微，苟晏安之習勝，則警覺之意荒，雖聖賢亦不能必其無也。天之困之，正欲其窮則反本，而良心發於歷試之餘；勞則思善，而天理存於憂勤之後。惕然萌動，殆有若或啟之者焉。聖賢之心，氣稟食色不謂性者也，若無待於忍之而後節者，但人心惟危，苟順適之事多，則縱恣之意起，雖聖賢亦不能必其無也。天之困之，正欲其求焉不得，而撙節以成寡欲之功；欲焉不遂，而澹泊以為養心之助。截然限制，殆有若或遏之者焉。夫義理之心，良能之所由出也，不有以動之，則天機日淺，將並其所能者而失之矣，況有所益乎，今則義理昭著而疑懼可消，自覺猷為之易達；氣質之性，良能之所由蔽也，不有以忍之，則嗜欲日深，將並其已能者而汩之矣，況於未能乎，今則氣質清明而艱難備悉，不覺智勇之日生。向固有所能有所不能也，至是而無所不能，凡其上之而為聖，次之而為賢，皆其砥礪之深而養之裕如者也，此非天之摧抑而何以有是哉？向固有能勝有不能勝也，至此而無不能勝，凡大之而為君，次之而為相，皆其閱歷之久而處之裕如者也，非天之激發而何以有是哉？即此而觀，可見困窮拂鬱，天固未嘗薄於人也，人亦何為不力而自處其薄耶？」評謂：「義理精醇，詞語刻露。講『增益不能』即從『動』、『忍』勘出，尤見相題真切。惟後半精力少懈。」

本　年

袁黃（1533～1606）拜唐順之為師，研習時文。

　　《遊藝塾文規》卷一《文須請教前修》：「世間萬事，皆有法度，皆有源流，即小小技藝，亦須得人傳授，方可名家，況文章乎？憶予十八歲，見荆川唐先生於嘉興天寧寺之禪堂，即禮之爲師，相隨至杭，往返幾兩月。先生之學，大率以理爲宗，每作一文，必要一段千古不可磨滅之意，見其闡發題意，往往皆逼眞入微。我朝夕執書問業，《學》、《庸》、《論》、《孟》，大約皆完。除平常易曉者不錄，錄其深奧者，題曰《荆川疑難題意》。先生又躬閱而手訂之，始付剞劂。嘗語予曰：『學者，當借傳以明經，不可驅經以從傳；當尊經而略傳，不可信傳而疑經。』聞者以爲名言。明年十九歲，方山薛先生督學兩浙，自湖而之嘉。初考湖州，出『及其至也，雖聖人有所不知焉』。此題諸理齋有刻文，原不依『問禮問官』之說，謂：『道固有出於聖人所知之外者，聖人固不得而盡知也。』湖士凡見此文者，皆遵用其說，方山大加稱賞。及至嘉興，出『居敬而行簡』二節，此題前輩未嘗有作也，諸生皆依『仲弓未喻夫子可字之意』立說。發案之日，方山大怒諸生無見識，且曰：『仲弓賢者，身通六藝，豈有不識一「可」字之理？且均一可也，「可使南面」之「可」，便以爲優，「可也簡」之「可」，則以爲劣，一字而兩解之，此何說也？』予聆其論，隱然動唐師之想，知此二人同以理學爲宗者也。然上下分殊，無由細領其教。及薛罷官歸，予造其宅，始知薛公乃當時高才博學，極有時名，久困場屋不得第。我浙中前輩董中峰、來菲泉得舉業正傳，來鄉、會皆中第二，選授丹陽知縣。方山往謁之，呈其文，來公覽之，告曰：『文字有必中者，有必不中者，有歪文而可利中，有好文而必不中者，汝之文乃好而必不中者。』薛驚問其故，因出董中峰批點程墨一秩授之，曰：『依此必中矣。』薛受而習之。菲泉壬辰會魁，方山乙未亦中第二。是日，方山出以示予，予早暮服膺，始知舉業自有的傳。予又慕昆湖瞿先生之高，聞其在籍，特往拜之。至姑蘇，昆湖適攬舟北行，泊於閶門。予具衣冠進謁，瞿公極簡易，不立崖岸，一見歡如平生，問曰：『汝看我文，何篇最佳？』予曰：『《五柳堂稿》篇篇皆佳。』先生曰：『韓、柳、歐、蘇集上，其文不能盡佳，吾獨盡佳乎？有幾篇可看。』首舉『君子之道費而隱』之作，予起曰：『此生所熟誦也。』先生問：『何以見其佳？』予不能答。先生指示云：『注：「費，用之廣。隱，體之微。」要訓此二字，不得不如此解。若論作文，只

宜重講「費」字，「隱」則非言語所可及者。你看一部《中庸》都說「費」，
而其所以然處，則隱也。故吾文云：「自其散殊者言之，天地之所以高深，
鬼神之所以隱顯，皆於是乎統焉，而特不得其故耳；自其流行者言之」云云，
大率重講「費」字，而「隱」只在言外見之。』予深服其論，因請問別篇。
先生曰：『「君子務本」二句亦好。』予請其故，先生曰：『注言：「凡事專用
力於根本。」事有萬端，本惟一致，豈有一事即有一本乎？又豈有事時方務
本，無事時即無本可務乎？吾文以「培吾未離之天，防吾未萌之欲」立論，
頗似透徹。』予又請問，先生復舉『不遷怒』二句文字示予，曰：『此二句
是顏子心學工夫，閔、曾而下，皆不能及，故曰今也則亡。』時適有二童子
在傍，先生指曰：『若說怒於甲者，不移於乙，如怒此童，而移於彼童身上，
即我亦不曾如此，況顏子乎？我文中二小比云：「大公以虛其體，而不牽於
易發之私；隨感以安其常，而不淆於難制之氣。」先說「大公以虛其體」，
是內不遷於心：次說「隨感以安其常」，是外不遷於境。程子言：氣之易發
而難制者，莫如怒。今曰「不牽於其私」，「不淆於其氣」，皆是模寫不遷的
景象。』連講十餘題，予心灑然，方知向之知先生未盡也，方知瞿也、唐也、
薛也三先生之文，同一杼軸也。予非能文者，數奉教於君子，每拜一師，輒
覺有一番進益，是故學者須虛心請益，多訪高人。孔子曰：『毋友不如己者。』
殆彼之識趣既卑，我之見聞益陋，即竟日懸梁，終宵鑿壁，而燕僻在前，庸
穢鄙俗之氣，默默入吾肺腑中，不可救藥也。然人不如己，我絕之，我不如
人，人又豈肯友我哉？兩執己見，勝友當絕跡矣。孟子曰：『事之云乎，豈
曰友之云乎？』蓋不如己者勿友，勝己者我當事之，此一定之法也。今之學
者，師心自用，不肯屈志於前修，偶有一知半解，輒自負深玄，所作或稍清
新，足驚眾目，便神屬九霄，志輕先輩，政如夜郎王問漢使者：『漢何如我
大也？』吾見今日須將浮惰之氣，盡情掃除。如管東溟、馮具區、董思白諸
先輩，皆當造其廬而禮請之，得其一言半句，即奉如蓍龜，繹其旨趣，以點
化吾之凡骨。大率與前輩相處，真誠領教，即微言微動，皆受益無窮。苟不
能虛懷承受，而反去檢點人過，即聖賢與居，亦多見其可疑耳。嗟嗟！昔也，
見賢思齊；今也，見賢生妒。昔也，見不賢而內省；今也，見不賢而外憎。
內失己之益，外孤人之賜，如是而尚可為人乎？思之，勉之。」

明世宗嘉靖三十年辛亥（西元 1551 年）

七 月

薛應旂自南考功轉浙江提學，諄諄教士子讀《四書五經大全》。

《遊藝塾續文規》卷一《方山薛先生論文》（門人袁黃手錄）：「辛亥七月，先生自南考功轉浙江提學，甫下車即頒訓戒，諄諄教士子看《大全》，謂：祖宗以朱熹一人之說不足以盡六經之旨，下詔徵集群儒，修緝《四書五經大全》，頒行學宮，令士子傳習。當時鄉會程墨，皆博采儒先之說，不拘拘於朱注，其摛詞用意，眞足以發古先聖賢之精蘊。近來，士風轉陋，文運益卑，駕言於尊朱，而並朱注亦不復理會，束書不觀，倡狂自恣。由向來柄文衡者，不遵朝廷訓典，閱文惟取浮華，而置理學於度外，故相習成風，而登詞壇者多由草竊，良可深憾。茲本道出題必本《大全》，諸儒之說有足以發明孔孟之眞傳，而訂正朱子之所未盡者，諸生能闡發其旨，即文不甚工，亟置高等，不然，弗錄也。」「先生初至湖州，出『及其至也雖聖人有所不知焉』。此題先輩諸變有文，原不依本注『問禮問官』之類，謂道本出於聖人所知之外，即天聰明之盡者，而心思有所不能及，意見有所不能到，固不得而盡知也。諸生如臧繼芳輩，凡預見此文者，皆依此立說，先生大加稱賞。及至嘉興，出『居敬而行簡』二節，此題前輩未嘗有文也，諸生皆用仲弓未喻夫子可字之意。發案之日，先生呼諸生至前，屬聲叱之曰：『何爾輩之淺陋也？仲弓賢者，居德行之科，身通六藝，豈有不識一個「可」字之理？且同一「可」字，「可使南面」之「可」則以爲優，「可也簡」之「可」則以爲劣，一字而兩解之，成何等學問？夫子說『雍也可使南面』，猶「使漆雕開仕」，祇欲行其所學也。南面不獨人君之位，凡有司臨民者皆南向，即今各衙門皆然，豈有聖人而私許其弟子可爲人君之理？及問子桑、伯子，而曰「可也簡」，謂智周萬物，不如一愚；博綜群務，不如一約，所可者惟簡耳，仲弓遂就「簡」字而論之，謂居敬則可，居簡則不可。若以「可」字爲有所未盡之意，則仲弓所謂「不亦可乎」者，豈亦有所未盡乎？夫子曰「雍之言然」，不特契其言，亦契其心也。仲弓不以所行論簡，而以所居別簡之得失，其言最爲有理，蓋使心而有主，則所行之要約，皆有精神之貫通，而可以不愧於南面，心一懈弛，則所行之不煩，適足恣其怠荒之習，而不可以臨民矣，故此句全要重「心」上發揮。』諸生聞之，皆瞿然有省，而兩浙士風文運實自此一振云。」又，《方山

先生全集》卷之四十九《行各府正文體牌》：「嘗觀浙中前輩所作場屋文字，神精理明，氣昌詞達，法度森嚴，脈絡通貫，或舂容大篇，或俊逸數語，各因才性而成，皆出胸中流出語。學術直有以洞徹天人，語治理眞，可以見諸行事，故其所就亦自不凡。夫何近年以來，學校諸生所崇尚者十無一二，而沿習俗套者往往成風。不知是何題目，動用後開數語。不惟無理，且不成藝。是蓋以聰明敏達之資，溺於晏安遊惰之習。始以欺人，終以自欺，相率下流而不自知，可惜也。……今後舉業文字，務切題意，語必由中，依做會試及兩京鄉試程式。當自有得。若仍前勦襲，漫不省發改圖，考校之日，定置下等，甚則革黜，決不姑息。」

明世宗嘉靖三十一年壬子（西元 1552 年）

八 月

郭朴、秦鳴雷任順天鄉試主考。兩京及各布政司舉行鄉試。

《弇山堂別集》卷八十三《科試考三》：「三十一年壬子，命左春坊左庶子兼翰林院侍讀郭朴、翰林院修撰秦鳴雷主順天試。命左春坊左中允兼翰林院修撰尹臺、翰林院修撰郭鎜主應天試。」梁章鉅《制義叢話》卷五：「賀耦耕長齡曰：李長吉謂筆補造化天無功，故作文莫妙於斡旋。嘉靖壬子科應天鄉試，首題『君子不可小知而可大受也』，他人講『不可小知』，祇隨題講去，若謂君子於細事全不理會，孫溥卷則云：『故以一事之盡善，而謂其爲君子焉，吾意君子不如是之隘也；以一事之未盡善，而謂其非君子焉，吾意君子不如是之淺也，果可以小知乎哉？』遂以弁冕群英。」

明世宗嘉靖三十二年癸丑（西元 1553 年）

二 月

少保大學士徐階、侍講學士敖銑主禮闈。甲戌，會試，取曹大章等四百名。（據《明世宗實錄》卷三百九十四）

本科會試題。

本科會試題有《論語》:「大哉堯之為君也。巍巍乎唯天為大,唯堯則之。蕩蕩乎,民無能名焉。」《中庸》:「誠者非自成而已也,所以成物也。成己,仁也;成物,知也。性之德也,合內外之道也,故時措之宜也。」

三　月

陳謹、曹大章、溫應祿等四百零三人進士及第、出身有差。(據《嘉靖三十二年進士登科錄》)

據《嘉靖三十二年進士登科錄》:「第一甲三名,賜進士及第。」履歷如下:

陳謹,貫福建福州府閩縣,民籍,縣學生,治《詩經》。字德言,行七,年二十九,閏十二月十二日生。曾祖志。祖琰,壽官。父伯亮。前母林氏、林氏,母卓氏。具慶下。弟記、文、獻、大、經、詢、咨、諟、諤、詩、誨。娶石氏,繼娶鄧氏。福建鄉試第五十二名,會試第二十四名。

曹大章,貫直隸鎮江府金壇縣,民籍,國子生,治《書經》。字一呈,行二十,年三十三,六月二十四日生。曾祖雍。祖廣。父邦彥,戶部司務。母蔡氏。慈侍下。娶王氏。應天府鄉試第三十三名,會試第一名。

溫應祿,貫浙江湖州府烏程縣,民籍,國子生,治《易經》。字以庸,行三,年四十六,九月初十日生。曾祖璋,壽官。祖鐌。父瀚,監生。母張氏。具慶下。兄應祥、應潮。弟應禧、應祉、應禮、應初、應禎、應福、應祐。娶臧氏。浙江鄉試第七十名,會試第六十七名。

據《嘉靖三十二年進士登科錄》,第二甲一百五名,賜進士出身。第三甲二百九十五名,賜同進士出身。

春

浙江提學副使薛應旂解任歸。袁黃、陸與中造其廬受業。

《遊藝塾續文規》卷一《方山薛先生論文》(門人袁黃手錄):「癸丑春,先生解任而歸,予與陸與中造其廬而就業焉。先生相見甚喜,接待甚殷。與中送文五篇,予送三篇,先生各隨題批釋,備論文章之旨,謂:『文字有正有偏,有正中偏,有偏中正,皆當細辨。句句自肺腑流出,而字字著題者,正也;不認題目而修飾文采者,偏也;通篇摹寫題意,而間有出入者,此正中

偏也；專繪飾詞氣，而偶有一二語直逼本眞者，此偏中正也，大概只要認題為主。倘認眞作文，而題意看不明白，雖幸而得勝，亦非上乘文字，如李愬夜半入蔡州城取吳元濟，終是偏師，非堂堂之陣，正正之旗也。』復置酒夜坐，與中起問做人之道，先生曰：『做人作文，皆以求放心爲急。心是一身之主，百骸萬應，靡不關焉。此心常在腔子內，則動而應事，必中規矩，下筆爲文，定然可觀。』時浙代巡某人與先生不甚相合，先生指其人而語予曰：『心爲形役，乃獸乃禽，斯人官爲形役，吾不知其人品何若矣。』因大笑而罷。」

明世宗嘉靖三十四年乙卯（西元 1555 年）

八　月

王維楨（1507～1556）、袁煒（1508～1565）為順天鄉試主考。兩京及各布政司舉行鄉試。

《弇山堂別集》卷八十三《科試考三》：「三十四年乙卯，命右春坊右諭德王維楨、翰林院侍讀袁煒主順天試。命翰林院侍讀嚴訥、潘晟主應天試。」「是歲，上以應天試錄中詞旨不明，且有所忤，內閣大臣爲解釋其義，乃寢。」又卷四十六《翰林諸學士表》：袁煒，「嘉靖三十四年任侍講學士，歷禮、吏左右侍郎，俱仍原兼。」瞿景淳《南京國子監祭酒槐野王公行狀》：「公姓王氏，字允寧，別號槐野，陝西華州人也。……乙卯秋，命主順天府鄉試。士類忻忻，多自幸入公彀中。公凡四入試場，每錄出，士爭傳觀，謂眞班、馬之匹云。」

本　年

北京講學之風盛行，尤以靈濟宮講陽明學之講會為盛。

《明儒學案》卷二十七《文貞徐存齋先生階》：「聶雙江初令華亭，先生（徐階）受業其門，故得名『王氏學』。及在政府，爲講會於靈濟宮，使南野（歐陽德）、雙江（聶豹）、松溪（程文德）分主之。學徒雲集，至千人，其時癸丑甲寅，爲自來未有之盛。丙辰以後，諸公或歿或去，講壇爲之一空。戊午，何吉陽自南京來，復推先生爲主盟，仍爲靈濟之會，然不能及前矣。」

案，徐階於嘉靖三十一年三月入閣。《明史‧儒林傳》：「當是時，（歐陽）德與徐階、聶豹、程文德並以宿學都顯位。於是集四方名士於靈濟宮，與論良知之學。赴者五千人。都城講學之會，於斯爲盛。」

明世宗嘉靖三十五年丙辰（西元 1556 年）

二 月

大學士李本、少詹事尹臺主會試，取中金達等三百人。（據《明世宗實錄》卷四百三十二、《國榷》卷六十一）

本科會試題。

本科會試題有《論語》：「臣事君以忠。」《孟子》：「大而化之之謂聖，聖而不可知之謂神。」

三 月

諸大綬（1521～1572）、陶大臨（1527～1574）、金達等二百九十六人進士及第、出身有差。是科未考選庶吉士。（據《嘉靖三十五年進士登科錄》）

據《嘉靖三十五年進士登科錄》：「第一甲三名，賜進士及第。」履歷如下：

諸大綬，貫浙江紹興府山陰縣，軍籍，國子生，治《易經》。字端甫，行四十八，年三十四，十一月十五日生。曾祖坰。祖宏，七品散官。父宗教。母金氏。慈侍下。兄大綱，貢士；大紀；大績，光祿寺監事；大纓，聽選官；大繹；大綱。弟大約、大繡、大維。娶錢氏。浙江鄉試第十六名，會試第二名。

陶大臨，貫浙江紹興府會稽縣，民籍，國子生，治《春秋》。字虞臣，行三十二，年三十，二月二十日生。曾祖愷，封工科給事中贈通議大夫兵部左侍郎兼都察院左僉都御史。祖諧，兵部左侍郎贈兵部尚書。父師賢，序班。母韓氏。具慶下。兄大有，知府；大年，按察司副使；承學，知府；紹學，貢士；大順；□□；□□。弟大郎、大成、大恒、大晉、大猷、大欽、大典。

娶章氏。浙江鄉試第三十四名，會試第三十四名。

金達，貫江西饒州府浮梁縣，民籍，縣學生，治《書經》。字德孚，行十八，年五十一，七月十一日生。曾祖海關。祖禎。父玉璿。母張氏。慈侍下。娶葉氏，繼娶張氏。江西鄉試第三名，會試第一名。

據《嘉靖三十五年進士登科錄》，第二甲九十名，賜進士出身。第三甲二百三名，賜同進士出身。

胡定為三甲七十名進士。《欽定四書文》正嘉文卷六錄其《孟子》二題文。

胡定，字正叔，號二溪，湖廣（今湖北）崇陽人。嘉靖三十五年（1556）進士，初知德清縣，官至廣西左布政使。方志謂其文章經術，蔚然大雅儒宗，有《二溪全集》。制義有《胡二溪稿》，俞長城謂：「胡二溪雋於嘉靖之季，文尙博大，其勢固然，間出其樸淡之筆，則屈曲變化，不可測識。余嘗謂方山（案，指薛應旂）能密而不能疏，理齋（案，指諸燮）能疏而不能密，二溪兼之，文雖不多，可以傳矣。」《欽定四書文》正嘉文卷六錄其《孟子》二題文。「逃墨必歸於楊」一章題文：「異端之漸歸於正也，當待之以恕，而已甚者失之也。蓋恕則人樂爲善，而求人而至於叛者，患生於已甚也。君子之遇異端之歸也，固不可以不重與？楊墨之禍天下也，始於斯人之不愼，而成於吾儒之不恕。孟子憂之也，蓋曰：凡人之有所不幸也，皆可待之以自新，而其忍自絕其身者，常始於有以激之也。楊墨之不吾信，此豈盡斯人之罪哉？而或者吾儒亦與有責焉故也。夫二者非中道，固皆不可以久；而人情雖甚溺，亦必有時而悟。故各有所蔽，則必期於無弊，是故厭外者思實，而惡簡者求中，其勢然也；但以有所溺，未可責其遽復，是故墨不繼而後楊，楊不足而後儒，其漸然也。此其失之於始，而猶救之於終，蓋有以識乎斯道之美，而於吾人固已無惡矣；是當即其新，不究其舊，惟懼其不得爲善之利，而於斯人亦又何求哉？今之君子則不然。蓋嘗惡其異己也而辨之矣，辨之誠是也。然皆不能忘其既往之愆，而厚以爲罪，何其示人不廣也；有可以入於吾儒之機，而又棄不取，亦不成人之美矣。是追放豚者之智也。彼其入於笠也，以無至於放焉而不反，亦已幸矣；至又從而招之，而待之以無所容，不已過乎？則其曠逸之素，必不樂就於繩檢；而情不自勝，猶將務適其外志矣。繩之太急，雖放豚有所不堪；而拒而不釋，將使楊墨孰從而入哉？夫既已禁其去矣，

而顧又絕其歸；其責之亦已詳，而待之亦已不恕矣。亦何怪乎二氏之忿戾而不可解、攻之而愈堅也！吁，爲異說者固有罪矣，而致激成之禍者，亦不得謂之無過。吾誠楊墨之惡，而忍爲是哉？」評謂：「以比偶爲單行，以古體爲今制，唯嘉靖時有之，實制義之極盛也。此文渾浩中又極細入生動，故爲絕唱。」「程子謂當時新法，亦是吾輩激成之。文本此立論，窮極『追放豚』之流弊，與《注》意不相背而相足也。至章法之入古，則原批盡之。」「惡佞恐其亂義也」二句題文：「聖人兩惡乎言之亂正者，所以嚴天下之辨也。甚矣，信、義自有眞也，自佞與利口出而信義失其眞矣，聖人得不惡之以嚴其辨與？孟子原夫子惡鄉愿之意而述其言也，以爲：天下有眞是，則不疑於非；天下有眞非，則不疑於是。惟似是而非者出焉，始足以眩乎天下矣，吾寧不重惡於斯乎？今夫君子所以制天下之事者，以其有本然之義而已，義固不可一日亂焉者也。使爲佞者而不足以亂義，則無惡於佞矣，然而君子必惡夫佞者，何哉？蓋其恃才以有言，而所言者似有得於物理之宜；舞智以立論，而所論者似有合乎人心之正。義之所以爲是者本自若也，彼則曲爲之說，使其出於非焉，而天下遂不知夫眞是之所在也；義之所以爲非者本自若也，彼則旁爲之證，將以成其是焉，而天下遂不知眞非之所在也。方其佞之未著，則天下猶知有義；而自斯人之售其佞焉，人將以非義爲義而義始亂矣。吾懼夫義之終息於天下也，寧不於佞而惡之哉？君子所以通天下之志者，以其有本然之信而已，信亦不可一日亂焉者也。使爲利口而不足以亂信，則無惡於利口矣，而君子必惡夫利口者，何哉？蓋其言之僞而辨也，有若由衷以達於外；辭之巧而文也，有若修辭以達其誠。其與人者本無是實心也，而甘悅之辭，若可以久要而不忘者，天下將信其心而莫之疑也；其應物者本無是實事也，而諄切之語，若可敦行而不怠者，天下將信其事而不之察也。方其利口之未施，則天下猶知有信；而自斯人之逞其利口焉，人將以非信爲信而信始亂矣。吾懼夫信之終亡於天下也，寧不於利口而惡之哉？是則惡佞之亂義也，然後天下知佞之非義，而本然之義明矣；惡利口之亂信也，然後天下知利口之非信，而本然之信明矣。聖人爲斯道之防也，其無所不至也。」評謂：「義是義，信是信，佞是佞，利口是利口，一字不可移易。題難在分別四項，如此畫然可據，非先輩不能。」

明世宗嘉靖三十七年戊午（西元 1558 年）

八　月

董份、高拱任順天鄉試主考。兩京及各布政司鄉試。

《弇山堂別集》卷八十三《科試考三》：「戊午，太常太卿兼翰林院學士董份、侍讀高拱主順天試。翰林院侍讀瞿景淳、陳陞主應天試。」

明世宗嘉靖三十八年（西元 1559 年）

二　月

署詹事府事吏部右侍郎李璣、翰林學士嚴訥主會試，取蔡茂春等三百人。（據《明世宗實錄》卷四百六十九）

本科會試題。

本科會試題有《論語》：「……舉賢才。曰：『焉知賢才而舉之？』曰：『舉爾所知。爾所不知，人其舍諸？』」《中庸》：「德爲聖人，尊爲天子。」《孟子》：「禹、稷當平世，三過其門而不入，孔子賢之。」

三　月

丁士美、毛惇元、林士章（1524～1600）等三百零三人進士及第、出身有差。是科未考選庶吉士。（據《嘉靖三十八年進士登科錄》）

據《嘉靖三十八年進士登科錄》：「第一甲三名，賜進士及第。」履歷如下：

丁士美，貫直隸淮安府清河縣，民籍，國子生，治《易經》。子邦彥，行一，年三十九，三月初七日生。曾祖進。祖鳳。父儒。母仲氏。嚴侍下。弟士良。娶周氏，繼娶李氏。應天府鄉試第十九名，會試第二百六十七名。

毛諄元，貫浙江紹興府餘姚縣，民籍，國子生，治《春秋》。字裕仁，行十一，年三十五，四月初五日生。曾祖傑，進士贈刑部主事。祖憲，按察司副使。父文炳，順天府治中。母周氏，封安人。慈侍下。兄紹元，布政司參

政；茂元；坤元；景元；宗元；士元；贊元；子翼，貢士；京元，監生。娶
楊氏。浙江鄉試第三十七名，會試第三名。

林士章，貫福建漳州府漳浦縣，軍籍，府學生，治《詩經》。字德斐，行
七，年三十六，十一月三十日生。曾祖敦碩。祖竦。父烽。母蔡氏。具慶下。
兄德寧；楚，貢士；德憲；德燦；德喬；德標。弟德師；士弘，貢士。娶柳
氏。福建鄉試第五十五名，會試第七十二名。

據《嘉靖三十八年進士登科錄》，第二甲八十五名，賜進士出身。第三甲
二百一十五名，賜同進士出身。

王世懋成進士。《欽定四書文》正嘉文錄其文二篇。

世懋字敬美，太倉人，王世貞弟。卷三錄其《論語》「孟公綽」一節題文。
文謂：「聖人評魯臣之不欲者，而以爲有能有不能焉。夫趙魏之老，不欲者能
之；而滕薛大夫，非才莫能也。聖人以是評優劣，而魯臣之論定矣。夫子之
言若曰：天下無全才，而才之有所優者類有所短。若吾魯之有孟公綽，蓋大
夫之表也，然特不欲人耳。吾試評之，其優於趙魏老而不可爲滕薛大夫者乎？
何則？趙魏，大國之卿也；而老，家臣之長也。非重德無以居重地，固有取
於坐鎮雅俗之人；而無官守則亦無曠官，又何必於長材異能之士？卿族之尊，
聚其室而聽命焉，得人如公綽者老之，廉靜可風也，蓋家有老成而以不賄聞
於諸侯者，由此其選矣；上卿之室，群眾宰而受成焉，有士如公綽者老之，
鎮靜可師也，蓋卿有家相而以不擾能安巨室者，斯人當之矣。若夫舍家老而
大夫之，則才不稱德，已懼夫國事之難堪；況大夫而滕薛焉，則力不任煩，
益見其官守之弗逮。蕞爾之國，攝乎大國之間，其務何贖也，而欲觀理亂於
一人之身，此寧可以廉靜者當之乎，而老成之技，至此將無所施矣；一旅之
眾，交於四鄰之君，其職何艱也，而欲寄安危於一人之任，此徒可以鎮靜者
得之乎，而家相之良，至此將無所展矣。然則爲公綽者，其亦不幸而不爲趙
魏之老以盡見其長也，其亦幸而不爲滕薛之大夫以盡暴其短也。蓋公綽之定
論如此。吁，後之官人者聞夫子之訓，慎無用違其才而使士兩失與？」評謂：
「抑揚進退，一字不苟，偉麗處行以謹嚴。可傳之作。」卷六錄其《孟子》「天
子一位」六節題文：「大賢舉周室之班爵祿，合內外而盡其制也。夫爵祿通於
內外，此聖人之所以盡制也。大賢舉以爲時人告，殆亦王制之遺意歟？蓋謂
爵以馭貴，祿以馭富，固帝王公天下之大端；而爵有崇卑，祿有隆殺，又先

王所以綜理天下而治之者也。周室之班爵祿，不有大略之可言乎？以班爵言之：君詔爵者也，而臣則得君之爵以爲爵者也。天子之位，其爵尚矣，天子而下，公侯伯各一位焉，子男同一位焉，夫固所以大一統而聯屬乎天下也。至其國中之爵，豈獨無其等乎？一國之共宗者，君一位焉，自是而卿而大夫上士中士下士，其名不同而其位亦不同也，一國之經緯又何異於天下之大勢耶？要之，先王非侈名號而相與爲榮也，蓋王章侯度自有不容混者。故錯壤以居，而天下無孤立之患；分職以治，而國中無偏任之嫌。則內外之相維，大小之相制，而爵於是乎有常矣。以班祿言之：君詔祿者也，而臣則得君之祿以爲祿者也。天下之地，方千里矣，天子而下則有百里七十里五十里之國焉，又有不能五十之附庸焉，夫固所以立民極而共理乎天下者也。至於國中之祿，豈獨無其次乎？天子之卿大夫士比外封焉，自是而大國而次國而小國，卿祿漸殺而大夫以下不爲之殺也，一國之常祿又何異於天下之定賦耶？要之，先王非私天下而相與爲賜也，蓋以爵詔祿自有不容紊者。故建邦啓土，而天下不以爲厚；敬事後食，而國中不以爲薄。則隆殺之得宜，小大之各足，而祿於是乎有定矣。夫其爵之班也，而天下不敢日志於尊榮；祿之班也，而天下不敢日競於富侈。周室之制，此其大略。吾子其亦聞乎？」評謂：「以五節對一節，妥貼排疊。或合或分，或鈎連，或總斷，動中竅要。法律之細，氣息之古，與歸震川一節文略同。」

《遊藝塾續文規》卷四《了凡袁先生論文》：「元美少年科第，舉業文字跌蕩不羈，其弟敬美識學兼至，中式墨卷『君子貞而不諒』，用二流水比渾融發意：『君子知天下之事有定理而無常用，故其應天下之事也，有眞見而無成心。』次實講二比甚工，句句不合掌。次又活講二比：『其或信與正合則』云云，『抑或信與正違則』云云。再以『故』字收二比，末復用『何也』串發二比，與起後二比流水相應，意多而不複，詞湧而有法。黃懋中『仲尼之徒』二句，亦祇實講二比，先把『仲尼之徒』提起，喝出題目：『孰謂仲尼之徒而有道桓文之事者乎？』此下亦先論三比：『蓋桓文之在當時也，能雄視於諸侯，而不能取重乎聖人之名教；能主盟於中夏，而不能稱述於有道之門牆。』然後實講二大比，復用『故』字收二比。湯懋昭『比而得禽獸』二句，其格亦然。」

歸有光會試下第南還。

歸有光《己未會試雜記》云：「諸考官命下之日，相約必欲得予。及在內簾，共往白兩主考，常熟嚴學士訥因言，天下久屈此人，雖文字不入格，亦須置之第一人，人必無異議。金壇曹編修大章尤踴躍，至與諸內翰決賭，以爲摸索可得。然盡閱落卷中，無有也。揭曉後，曹使人來，具道如此。而人有後來言予卷爲鄉人所忌，不送謄錄所，蓋外簾同官言之。然此乃命也，『臧氏之子，焉能使予不遇哉？』」「常熟瞿諭德景淳爲博士弟子時，予常識之白下。及登第，兩爲禮闈同考，在內簾，對諸學士未嘗不極口推獎。一日過訪，道及平生，以予不第，諸公嘗以爲恨，爲吾江南未了之事。因言，爲考官亦有難者。蓋內中有一榜，外間亦有一榜，必內榜與外榜合，始無悔恨。方在內時，惓惓未嘗不在公也。又爲予同年義興楊準道予少時之夢。予少夢吳文定公授以文字一卷，予歲貢鄉舉皆與之同，故瞿每對人言之，實以文定公見待云。」「己未禮闈《易》題，節六四爻象，予講安字之意，大略云：使聖人之制禮不出乎其心，而欲驅率天下以從我，則必齟齬而不合；天下之由禮不出乎其心，而欲勉強以從聖人，則必勞苦而不堪。齟齬不合，勞苦不堪，秦漢間語，眉山蘇氏文多有之。今某人摘此八字，極加醜詆，以數萬言中用此八字爲罪詬，亦太苛矣。前浙省元姜良翰久不第，高時爲給事中，每論其文，切齒。姜後亦登第。予老矣，能望姜君乎？惜乎，某之以高時白處也。嘉定金喬送予出國門，偶道此。喬自徐祠部所來，祠部與予舊相知，因書寄之，然勿與他人道也。……蓋今舉子剽竊坊間熟爛之語，而五經、二十一史，不知爲何物矣！豈非屈子所謂『邑犬群吠，吠所怪也』歟？」（《震川先生別集》卷之六）至是歸有光凡七試不第，人言藉藉，乃作《解惑》：「嘉靖己未，會闈事畢，予至是凡七試，復不第。或言：翰林諸學士素憐之，方入試，欲得之甚，索卷不得，皆歊然失望。蓋卷格於簾外，不入也。或又言：君名在天下，雖嶺海窮徼，語及君，莫不斂衽。獨其鄉人必加詆毀：自未入試，已有毀之者矣；既不第，簾外之人又摘其文毀之。聞者皆爲之不平。予曰：不然。昔年張文隱公爲學士主考。是時內江趙孟靜考《易》房，趙又爲公門生，相戒欲得予甚，而不得。後文隱公自內閣復出主考，屬吏部主事長洲章袟實云：『君爲其鄉人，必能識其文。』而章亦自詭必得，然又不得。當是時，簾外誰擠之耶？子路被愬於公伯寮。孔子曰：『道之將行也歟，命也；道之將廢也歟，命也。』孟子沮於臧倉，而曰：『吾之不遇魯侯，天也。』故曰有天命焉。」（《震川先生集》卷之四）

明世宗嘉靖四十年辛酉（西元 1561 年）

八 月

裴宇、胡正蒙任順天鄉試主考。兩京及各布政司舉行鄉試。

《弇山堂別集》卷八十三《科試考三》：「四十年辛酉，命司經局洗馬裴宇、翰林院侍讀胡正蒙主順天試。命右春坊右諭德兼翰林院侍讀吳情、翰林院侍讀胡傑主應天試。」「禮部都給事中丘嶽等奏：應天錄文既已傳佈，而考試官吳情屢行更易，胡傑不行救正，乞分別究治。得旨，俱調外任。情遂調廣東市舶提舉，傑廣平府通判。吳君，無錫人，其邑之預薦者凡十餘人，以是籍籍，而胡之家僅有泄題而遁者，未必皆有徇也。其後胡旋起，亦竟不利，而吳以老不赴官。自是南畿之在翰林者不得入南試，以爲例。」《明史·選舉志》：「嘉靖十六年，禮部尚書嚴嵩連摘應天、廣東《試錄》語，激世宗怒。應天主考及廣東巡按御史俱逮問。二十二年，帝手批山東《試錄》譏訕，逮御史葉經杖死闕下，布政以下皆遠謫，亦嵩所中傷也。四十年，應天主考中允無錫吳情取同邑十三人，被劾，與副考胡傑俱謫外。南畿翰林遂不得典應天試矣。」

明世宗嘉靖四十一年壬戌（西元 1562 年）

二 月

袁煒、董份爲會試考試官。辛巳，禮部會試，中式舉人王錫爵等三百名。（據《明世宗實錄》卷五百六）

本科會試題。

本科會試題有《論語》：「事君能致其身。」《中庸》：「悠久無疆。」《孟子》：「文王以民力爲臺爲沼。而民歡樂之，謂其臺曰靈臺，謂其沼曰靈沼。」

三 月

申時行、王錫爵、余有丁（1527～1584）等二百九十九人進士及第、出身有差。今年停考庶吉士。

申時行（1535～1614）爲進士第一，授修撰。王錫爵（1534～1610）舉

會試第一，廷試第二，授編修。據《嘉靖四十一年進士登科錄》。

據《嘉靖四十一年進士登科錄》：「第一甲三名，賜進士及第。」履歷如下：

徐時行，貫直隸蘇州府吳縣，民籍，長洲縣人，縣學生，治《書經》。字汝默，行一，年二十六，八月十六日生。曾祖周。祖乾。父士章。母王氏，繼母黃氏。重慶下。弟時德、時化、時傑。娶吳氏。應天府鄉試第三名，會試第二十八名。（按，徐時行即申時行）

王錫爵，貫直隸蘇州府太倉州，民籍，國子生，治《春秋》。字元馭，行一，年二十九，七月二十一日生。曾祖伉。祖湧。父夢祥，監生。母吳氏。具慶下。弟鼎爵，監生。娶朱氏。應天府鄉試第四名，會試第一名。

余有丁，貫浙江寧波府鄞縣，民籍，國子生，治《易經》。字丙仲，行二，年三十六，二月十八日生。曾祖鐘，壽官。祖憪，壽官。父永麟，通判。母王氏。永感下。兄有壬。娶永氏。鄉試第五十四名，會試第六名。

據《嘉靖四十一年進士登科錄》，第二甲八十五名，賜進士出身。第三甲二百一十名，賜同進士出身。

許孚遠為本科進士。其制義為梁章鉅所關注。

《嘉靖四十一年進士登科錄》：「許孚遠，貫浙江湖州府德清縣，民籍，縣學生，治《書經》。字孟中，行一，年二十八，十二月初二日生。曾祖宗明。祖輔。父松。母沈氏。重慶下。弟道遠、志遠、行遠。娶舒氏。浙江鄉試第四十五名，會試第三十六名。梁章鉅《制義叢話》卷五：「朱梅崖曰：『夫子為衛君』章，今人但知儲中子文為合作，而不知許敬庵孚遠文高出其上，此時代為之，不可強也。後比云：『假令夷也違父命，而齊也悖天倫，雖竊國為諸侯，不可一日安於臣民之上；夫惟伯遂其為子，而叔遂其為弟，故棄國如敝屣，可以浩然存於天地之間。』祇寫夷齊而衛事自見，通幅亦極安閒極恬靜。方望溪言後來名作俱不能及，豈虛語哉！」梁章鉅《制義叢話》卷五：「（朱梅崖）又曰：許敬庵『肫肫其仁』文云：『聖人不能分所有以與諸人，而為之聯屬，為之維持，以通天下為一身者，聖心之仁，流衍而無息也；聖人亦非能強所無以行於世，而需之匡濟，需之曲成，以合萬物為一體者，至誠之仁，淪洽而無間也。』此題境象深微，極難下筆，此文則清切純懿，中邊俱澈，所謂理熟則詞自快，非淺學所可幾也。」

《欽定四書文》正嘉文錄許孚遠文四篇。

卷二錄其《論語》「夫子爲衛君乎」一章題文。文謂：「聖人之不爲衛君，於其尚論古人而可知也。蓋古今是非可以例見也，夫子深與夷、齊之讓國，而肯爲衛君乎？昔者衛靈之薨，衛人奉輒而拒蒯聵，而託嫡孫當立之說以辭於諸侯。人倫之薄惡，莫有甚於此者也。是時夫子適在衛，而冉有、子貢之徒從焉。想正名之論，夫子尚無因而發；而處衛之意，諸賢亦莫測其微。故冉有疑之而問於子貢曰『夫子爲衛君乎』，求非以私心窺聖人也，正欲以國之大故而取裁於聖人也；子貢應之曰『諾，吾將問之』，賜非智不足以知聖人也，不敢以無徵之言而遽釋乎同列也。然時事猶難於顯言，而比類或可以相發。古有夷、齊，固知其爲遜國人也，儻非中道，能無不慨於聖心者乎，而不知其清風高節，師表百世，賢人之名，夫子不得而泯之矣；兄弟遜國，夫子稱之爲賢人似也，儻存矯激，其中豈能無怨悔乎，而不知其求仁得仁，甘心窮餓，無怨之志，夫子尤深諒之矣。由是言之，夷、齊之遜國也，以求仁也；其無怨也，以得乎仁也。假令夷也違父命而齊也悖天倫，雖竊國爲諸侯，不可一日安於臣民之上；夫惟伯遂其爲子，而叔遂其爲弟，故棄國如敝屣，可以浩然存於天地之間。然則仁不仁之間，乃古人之所以審處；而父子兄弟之際，正仁不仁之所存也。以今觀於衛輒之事，仁耶非耶？其於夷齊，賢不肖何如也？故子貢出而語冉有曰：『夫子不爲也』，然後諸賢之疑釋而國之是非定矣。」評謂：「題中曲折纖悉不遺，極安閒，極靜細。後來名作俱不能及。」

卷三錄其《論語》「故君子名之必可言也」一節題文：「君子之所視乎名者重，故言有所不苟焉。夫名非虛也，將言而行之者也。君子言出乎名，其敢以或苟哉！夫子欲正名於衛，因子路之疑而曉之。若曰：人之有倫，名以命之，久矣。其在國家則君臣父子之義存焉，禮樂刑政之綱維繫焉，一有不正，其弊有不可勝言者。故君子之於天下，有其名之不徒名而已也，名之則必可言之，其揆諸義也協，其宣諸辭也順，稱之於朝，稱之於國，稱之於天下，蓋萬口同然而無得以矯其非者，斯名焉，不可言者不以名也；有其言之不徒言而已也，言之則必可行之，其措諸躬也安，其施於事也達，在家宜之，在國宜之，在天下宜之，將百世無弊而莫或有窒於行者，斯言焉，不可行者不以言也。名之必其可言，故名之正與不正，乃言之順逆所由始；言之必其可行，故言之順與不順，乃行之善敗所由基。甚矣，夫名之重而言之難也！君子之於言，蓋非日朝廷之上惟言莫違，可苟焉而出乎身也，別嫌明微，必稽於天

理人倫之至，而凜凜乎思以植天下之大防；亦非曰位號之間惟命是從，可苟焉而施於國也，愼終慮始，必要於人情事變之歸，而兢兢乎思以存兩間之大義。由是則君君臣臣父父子子，而朝廷之上無慚德也；由是禮行樂興刑清政舉，而邦國之間無苟動也。其機甚微，其效甚著，君子之言要於無所苟而已矣。由是觀之，則夫子在衛所以欲先正名之意，豈不昭然若發蒙也哉？而由也曰迂之，甚矣由之失言且不智也！」評謂：「題爲通章結穴，文能切中事情，不用幹補而題緒清晰，章脈貫通，堅重邃密，嘉靖盛時風格。」卷三又錄其《論語》「君子上達」句文：「窮君子之所造，以循理勝也。夫理，形而上者也。君子惟理之循，其上達安可量耶？聖人意曰：人品定於趨向所從來矣。世之人孰不有超群拔類之想，而未嘗審登高行遠之途，是以達而上者之不多見於天下也，其惟君子乎？君子從道而不從欲，故能脫凡近以遊於高明；從天而不從人，故能超等夷以躋乎光大。聲色貨利無牽於外，而志氣日見其清明，身居萬物之中，心超萬物之上，造詣之淵邃，眾莫得而窺之矣；知見意識無梏其靈，而義理日覺其昭著，迹與人群爲伍，道與造物者遊，地位之峻絕，人莫得而幾之矣。操修在於庸行庸言，而究竟極於無聲無臭，是故自強不息，曾無止足之期；學問基於銖積寸累，而德業徵於富有日新，是故其進無窮，直躋神聖之域。由君子觀之，若無若虛，固終身無上人之意，而品邁流俗，行表人倫，則上達必歸諸君子；由斯道觀之，彌高彌深，雖上智無息肩之所，而舉之必勝，行之必至，則上達非君子不能。千里之行，始於跬步，九層之臺，基於壘土，吾於君子乎見之。非君子則小人，不上達則下達，理欲敬肆之間而已矣。」評謂：「遇此等題，不肯靠實發揮，每求深而反淺。此文質量不甚高峻，而於上達本末原流，實能疏發曉亮。」卷四錄其《中庸》「肫肫其仁」句文：「至誠之經綸也，可以觀天下之至仁焉。蓋修道以仁也，而非至誠盡經綸之實，何以稱『肫肫其仁』乎？蓋嘗論之：一誠之理，自其顯設於人道之常，而萬世不易者爲大經；自其貫徹於倫類之間，而渾然同體者爲仁。仁者人也，大經之所以行於天下者也。彼其誠有未至，不可語仁；仁有未至，不可語於經綸。惟天下之至誠，爲能經綸天下之大經，吾於斯而知其肫肫乎？一仁矣，未有經綸之先，一眞無妄，仁之所以立其體；迨於經綸之際，惻怛流行，仁之所以裕其施。謂夫人之渾然而處於天地之間，不有以別之則亂，亂吾不忍也，故經乃所以爲仁，不相淩奪，不相侵害，生民之類於是乎可以長久，蓋舉天下而在聖人涵育之中；謂夫人之紛然而各一其血氣之

性，不有以合之則離，離吾不忍也，故綸乃所以爲仁，上下相安，大小相得，有生之徒於是乎可與同群，蓋舉斯世而在聖人覆幬之內。有一人之倫，即有一人之仁，聖人不能分所有以與諸人，而爲之聯屬、爲之維持，以通天下爲一身者，聖心之仁流衍而不息也，向非至誠，則仁之戕賊者眾矣；有一世之倫，即有一世之仁，聖人非能強所無以行於世，而需之匡濟、需之曲成，以合萬物爲一體者，至誠之仁淪洽而無間也，苟非聖人，則仁之能存者寡矣。故曰『肫肫其仁』，謂至誠之經綸即仁，而仁之至也乃所以爲經綸之盛也。」評謂：「『其仁』實從『經綸』指出，清切純懿，中邊俱徹。題境深微，雖奧思曲筆，追取意義，終想象語耳。理熟則詞自快，可於此文驗之。」

王錫爵爲本科會元，殿試一甲二名。《欽定四書文》正嘉文錄其文二篇。

卷一錄其《大學》「知止而後有定」一節題文。文謂：「聖經推止至善之由，不外於眞知而得之也。夫學知所止，天下之眞知也，而定、靜、安、慮因之，此至善之所由得與？則亦求端於知而已矣。今夫明德止於至善，然後爲天德之全；新民止於至善，然後爲王道之備。入大學而求得乎此也，其亦先明諸心矣乎？誠能功深於研極之久，而德業之會歸者有以洞晰而無遺；理得於深造之餘，而人己之詣極者有以週知而不眩。是天下之理，本至是而極；而吾之所知，亦與之而俱至矣。由是知之所在，志亦趨焉，以精而擇者，將以一而守也，而定固因於知矣；志之所至，心與俱焉，有主而虛者，將無欲而靜也，而靜又因於定矣。靜則安從生焉，私累忘而道心自裕，其萬感俱寂者，即其萬境不遷者也；安則慮從生焉，泰宇寧而天光自發，其百遇皆順者，即其百物皆通者也。學至於此，則始也造其理，妙契乎體用之原；終也履其事，通極於神化之域。反之身心性情之微，而明德之至善，於是而得止也；推之家國天下之廣，而新民之至善，於是乎得止也。則知止之功，其大人止至善之務乎？使不先於知止，則疑似亂其中，而私得以汩之；感應拂於外，而事得以眩之：安望止於至善也哉！」評謂：「一語不溢，一字不浮，法律仍先民之舊而氣體略殊。每句義理相承處，尤能簡括融貫。」卷六錄其程文《孟子》「詩云不愆不忘」一節題文：「即詩人之論治，而得保治之道焉。夫法者治之具也，法立而能守，則於保治之道得矣，何過哉？且夫治天下以仁，行仁以法，法之裕於治也蓋自古記之矣。《假樂》之詩曰『不愆不忘，率由舊章』，

夫所謂『舊章』者，先王之法也。仁心由此行，仁澤由此溥，是萬世無弊之道也。聰明亂之，則有過而愆焉；積習隳之，則有過而忘焉。夫惟善保治之主為能守法，亦惟善守法之主為能無過。六官之典，即方冊而其人存也，吾之議法於朝廷者，循是而經綸之，則朝廷正矣；九牧之政，繼治世而其道同也，吾之布法於邦國者，循是而張弛之，則邦國安矣。故《詩》之言『不愆』也，則守法之一效也，何也？法立於先王，而天理順焉，人情宜焉，其在後世，但一潤色間而畫一之規模自有四達不悖者，何愆之有？《詩》之言『不忘』也，則守法之又一效也，何也？法立於先王，而大綱舉焉，萬目張焉，其在後世，但一飭新間而精詳之條理自有咸正無缺者，何忘之有？信乎心法合而成治，作述合而保治。自堯舜以來，所以置天下於寡過之域者，皆是物也。而詩人豈欺我哉？後之有仁心仁聞者，可以得師矣。」評謂：「義綜其大，典舉其要，俱從經術得來。較張江陵辛未程文，惟古厚之氣有所未逮，要亦風氣使然，不可強也。」

明世宗嘉靖四十二年癸亥（西元 1563 年）

本　年

湯顯祖補縣諸生。

鄒迪光《臨川湯先生傳》：「先生名顯祖，字義仍，別號若士。豫章之臨川人。生而穎異不群。體玉立，眉目朗秀。見者嘖嘖曰：『湯氏寧馨兒。』五歲能屬對。試之即應，又試之又應，立課數對無難色。十三歲，就督學公試，舉書案為破。曰：『形而上者謂之道，形而下者謂之器。』督學奇之。補邑弟子員。每試必雄其曹偶。彼其時，於帖括而外，已能為古文詞，五經而外，讀諸史百家汲塚《連山》諸書矣。」

明世宗嘉靖四十三年甲子（西元 1564 年）

閏二月

禮部覆南道御史等官所陳兩京鄉試革弊事宜，著為令。

　　《明世宗實錄》卷五百三十一：嘉靖四十三年閏二月，「丙子，禮部覆南道御史等官所陳兩京鄉試革弊事宜，一、今後兩京主考不用本省人。如資序挨及，南人用北，北人用南，以別嫌疑。一、同考用京官進士出身者。《易》、《詩》各二員，《春秋》、《禮記》各一員，其餘參用教官，以便覽察。一、謄錄用書手，對讀用生員，以防洗改。但此三事專為兩京鄉試而設，其各省及會試亦當因其說而廣之。因更上六事：一、會試及兩京鄉試監試官，預於二十日前選差，以便防範。一、巡視搜檢務加嚴慎，以杜奸弊。一、各省務精選才望內簾官，無令外簾干預去取。一、申明各處科舉名數。照原定解額，每舉人一名，取應舉生儒二十五名。一、中式之文，務崇簡實。凡浮靡冗雜，詭僻不經，悉行黜汰。仍參取後場，以采實學。一、解原卷到部，以憑稽查，不用公據。得旨：各省鄉試，但照舊規。令監臨官公同考官揭書出題，提調、監試等官不得干預。餘皆如議行。」《弇山堂別集》卷八十三《科試考三》：「四十三年甲子春，禮部覆南道御史官所陳兩京鄉試革弊事宜。一、今後兩京主考，不用本省人，如資序挨及，南人用北，北人用南，以別嫌疑。一、同考用京官進士出身者，《易》、《詩》、《書》各二員，《春秋》、《禮記》各一員，其餘參用教官，以便覽察。一、謄錄用書手，對讀用生員，以防洗改。但此三事專為兩京鄉試而設，其各省及會試，亦當因其說而廣之。因更上六事：一、會試及兩京鄉試，監試官預於二十日前選差，以便防範。一、巡視搜檢，務加嚴慎，以杜奸弊。一、各省務精選才望內簾官，無令外簾干預，應舉生儒二十五名中一名。一、中式之文，務崇簡易，凡浮繁冗雜詭僻不經，悉行黜汰，仍參取後場，以采實學。一、解原卷到部，以憑稽查，不用公據。得旨，各鄉試但照舊規。今監臨公同考官揭書出題，提調、監試等官不得干預。餘皆如議行。」是歲詔『自今兩京鄉試，同考官仍擇文行俱優年力精壯教職充之，罷部臣勿遣』。時給事中辛自修、鄧楚望，御史羅元佑，交章摘發科場奸弊，冒籍生員章禮等五人，關節監生項元深等三人。元深乃禮部主事戚元佐所薦同里人也，於是自修等並劾元佐。曹棟復言：『戶部尚書高耀薦屬官陳洙為考官，託其子高堂，遂得中式，而外簾為之關節者即宛平縣丞高燦，耀之親弟也。蹤跡顯然，人所共知，俱請論如法，以振頹綱。』疏下禮部查議，獨黜冒籍陳道箎、呂祖望回籍充附，禮等各行原籍勘實，堂、元深等以復試文可俱准中式，耀、元佐、洙俱不坐，燦以始不引嫌調外任。於是罷部僚與試，而行提學御史徐爌通查在京冒籍生員，斥遣有差。復詔增拓舉場前地，

臨入試時，增遣監場御史二員先於場門外檢閱以進。著爲令。」

八　月

兩京及各布政司舉行鄉試。司經局洗馬兼翰林院侍講林爓、右春坊右贊善兼翰林院檢討殷士儋主順天試。左春坊左諭德兼翰林院侍讀汪鏜、右春坊右中允兼翰林院編修孫世芳主應天試。順天解元章禮卷得之落卷中。

世芳以病卒於貢院，輿屍而出，同考官吏部主事蔡國珍代爲後序。據《弇山堂別集》卷八十三。《遊藝塾續文規》卷四《了凡袁先生論文》：「嘉靖甲子，林對山先生主北畿試。林三代翰林，學業極有門戶，其時偶患眼，不能閱卷，命遍讀所取卷，謂皆非解元。尋落卷中得章（禮）卷，取而讀之，至總提『五人』處：『蓋當其時，世值開泰之期，而人才輩出；運際文明之會，而賢哲挺生。故有若禹焉、稷焉、契焉、皋陶焉、伯益焉，斯五人者，天生之而授諸舜，非私舜也，將畀之以代天之工也；舜得之而分之職，非私五人也，將畀之以輔世之寄也。』林矍然曰：『此眞解元也。』及讀三場，俱稱，遂置第一。有大胸襟者，斯有大格局；有大識見者，斯有大議論。若非稷峰學識兼至，必無此作，乃知煉格之法貴識高而養厚。」梁章鉅《制義叢話》卷十二：「李雨村曰：嘉靖甲子順天鄉試，主考林對山先生偶患眼疾，不能閱卷，命人遍讀所取卷，謂皆非解元。時題爲『舜有臣五人而天下治』，尋落卷中得一卷，讀至總提五人處云：『斯五人者，天生之而授之舜，非私舜也，將畀之以代天之工也；舜得之而分之職，非私五人也，特畀之以輔世之寄也。』矍然曰：『此眞解元也。』遂置第一，榜發爲章禮。」

明世宗嘉靖四十四年乙丑（西元 1565 年）

二　月

高拱、胡正蒙主會試。甲午，禮部會試，取中式舉人陳棟等四百人。（據《明世宗實錄》卷五百四十三）

高拱《程士集》卷首《自序》：「《試錄》錄士之文，制也。然或以爲不純，故主司代爲之。又以入簾猝辦試事，不暇文，故豫爲焉，攜之入，其來舊矣。

時漸偷漓，間有以是蒙詬訾者，主司始有嚴心。歲戊午，順天鄉試，實學士董公暨予典其事。入簾，予乃語董公曰：『題皆豫擬，而同考者不與知，非禮。今誠願與眾共之當。』董曰：『諾』。於是集諸同考官聚奎堂中，揭書各擬數題，就其中雜用之。既示士，始爲文刻焉。後七年乙丑會試，則予暨學士胡公典之。予乃復申前說，命題刻文，悉如戊午例。雖皆倉卒不中尺度，乃其事則公矣。然程士不獨以文，其意固各有所託，予故以所爲稿自錄之。」沈德符《萬曆野獲編》卷十五《科場‧乙丑會試題》：「高中元主乙丑會試，《孟》題有二夷字，犯上所諱，賴首揆徐存齋（按，徐階）力解而止，人皆能言之。然實以首題爲『綏之斯來』二句，則下文有『其死也哀』，爲上深怒，謂有意詛咒。忽問徐此題全文，令具以對，徐云：『臣老耄健忘，止記上文有臣名與字，猶天之不可階而升，差能記憶耳。』上意頓釋，不復治。使其肯述諱語，高無死所矣。是年海忠介從郎署抗疏，指斥上諸過舉，上必欲殺之，亦賴華亭詭辭，如王生達生長富貴，正復一往之苦云云，因得長繫，上即以是年冬上賓。又二年徐謝政，而高再起柄用，海撫江南，所以苦徐者萬狀，幸兩公先後去位而事寢。徐之施恩出無心，而報者反是，不可謂非兩公之薄也。」梁章鉅《制義叢話》卷五：「張惕庵曰：時義至嘉靖末年蕪靡極矣，陳公棟出而振之，其文含華於樸，字字清新。嗣是如田鍾斗之沖恬，鄧定宇之風逸，若一轍焉，以陳公爲之倡也。」

本科會試題。

本科會試題有《論語》：「綏之斯來，動之斯和。」《中庸》：「人道敏政，地道敏樹。」《孟子》：「詩曰：『天生烝民，有物有則。民之秉夷，好是懿德。』孔子曰：『爲此詩者，其知道乎？』故有物必有則。民之秉夷也，故好是懿德。」

三　月

范應期、李自華、陳棟等三百九十四人進士及第、出身有差。（據《嘉靖四十四年進士登科錄》）

王世貞《明特進光祿大夫柱國少師兼太子太師吏部尚書建極殿大學士贈太師諡文貞存齋徐公行狀》（中）：「新鄭公（指高拱）之主乙丑會試也，上以進題字有所觸不懌，以問公（按，徐階），公爲剖析本義乃解。蓋前是乙卯（1555）主應天試者，亦以文義有所觸，賴公而解，人謂非公則逮讁如累歲

故事矣。廷試當讀卷，公令諸受卷者參伍其數，而分授讀卷大臣，諸讀卷大臣銓其可讀者以授首臣，與眾共之，第其甲乙而進之上，宿弊盡革。尋奉命選庶吉士，公俱如廷試。既開館，所頒條教，至今以為式。」（《弇州續稿》卷一百三十七）梁章鉅《制義叢話》卷十二：「《文行集》曰：嘉靖十五元，論者謂壬辰、乙未乃古今分別之際，胡之繼瞿，風度相似，後此五元，瑜不勝瑕。乙丑會元陳棟，當浮蔓之餘，以沖夷細密，穎然獨見，當頡頏瞿、許。隆慶辛未，棟取雋鄧定宇以讚，文章中興，莫盛於此。案：胡正蒙為丁未會元，瞿景淳為甲辰會元，胡正蒙以後五元，則傅夏器、曹大章、金達、蔡茂春、王錫爵也。陳棟即繼王後，是科題為『綏之斯來』二句、『人道敏政』一節、『《詩》曰『天生烝民』一節，主試者高拱、胡正蒙。」

據《嘉靖四十四年進士登科錄》，「第一甲三名，賜進士及第。」履歷如下：

范應期，貫浙江湖州府烏程縣，民籍，國子生，治《書經》。字伯楨，行一，年三十九，十月初七日生。曾祖縉。祖完。父萱。母陸氏。慈侍下。弟應明，監生；應光；輝；嘉；朝。娶沈氏。順天府鄉試第七十名，會試第一百九十三名。

李自華，貫浙江嘉興府嘉善縣，民籍，直隸松江府華亭縣人，嘉善縣學生，治《詩經》。字元實，行三，年三十，正月初九日生。曾祖淮。祖祚。父學孟。母郁氏，繼母江氏。具慶下。兄守敬、守教。弟守亨、守學、守敘、守貞。娶陸氏。浙江鄉試第五十八名，會試第二百三十四名。

陳棟，貫江西南昌府南昌縣，軍籍，縣學附學生，治《詩經》。字隆之，行八，年二十九，三月二十七日生。曾祖進國。祖亢初。父光，典史。母宗氏。具慶下。兄柯。弟梁、椿、桂、柏、楨、模、楹、梅、植。娶樊氏。江西鄉試第六十六名，會試第一名。

據《嘉靖四十四年進士登科錄》，第二甲七十七名，賜進士出身。第三甲三百一十四名，賜同進士出身。

陳棟為本科會元，殿試一甲三名。《欽定四書文》正嘉文錄其本科闈墨兩篇。

卷四錄其《中庸》「人道敏政」一節題文：「聖人喻人存政舉之易，必擬物之易生者以見之也。蓋為政不難，惟得人之為貴也，聖人既喻其易，而又

即易生之物以見之，所以歆動魯君者至矣。想其意謂：文武之政，固後世之所當法者也，然而或舉或息，由其人之存亡者，何與？亦日人乃立政之具云耳。是故明良合德，人之謂也，而其道則敏政焉，有天下之治人，斯有天下之治法，而以立以行，自沛然其莫禦也；猶夫剛柔成質，地之謂也，而其道則敏樹焉，有是廣厚之體，斯有是廣生之用，而以滋以長，自勃然其莫遏也。蓋上焉有文武之君，是有以培爲政之本也，而鳧鷖既醉之治所以本諸身、徵諸民者，固推之而即準矣；下焉有文武之臣，是有以植爲政之幹也，而咸和永清之烈所以頒於朝、施於國者，固動之而即化矣。其於地道之敏樹何異哉？然槪以樹擬之，亦未足以見其速也。夫政也者，其猶樹之蒲盧矣乎？莫非政也，而文武之政則盡善而盡美，苟有舉之，殆不疾而自速；猶夫均之樹也，而蒲盧之樹又易栽而易培，苟有種之，殆方涵而即達也。蓋昭代之制，本自足以宜民，而苟其人既存，又不病於推行之無地，則所以布濩流衍於天下者，亦舉措之間而已矣；周官之法，本斯世所易從，而苟人道既得，又不阻於運用之無自，則所以充周洋溢於四方者，特轉移之際而已矣。其視蒲盧之易生誠何異哉？吁，物不自生，得地而生也，使非地道之敏樹，則雖易生之物，未有能生者矣；政不易舉，得人而舉也，使非人道之敏政，則雖易舉之政，未有能舉者矣。君欲憲章文武，而可不自勗哉？」評謂：「體平勢側，兩對中各藏對偶。因板生活，寓圓於方，機軸之工，妙若天成。」卷六錄其《孟子》「詩曰天生烝民」一節題文：「大賢引《詩》及聖人說詩之詞，所以明性善也。夫物則同稟而懿德自好，性之發乎情者則然也。觀此而性善之義不有足徵乎？孟子答公都子之意，蓋謂：以情之善而徵性之善，此非予之私言也，《詩》嘗言之，而孔子亦嘗道之者也。《詩》曰『天生烝民，有物有則，民之秉彝，好是懿德』，夫先言降衷之德，而發其固有之良；繼言好德之同，以驗其所稟之善。非達性命之原者，不足以語於斯也。孔子讀而讚之曰：『爲此詩者，其知道乎』，夫『物』之與『則』雖判於顯微，而微乃顯之所以立也；『秉』之與『好』雖分於寂感，而感乃寂之所以形也。是以天生蒸民，有形而下者以爲之器，必有形而上者以爲之理。凡形器之所運者皆物也，而皆有『則』焉以爲此身之主，自有生以來，固分定而不易者也；凡綱常之所著者皆物也，而皆有『則』焉以爲日用之常，自受衷以來，固有恒而可執者也。非民之秉彝而何？夫是『秉彝』也，即所謂『懿德』也。惟其『善』原天下之一，是故『好』同天下之情。可愛可求之美，不惟知德之深者而後能好也，雖陷溺其

心，亦必有觸之而即動者焉，蓋吾之所好，即吾之所秉，自孚契之若此耳；至精至粹之眞，不惟全體是德者而後知好也，雖牿亡之甚，亦必有油然而莫遏者焉，蓋『則』之所具即情之所鍾，自忻慕之若此耳。向非有是『則』也，則何所秉以爲彝；而非秉是彝也，又何所爲而同好哉？此詩人之所以爲知道也，是知『有物有則』即吾所謂性善者也，『秉彝好德』即吾所謂情善者也。則夫情之可以徵性，不既益明乎？而爲不善者，果非『才』之罪矣。子尙何惑於三說者哉？」評謂：「清眞流暢，堆疊處能運以圓逸，而非後此機趣之文可同日語者，學之粹也。」《制義叢話》卷五引張惕庵語：「時義至嘉靖末年蕪靡極矣，陳公棟出而振之，其文含華於樸，字字清新。嗣是如田鍾斗（田一儁，隆慶二年會元）之沖恬，鄧定宇（鄧以讚，隆慶五年會元）之風逸，若一轍焉，以陳公爲之倡也。」

歸有光（1507～1571）爲是榜進士。其制舉業被艾南英推爲三百年來第一。

歸莊《歸莊集》卷四《重刻先太僕府君論策跋》：「太僕府君之文章，久爲世所宗師，制舉業則艾千子先生推爲三百年來第一，古文則錢牧齋先生推爲三百年來第一，後人更無容贊一辭矣。至於應試論策，特其緒餘，昔年刻文集時，置之不錄。既而以其便於後學，乃別刻單行，然鏤板粗惡，歲久復多損壞。茲以時尙論策，同邑朱、陸諸君子謀重梓之，問序於府君之曾孫莊，莊則何敢？抑論策雖曰應舉之業，然亦存乎其人。以舉業之手作論策，則舉業矣；以古文之手作論策，論策亦古文也。董廣川、孫丞相、元學士、白太傅、劉諫議諸賢良策，豈非應制舉者乎？蘇文忠公集，其所自定，乃以應舉策居首。豈得薄視論策乎！」王錫爵《明太僕寺寺丞歸公墓誌銘》：「其後八上春官，不第。蓋天下方相率爲浮游泛濫之詞，靡靡同風，而熙甫深探古人之微言奧旨，發爲義理之文，洸洋自恣，小儒不能識也。於是讀書談道於嘉定之安亭江上，四方來學者常數十百人。熙甫不時出，或從其子質問所疑。歲乙丑，四明余文敏公當分試禮闈，予爲言熙甫之文意度波瀾所以然者。後余公得其文，示同事，無不歎服。既見熙甫姓名，相賀得人。主試者新鄭高公，喜而言曰：『此茶陵張公所取以冠南國者，今得之，有以謝天下士矣。』廷試，入三甲，選爲湖州長興縣令。」歸有光《見南閣記》：「嘉靖十九年，余爲南京貢士，登張文隱公（張治）之門。其後十年，沔州陳先生爲文隱公

所取進士。余為公所知，公時時向人道之，先生由是知余；而無從得而相見也。其後十五年，先生以山西按察副使罷，家居。久之而余始與先生之子文燭玉叔同舉進士。在內庭遙見，相呼問姓名，甚歡。知先生家庭父子間道余也。因與之往來論文，益相契。間屬余記其所居見南閣者。」（《震川先生集》卷十五）《遊藝塾續文規》卷四《了凡袁先生論文》：「兩扇格如嘉靖戊子浙江姜解元『禮云禮云』一節，辛卯福建莊經元『愛之能勿勞乎』二句，皆自散做，中間不作小比。夫文拘對偶，去古已遠，今於對之中又作對焉，愈降愈卑矣。乙丑會試『綏之斯來』二句，場中兩扇遙對之中，各作四比。是時正承浮靡之後，作者類以浮麗為工，成習已久。歸震川獨兩扇各做，不作一句排偶，余同麓見而奇之，拔置高等。震川學甚博，識甚高，持論甚正，江以南素重其文，特以其久不售於有司，故從之遊者，稍稍叛去，更習浮麗。及聞其取高第，海內爭傳其文，而余公之名亦因之增重。戊辰沈蛟門負異才重望，其文亦主說理，余公在場又力薦而魁之。當是之時，海內豪傑困頓場屋者，咸以不得出余公之門為憾，而經生學士聞風聽聲，翕然有返本務實之思矣。至庚午科，予在應天場中，『責難於君』二句，皆倣震川體散做，同年中並無一人作小比者。挽天下之靡而返之醇，若戞戞乎其難也。余公一拔震川，再拔蛟門，五六年間，風動天下，王道易易，豈不可徵哉？嗟夫！『達觀其所舉』，李克之名言也，柄斯文者慎之。」梁章鉅《制義叢話》卷五：「《明史‧文苑傳》云：歸有光字熙甫，昆山人，嘉靖十九年舉鄉試。八上春官不第，徙居嘉定安亭江上，讀書談道，學徒常數百人，稱為震川先生，四十四年（1565）始成進士。有光制舉業，湛深經術，卓然成大家。後德清胡友信與齊名，世並稱歸胡。友信博通經史，學有根柢。明代舉子業最擅名者，前則王鏊、唐順之，後則震川、思泉。思泉，友信別號也。」此係節錄《明史‧文苑》之文。梁章鉅《制義叢話》卷五：「方望溪曰：化、治以前，先輩多以經語詁題，而精神之流通、氣象之高遠，未有若震川者。如『大學之道』一節題文，歷用『昊天曰明，及爾出王；昊天曰旦，及爾游衍』、『人心惟微，道心惟微』、『立愛惟親，立敬惟長』、『始於家邦，終於四海』、『道有陞降，政由俗革』、『惟皇建極，惟民歸極』、『會其有極，歸其有極』、『知至至之，知終終之』各語，皆如其意之欲出，此可悟文章之有神。即如《三百篇》語，漢魏人用之即是漢魏人氣息；漢魏樂府古詩，六朝人用之即是六朝人音節。震川之用經語，亦當作如是觀。」「汪堯峰琬曰：先正之文皆有授受淵源，獨歸震川少

年負盛名，其古文詞取徑於廬陵，舉業取徑於眉山，與時迥別，以是晚售。袁了凡嘗極言其不遇之故，古今文果有不同耶？」

《欽定四書文》錄歸有光文 33 篇，在明代僅次於陳際泰（58 篇）。

正嘉文卷一錄其《大學》「大學之道」一節題文。文謂：「聖經論大人之學在於儘其道而已矣。蓋道具於人已，而各有當止之善也，大人之學盡是而已，聖經所以首揭之以爲學者立法歟？自昔聖王建國，君民興學設校，所以爲扶世導民之具，非強天下之所不欲；而其宏規懿範之存，皆率天下之所當然。是故作於上者，無異教也；由於下者，無異學也。其道可得而言矣：己之德，所當明也，故學爲明明德焉。人受天地之中以生，所謂『昊天曰明，及爾出王；昊天曰旦，及爾游衍』，非吾心之體乎？『人心惟危，道心惟微』，此人之所以有爽德也。謂之明者，明此而已。懋吾時敏緝熙之功，致其不顯克明之實，洗心濯德，超然於事物之表而光昭天地之命，蓋吾之德固天地之德也，德本明而吾從而明之耳。不然，則道不盡於己，非所以爲學矣。民之德，所當新也，故學爲新民焉。吾與天下之人而俱生，所謂『立愛惟親，立敬惟長；始於家邦，終於四海』，非吾分之事乎？『道有陞降，政由俗革』，此其三世之所以有汙俗也。謂之新者，新此而已。盡吾保乂綏猷之責，致其裁成輔相之道，通變宜民，脫然於衰世之習而比隆三代之治，蓋今之民固三代之民也，民本當新而吾從而新之耳。不然，則道不盡於人，非所以爲學矣。明德、新民又皆有至善所當止也，故學爲止至善焉。惟皇建極，惟民歸極。『會其有極，歸其有極』，孰不有天理之極致乎？知至至之，知終終之，此道之所以無窮盡也。謂之止者，止此而已。有憲天之學而後可以言格天之功，有格天之功而後可以言配天之治。不與天地合，其德猶爲未明之德也；不與三代同其治，猶爲未新之民也；人己之間道猶有所未盡，而非所以爲學之至矣。是則明德以求盡乎爲己之道，新民以求盡乎爲人之道，止至善以求盡乎明德、新民之道。古人無道外之學也如是。」評謂：「化治以前先輩多以經語詁題，而精神之流通，氣象之高遠，未有若茲篇者。學者苦心探索，可知作者根柢之淺深。」「《三百篇》語，漢魏人用之即是漢魏人氣息；漢魏樂府古詩，六朝人用之即是六朝人音節。觀守溪、震川之用經語，各肖其文之自己出者，可悟文章有神。」

同卷錄《大學》「古之欲明明德於天下者」二節題文：「學道之功相須而

不可廢者也。夫體用合一，而大學之道備矣，欲致其道，而其功不容於或疏者，此古之君子所以能會其全也與？且夫道之在天下，原於一心之微，而散於庶物之賾；出之吾身之近，而達之天下之遠。然或求之不得其方，則其道漫而無統；操之不以其要，則其功泛而不切。是故大學之道，有條目焉，古之人有不能外焉者。何則？天下國家，君子所以行其道於人者也，而齊治均平之道不容以概施焉。天下而先之國也，國而先之家也，家而先之身也。勢有遠近，隨地而植其推行之本；事有彼此，因分而澄其感化之源：機固有相因而不容已者也。身心意知，君子所以修其德於己者也，而格致誠正之功不容以泛及焉。心而先之意也，意而先之知也，知而先之物也。智周萬物，而本然之體已充；念慮既清，而存主之天不失：理固有相通而不容間者也。是何也？蓋天下之理不以內外而或殊，必理無不格而後天下之是非不能眩，發無不實而後吾心之體得其平，此致由於格，誠由於致，正由於誠，功固有不得不然者，非務其外而遺其內也；天下之勢不以遠近而或異，必皇極之既建而後推行之本以立，刑于之既成而後感化之道以神，此自身而家，自家而國，自國而天下，機固有不容自御者，非泥於近而戾於遠也。夫其格物、致知、誠意而心無不正焉，則天之所以命於我者，有以不失其付畀之重；修身、齊家、治國而天下平焉，則凡類之同於我者，皆不遺於德教之中。夫是而德無不明矣，民無不新矣，此大學之全功也。古人爲學之次第蓋如此。」評謂：「即以綱領爲條目之界劃，四比如題反覆，清透簡亮，有一氣揮灑之樂。」

　　同卷錄其《大學》「生財有大道」一節題文：「傳者論裕國之道，不外乎經制之得宜而已。蓋善裕國者不取諸民也，崇本節用而不失經制之宜，國何憂貧乎？且所貴乎平天下者，謂其能不事於財也；不事於財者，非能盡去乎財也。何者？財之所生在天，財之所出在地，作而成之者人之功，制而馭之者君之職。因天分地而己不勞，以君養人而智不鑿。斯固自有大道矣，是必立爲經常之制。率天下之人以生天下之財，自三農生九穀，以至於閑民轉移執事，莫非興事造業之徒，而欲爲浮民不可得也，至於朝廷之論官，則又以功詔祿，以能詔事，以久奠食，而濫設之弊去矣，濫設之弊去，而供億之繁省矣；生天下之財而勤天下之力，自七月流火，以至於十月納禾稼，莫非震動恪恭之時，而欲爲惰遊不可得也，至於公帑之支調，則又以貢致用，以賦斂財，以式均財，而無藝之費去矣，無藝之費去，而耗竭之患亡矣。夫曰生之爲之，凡以生財而使之有者則欲其眾以疾；曰食之用之，凡以耗財而使之

無者則欲其寡以舒。由是而財之大源有所濬而日見其有餘，財之末流有所幅而不至乎坐耗。吾見明昭上帝，迄用康年；六府孔修，萬世永賴。言乎其財，則天下之財，而非一家之財、一國之財也；言乎其計，則萬世之計，而非一時之計、不終日之計也。謂之曰大道者蓋如此，是何嘗損下益上、斂一世而為豐殖之謀也哉？」評謂：「渾渾灝灝，約《詩》、《禮》之旨以為言。低手傚之，填湊《三禮》，則形骸具而精氣亡矣。」「義則鎔經液史，文則躋宋攀唐。下視辛未諸墨，皆部婁矣。」

正嘉文卷二錄其《論語》「子禽問於子貢」一章題文：「聖人所以聞政者，不可以迹觀而可以意會也。夫聖人之聞政者，德而已。子貢能會之以意，而子禽以迹觀之者歟？且夫世降而德輕，德輕而勢重，於是乎士無感人之實，而上之人始得以制其予奪之柄。故天下見士之求君，而不見君之求士。此時也，而非所以論聖人也。子禽曰：聖人不能無求也，國政之是非因革，在人者也，夫子何以知之？天下豈有不求而自獲、不與而自至者乎？夫子猶夫人者，其求之乎？與之乎？子貢曰：聖人無所求也，夫子之溫良恭儉讓，在我者也，夫子以此得之。天下固有不言而喻、不知其然而然者乎？夫子之求異乎人之求也，孰求之乎？孰與之乎？子禽以常人之見求夫子之心，其致之有由，而其得之有待也；子貢以觀感之深發自得之見，其溫良可親，而其恭儉讓不可舍也。蓋在人者重，則吾方奔走之不暇；在我者重，則物皆囿於其中。故天機之動，雖王公之勢亦恍然而自失；而神化之妙，如元氣之鼓萬物而不知者。惟子貢為得之也與？」評謂：「格局老枘。細按問答，虛神仍分寸不失，骨脈澄清，精氣入而粗穢除。乃古文老境，非治科舉文者所能窺尋。姑存一二，使好古者研悅焉。」

卷二錄《論語》「禮之用」一節題文：「賢者論禮順人情，而道之所以無敝也。夫先王之禮，所以嘉天下之會者也，使有所拂於情，其何以能達之而無敝也哉？且夫天高地下、萬物散殊而禮制行焉，或者見其品節防範之嚴，而因以重疑畏之心，而不知夫禮之和而通於情也。蓋天下之人莫不有情，惟其無以自達，於是有禮焉以導之。則其所以周旋褘襲而為是隆殺之等者，非吾之所不樂也，中有所欲，而假物以自將，則緣飾之用斯著，凡以達吾之情而已矣；其所以陞降俯仰而為是繁縟之制者，非吾之所本無也，仁有所體，而因事以生敬，則文明之賁斯章，要亦情之所樂而已矣。然則禮之為物，雖恭儉莊敬，似有以嚴天下之分；而欣喜歡愛，實不拂乎人心之天。先王精微

制作之原，端有在於是，而世無容議焉者也。使禮而不和，則先王不制之矣；使先王不和而制禮，則天下將尤之矣。惟其制法興王，出於一時之擬議，而和以悅心，不至乎驅迫天下以合吾之矩矱，則雖欲瑕疵聖人之禮而輕訾之而有所不敢；建中立極，出於一代之損益，而和以洽愛，不至乎強率天下以入吾之範圍，則雖欲決裂聖人之禮而背去之而有所不忍。故自后王君公以至於輿皀之賤，莫不安之而不可厭，非有愛於吾之禮也，愛吾之和也，天下不能不和，而不能外先王之禮也明矣；自朝會喪紀以至於揖讓之微，莫不油然而不可已，非以其爲先王之禮也，以爲吾之情也，天下不能無情，而不能廢先王之禮也審矣。吁，此禮和之可貴而先王之道至於今不廢也。彼欲離和以言禮者，多見其失於禮而背於情矣。」評謂：「古厚之氣，直接先秦初漢。前人以『粗枝大葉』概之，最善名狀。」

　　卷二錄《論語》「詩三百」一節題文：「聖人約《詩》之爲教，不外乎使心得其正而已。夫《詩》，所以感人而入於正也，『正』之言雖約，而《詩》之爲教無有出於此者矣。且夫博而寡要、勞而少功，此觀書者之恒病也。以其一定之言而驅率之汗漫無所歸極之地，而垂教者之深意於是而晦矣。是故采詩以垂訓，包括旁羅，期無遺也，而貫通倫類，必有所以爲詩之旨；涉獵旁博，宜不廢也，而綱維蘊奧，必有所以爲說詩之本。吾嘗反覆於《三百篇》之中，而得其一言之要，《魯頌》所謂『思無邪』是也。蓋天命之眞、人心之本，全具於中而不失，是性情之所以正也；而形生之類、氣稟之偏，必待涵濡長育而全，是《詩》之所以爲教也。彼其所以發於咨嗟詠歎之餘者，比物連類，其旨不可一而概之也，然而觀者得於哦吟上下之際，所以會其意而一之者，要以觸發其本眞，而使之約於中耳；其所以自然於音響節族而不能已者，宣志達情，其意不可泥而拘之也，然而觀者得於詠歌慨歎之間，所以迎其意而通之者，要以和平其心意，而俾之離於僻耳。《詩》之有善，非徒詩之善也，是勸之而歸於無邪也；《詩》之有惡，非徒詩之惡也，是懲之而歸於無邪也。以吾之天而觸彼之天，則事前而機動，不獨盛世遺音可以宣化，而治亂賢否所感之不同，而其歸同矣；以彼之天而契我之天，則世隔而心通，不獨朝廟歌聲可以平心，而賢人君子憫時病俗之所爲，而其致一矣。是知人生而靜，天之性也；感物而動，情之理也。惟思無邪而後性情得其正，故曰『《詩》以道性情』，夫子所以示天下學《詩》之準。噫，其盡之矣！」評謂：「咀味聖人立言之意，渺眾慮而爲言，淳古淡泊，風格最高。」「化治先輩對比多辭

異而意同，乃風氣初開，文律未細。雖歸震川猶或不免，如《禮之用》篇，精深古健，而亦蹈此病。故俱辨而錄之。」

卷二錄其《論語》「吾十有五而志於學」一章題文：「聖人所以至於道者，亦惟漸以至之也。夫道無終窮，雖聖人亦有待於學也，學之則不容無漸矣。此其理之固然，而豈聖人過爲卑論以就天下也哉？自夫天下待聖人過高，以爲有絕德於天下，而不知夫聖人之所爲孜孜而不已者，固吾人之事也。何則？人之心，與理一也；人之爲學，求至於心與理一也。然學之不可以驟而化之、不可以助長也久矣。故自十五之時，始有志於聖賢之道，而從事於鑽研之功，嘗以爲志之勿立，則無以負荷乎天之所與者，將不免於小人之歸，是以始之以立志，而是非之介、取舍之極，蓋有所定而不能移；迨於三十之年，始有得於矜持之力，而取驗於德性之定，嘗以爲守之勿固，則無以凝聚乎性之所鍾者，將不免於君子之棄，是以繼之以定守，而紛華之變、盛麗之陳，蓋有所持而不可撓也。自十五而三十，積以十五年之功，而意味固已不同矣，然猶不敢自怠。而至於四十也，則隨事見理而研旨趣於萬殊，參酌於無端無紀之中而有得於燦然之妙，物之所以各足其天者，吾固已見之明，而知萬殊之各正，視向之立者，不免猶膠於固也；又至於五十也，則以理視物而探淵源於一本，究極於大本大原之中而有得於渾然之妙，天之所以流通於物者，吾固已見之一，而知帝則之必察，視向之不惑者，不免猶在於物也。自三十而四十而五十，體驗於十年之間，而意味又各不同矣，然猶人也，非天也。君子之學求至於天，而可已乎？故六十以達耳順之機也，理妙於中而有以通乎外之所感，神而明之，存乎其人，感之者以天也，聽之者以天也，順於耳而耳不得而與焉；七十以妙從心之用也，理運於外而有以出於中之所豫，化而裁之，存乎變，從之者以天也，不踰之者以天也，從於心而心不得而知焉。夫以六十、七十之所自得者如此，夫豈以年彌高而德彌劭哉？亦以道久而後熟，故日有所不同耳。是知志者，志此理也；立者，立此理也；不惑而知之者，亦此理也；至於耳順、從心，而理與心一焉。君子之學，求至於是而已也。」評謂：「以古文爲時文，自唐荊川始，而歸震川又恢之以閎肆。如此等文，實能以韓歐之氣達程朱之理，而吻合於當年之語意。縱橫排蕩，任其自然。後有作者，不可及也已。」

卷二錄其《論語》「多聞闕疑」二段題文：「君子之學，能善其言行而自修之道備矣。夫言行，君子所以居身者也，善學者無尤悔之愆，則身修而無

所事於外矣，此夫子所以救子張之失也。且夫學術不明而眩鶩於外感者，得失之故撓之也，君子亦惟盡其在我而已矣。是故世之人縱口以為言，則浮誕之習勝而言始病。君子之學，惟其不能無言也，廣聽以為聰，而事物之故觸於吾之真者，莫不取以為吾言之資，尤必加之以精義之學而闕其所不知焉，則凡其所闕之餘，莫非其所知而可以言者也。然君子非以可言之為貴，而以可言而不易言之為難。理明義精之餘，惕焉尚口之為戒，固有心可得而知而口不可得而言者，而不敢以易而出之也。如是則吾之言莫非天下之理，而天下之理莫非天下之心。『仁義之人，其言藹如』。多聞而天下不以為陋，闕疑而天下不以為誣，慎言而天下不以為誕，以為當於心而已矣。君子之修其言者固如此。世之人肆意以為行，則苟且之患生而行始病。君子之學，惟其不能無行也，兼照以為明，而紛紜之變接於吾之目者，莫不取以為吾行之資，尤必加之以研審之慮而闕其所未安焉，則凡其所闕之餘，莫非其所安而可以行者也。然君子非可行之為貴，而以可行而不遽行之為難。熟思審處之際，惟患躬行之未得，固有心知其是而身猶恐蹈其非者，而不敢苟焉以應之也。如是則吾之行莫非天下之理，而天下之理莫非吾之心。『內省不疚，無惡於志』。多見而自信其非隘，闕殆而自信其非罔，慎行而自信其非妄，以為當於吾之心而已矣。君子之修其行者又如此。是知君子不能取必於人，而取必於己；不能取必於天，而取必於人。言行之修，無心於得祿，而得祿之道則然耳。子張何為而役於外也哉？」評謂：「顯白透亮而灝氣頓折，使人忘題緒之堆垛。」

　　卷二錄其《論語》「夏禮吾能言之」四句題文：「聖人歎二代之禮有可言，而其言不可考也。蓋夏、商二代皆有治天下之禮，而為其後者不足以存之，寧不有以發聖人之感慨乎？且夫禮自聖人而制，不自聖人而止也。作者之意未必不欲傳示於無窮，而述者之情亦未嘗不欲仰稽乎千古。然世遠言湮，有不得而見其全者，則亦不能無慨於斯矣。今夫繼虞而有天下者夏也，以有夏之聖人治有夏之天下，其天經地義之所在，固不能有加於往古，而所以相其時宜、適其世變以使當世之民安之，必有斷然自為一代之禮者，而謂之夏禮也。自夏至今，王者二易姓矣，而猶有杞為之後焉，則凡欲以觀夏之禮者，宜皆於杞乎求之，而今觀於杞，何足以徵夏之禮哉！雖其所尚在忠，所建在寅，與夫則壤成賦之類，至今讀夏書者猶可以想見乎當時，然特其大略之所在，所謂存什一於千百者，而欲得其全而見之，則求之於杞而吾無望也已，

然則夏之禮自是其將遂湮滅而無傳矣乎？繼夏而有天下者殷也，以成湯之聖人撫九有之殷眾，其大經大法之所存，固不能有改於前代，而所以變而通之、神而化之以使天下之治常新，亦必有斷然自為一代之禮者，而謂之殷禮也。自殷以來，又有聖人者承其後矣，而宋則為其世守之國焉，則凡欲以觀殷之禮者，宜皆於宋乎求之，而今觀於宋，何足以徵殷之禮哉！雖其所尚以質、所建以丑、與夫建中錫極之類，至今讀殷之書者猶可以追想其時事，然特其流風之所存，所謂得其偏而遺其全者，而欲其詳焉而深考之，則求之於宋而吾無望也已，然則殷之禮自是其將遂散軼而莫收矣乎？嗟夫，夏商之聖人，其始之所以為禮者，其用心於天下後世，亦何以異於文武周公也。而今之所存若此，亦可慨矣。不知好古之君子，其亦將以吾意為然否耶？」評謂：「古厚清渾之氣，盤旋屈曲於行楮間。歸震川他文皆然，而此篇尤得歐陽氏之宕逸。」

卷二錄其《論語》「周監於二代」一節題文：「聖人歎時制之善，而因以致其不倍之意也。夫法非聖人之所能為也，因時而已，孰謂有周一代制作之盛而聖人敢有僭越於其間哉！昔者聖人不先天以開人，每因時而立政。方其時之未至也，前世聖人不能以預擬其後而待其變於未然；及其時之既至也，後世聖人不敢以苟徇乎前而安其法於不變。是故禹之造夏以忠也，方其法之始行，天下以為宜於忠也，及其弊而之野，則忠之道有所不可行，而徒為有夏之故迹矣；湯之造殷以質也，方其法之始行，天下以為宜於質也，及其弊而之鬼，則質之道有所不可行，而徒為有商之故迹矣。迨夫文武造周而承二代之餘，雖其忠質之窮，交有所弊，而天下之變固已略備於前世也。於是深明往古之得失，政惟由舊，而斟酌以化裁之，監於夏而不純用乎夏；洞悉天下之利病，制以宜人，而變通以神明之，監於商而不純用乎商。則周之政非夏之忠、商之質，而文武周公之文也。吾見聖人心思智慮之所及，盡倫盡制，有以利用於生民，而上自朝廷宗廟，以逮於閨門閻里之間，品式具備，昭然禮樂之化，天地運而四時行矣；帝王經綸參贊之極功，大經大法，有以範圍於斯世，而大自祭祀會同，以至於揖讓俯仰之際，緣飾委佩，燦然文明之治，口星明而江河流矣。然則吾生於今日而仰一王之盛，固樂與斯世斯民共歸於維皇之極，而曷敢自用自專，以妄起不靖之謀哉？夫子之從周者如此，蓋亦傷周之末文勝之弊，而思文武周公之舊也與？」評謂：「以古文間架筆段馭題，題之層次即文之波瀾，文之精蘊皆題之氣象。」

　　卷二錄其《論語》「子入大廟」一節題文：「聖人深得乎禮之意，因人言而有以發之也。夫敬者，禮之意，而或者不知，則禮亦幾乎息矣。此聖人之所懼也，不然，而豈急於自暴其知禮也哉！且夫諸侯得祭其始封之君，而魯之有太廟，則周公其人也。時方卜祭而嚴裸獻之儀，夫子筮仕而在駿奔之列。斯時也，宗彝罍爵於是乎陳，而聲名著焉，文物昭焉，周公之德不衰也；降登俯仰於斯焉在，而獻享致焉，孝慈服焉，周禮之在可觀也。以夫子之無不知也，固宜若素講而熟識之者；以夫子之每事問也，則又若創見而驟聞之者。於是不知禮之說，或者有以議其後矣。殊不知天下有不知而問者與知而不問者，此可概以答問之常；而亦有問生於知、不知而無所問者，此宜得之答問之外。誠以備多士而與濟濟之中，有司之所存，不可不恪也，恃其博洽之素，而曰『予既已知之矣』，雖其考索之精不爽於毫髮，而非禮之意也；登清廟而觀雍雍之美，國家之上儀，不可不敬也，逞其威儀之習，而曰『如斯而已矣』，雖其禮度之閑不失乎尺寸，而亦徒禮之文也。蓋惟聖人者，恭敬之心肅於中，無所不知而有所不敢；著愨之道存乎內，不待於問而不能已於問。故聞之而曰『是禮也』，夫禮者非自外至者也，心怵而奉之以禮，而可以交於神明矣。惜乎天下之議禮者如或者之意，而不達乎聖人之心，聚訟之紛紛，亙千古而不決也。」評謂：「神氣渾脫，化盡題中畦界。而清淡數言，旨趣該透。其於題解，昭然如發蒙矣。」

　　卷二錄其《論語》「天將以夫子爲木鐸」一句題文：「時人以天意而知聖人之不終窮，所以慰門人也。蓋天生聖人，爲萬民也，聖人而必得位於天下，亦其理有固然者。時人而能言此，可謂深知夫子者矣。想其得見夫子而退以語門人之意，謂夫世以天道之難測，而疑聖人之遇不可必，此特天之未定者也，孰知天之有終不能舍夫子乎？夫使世不遭大亂，而始終往復之數未極，則時不在夫子焉，吾固不能必夫子之得位也；使天不生聖人之德，而撥亂反正之具不全，則道不在夫子焉，吾又不能必夫子之得位也。茲者以夫子之德而又值今之時，天於下民之孔艱坐視其陷溺而莫爲之所，固未必若是其恝然也；畀聖人以厚德而終始於窮阨而無所用，又未必若是其無意也。推天之所以厚民，必將以君師世道之責委之夫子，以副其降鑒下民之心；推天所以厚夫子之意，必將使夫子任夫君師世道之責，以當聰明時乂之寄。吾見明王作而天下宗予，後知者吾知之焉，後覺者吾覺之焉，振一世之聲聵，而皇極錫極之道，不徒慨想乎東周之盛矣；聖人出而萬物咸睹，道之而斯行焉，動之

而斯和焉，開一時之顓蒙，而禮樂教化之實，不徒私淑於洙泗之間矣。所不可齊者，治亂之迹，而所可知者，天理之循環，使天下之治果不容挽，則生民之亂將何所窮耶？由其亂之極，則天之用夫子者必有在也。所不可必者，遇合之數，而所可知者，大德之受命，使夫子之道果不行，則天之生聖人者果何所爲耶？由其德之盛，而夫子之簡於天者將有在也。然則二三子之患於喪者，非獨不知天，亦不知夫子矣。觀於此而封人之賢可知矣，非夫子不足以感封人，非封人不足以知夫子。惜乎天意不可必，而封人之言卒不驗也。雖然，人也，非天也，封人之所知者，天而已矣。」評謂：「每股接頭轉折處，純是古文行局。空漾渾雅，繁委周匝，無一不古，亦惟深於古文者知之。」「兩意貫注到底，而蒼莽迴薄，不見其運掉排蕩之迹，是大家樸直氣象。逐層以天下與夫子夾說，疑於連上文矣。惟處處以天爲主，故納上句於本題之中而不連上也。」

卷二錄其《論語》「舜有五臣而天下治」題文：「古之聖人，得賢臣以弘化者也。夫聖王未嘗不待賢臣以成其功業也，有虞君臣之際，所以成其無爲之化，而後之言治者可以稽矣。且夫天之生斯民也，必有聰明睿智之人以時乂萬邦而統治於上，以爲之君；其有是君也，亦必有篤棐勵翼之人以承辟厥德而分治於下，以爲之臣。有民無君，則智力雄長，固無以胥匡以生；而有君無臣，則元首叢脞，其不能以一人典天下之職明矣。是故人知有虞致治之隆，超軼於三王之上；而不知當時人才之盛，而特有賴於五人之功。蓋賢俊彙生，天所以開一代文明之治；而惟帝時舉，則聖人所以爲天下得人者也。故夫洪水未平，方軫下民之咨，使四嶽之舉，皆圯族之徒，則舜亦無所爲力者，而九載弗成之際，適有文明之禹以幹其蠱，所以排懷襄之患而底地平天成之功者，得禹以爲之者也；烝民未粒，方軫阻饑之憂，使九官之中，皆象恭之流，則舜亦無所可恃者，而五穀不登之餘，適有思文之稷以奏之食，所以盡有相之道，而啓陳常時夏之功者，得稷以爲之者也。民食而不知教，聖人又以爲天下之憂，時則有契以爲之司徒，所以迪茲彝教，而在寬之敷，天下皆知錫汝保極而樂於爲善；民教而不知刑，聖人又以爲天下之防，時則有皋陶以明刑，所以明於五刑而協中之化，天下皆能不犯於有司而憚於爲惡。至於萬物異類而一原，盡人之性而不能盡物之性，亦聖人之所病者。當夫於變時雍之日，又得伯益以掌虞衡山澤之政，則不徒爲民除害，而所以若予上下草木鳥獸者終有賴焉。是知舜之有五人也，天下皆見五人也，天下皆見五

人之爲，而不知舜之爲；及天下之治也，天下皆以爲舜之功，而不知其爲五人之功。天道運而四時成，君臣合而治化隆。觀於此，不獨見有虞人才之盛，又可以見聖人恭己無爲之治矣。」評謂：「實排五比，雄氣包孕，具海涵地負之概。在歸震川文中爲近時之作，然制藝到此已是極好順時文字矣。」

卷三錄其《論語》「先進於禮樂」一章題文：「聖人述時人尙文之弊，而示以用中之極也。夫天下之勢趨於文而不可挽也，夫子先進之從，得非示之以用中之極乎？何則？道散於天下，而禮樂其顯者也。道之不明而俗之淪胥也久矣，故時人之論禮樂，其謂之先進者，則文武成康之始也，猶以其文之未備而不安於其故，謂其後之可以加而未至於盡飾，似類乎閭閻敦樸之習而譏之，以爲野人也；其謂之後進者，則『黍離』以降之後也，乃以其文之既至而怳乎其新，嘉其飾之已盡而可以合於時宜，所以爲有搢紳士大夫之風而稱之，以爲君子也。時人之論如此。人情狃於其習，則日化而不自知；偏於其所見，則自以其言之當而不覺其過。誠以周承三代之後，天下之勢已日趨於文，雖文武周公皆以聖人持之，未始離於中也，然視前世已文矣。今猶以爲野，則其變窮而無所復入也。救文以忠，吾固不能以反古之道爲下，不倍實，不敢違夫從周之心。亦惟規摹前世，行之於家，達之於天下，一遵夫《洛誥》、《周官》之典，亦不啻郁郁之文矣；憲章當代，施於金石，越於聲音，慨想夫《鳧鷖》、《既醉》之風，亦不啻雍雍之美矣。禮從先進之議也，以導其志，而周旋、褌襲、降陞、俯仰，有周公之法度存焉，而繁禮飾貌不能以徇今世之觀也；樂從先進之作也，以和其聲，而曲直、繁省、廉肉、節奏，有大樂之鏗鏘在焉，而代變新聲不足以阿世俗之好也。是何也？周之初，非不文也，質未嘗不存；周之末，文也，而質已盡也。天下靡靡焉日趨於僞，此夫子所以從先進之志，豈非示禮樂之教於天下耶？」評謂：「離奇夭矯，卻是渾涵不露，眞《史》、《漢》文字，非制義文字也。」「原評擬之《史》、《漢》，未免太過；方之唐宋八家中，其歐、曾之流亞歟？」

卷三錄其《論語》「所謂大臣者」一節題文：「大臣所以事君者，惟其道而無所徇也。夫人臣負天下之望，非偶然也。道在吾而無所徇於天下，此其所以爲大臣也與？且夫人臣同有委質之義，而大臣獨負乎不世之名，固其所挾持者甚大而其所守者甚堅也。是故天下有所謂道者，是爲天理之當然、人倫之極致，天下之所以治亂、生民之所以休戚繫乎此也。大臣者窮而在下，固以之爲修身之具；達而在上，即以之爲治平之資。是以佐辟明時而當論思

獻納之際，所以自靖而獻於吾君者，必大猷之是程，而不敢曲學阿世以規世主一切之好；股肱王室而有謨明弼諧之風，所以造膝而告於爾后者，必皇極之敷言，而不肯枉道徇人以隨流俗因循之論。君所謂可而吾否之，君所謂是而吾非之，君所謂俞而吾籲之，有見於道而已，凡其夙夜匪懈而懷勵翼之心者，惟欲致吾君於堯舜也；一家非之而無所顧，一國非之而無所顧，天下非之而無所顧，不忘乎道而已，凡以旦夕承式而極忠愛之忱者，惟欲復斯民於唐虞也。然使吾言用則天下受其福，而吾亦安享其榮；吾言不用則天下受其害，而吾亦無所於徇。忠言嘉謨而有所不合，則高爵厚祿不可以一日而縻吾之身；道德仁義而有所不入，則虛辭縟禮不可以一朝而變吾之志。蓋吾之身非吾之有也，斯道之身也。道期於可，可則道在焉，而不能以不留，吾為道而留也；道期於不可，不可則道亡焉，而不容以不止，吾為道而止也。夫其要之以必去，而所謂以道事君之義益彰矣；以道事君，而天下之望愈重矣。若夫始之以誇大之詞，而卒徇之以卑近之說，勢之所順或以達其忠，而勢之所逆遂依阿洴滋以為容，是具臣之類也。」評謂：「嚴詞偉義，屹然如山。坊刻為穆孔暉墨，然亦小有同異。」「實理中蘊，浩氣直達，儼如宣公對君之奏，朱子論學之書。」

　　卷三錄其《論語》「顏淵問為邦……樂則韶舞」題文：「聖人告大賢之問，亦以禮樂治天下而已。夫虞夏商周，天下之盛王也，其為禮樂可知矣，聖人之所以治天下，宜其有取於此與？昔顏子問為邦而夫子告之，以為：天下之治皆本於一人之心，苟非建中和之極則，法制之所驅率者亦末也。惟四代之禮樂可稽已，是故治曆明時，聖人所以奉若天也。自三王疊興而三統備焉，殷之建丑，月窮而星回，制非不善也；周之建子，剝盡而復返，義非不精也。孰與夫人紀之建，所以終天地之功？吾得夏時焉，以坐明堂，以班正朔，無非後天而奉天，蓋巍巍乎神禹文命之敷矣。至於文質異尚，三王之道若循環。然商質尚矣，而吾不純用夫質也，用其質之中者，而輅其在所乘乎，蓋以渾堅之體而無雕幾之失，視金輅之重、玉輅之靡為太過焉，於以具王者之法駕，以備巡狩而事臨幸，蓋渾渾乎成湯之建極也；周之政文矣，而吾不純用夫文也，用其文之中者，而冕其在所服乎，蓋以玉藻之度而稱龍卷之儀，視夏后氏之收、殷人之冔為不及焉，於以具王者之法服，以事天地而享鬼神，煌煌乎文武成康極文之世也。至於樂者，中聲之所止、陶冶人心於太和者也，則虞舜為不可及已，九韶之舞，吾其象之。大樂與天地同和，而聲容一倣於虞

廷之盛，眞若有以揖讓於群后之間，而親見夫百獸之舞。是又軼三代而進之矣。是知奉天而備商周之法物，端冕而聽有虞氏之遺音，內寔根於精神心術之微，而外有以兼夫禮樂法度之備。夫子所以綜百王而垂萬世之法者寔在於此，非顏子，其孰得而聞之？」評謂：「和平之音淡薄，歡愉之詞難工，昌黎猶爲文士言之也。試誦周召歌雅，當自悔其失言矣。此等文亦當以是求之。」「貴重華美，如陳夏商間法物，其於禮樂亦彬彬矣。」

　　卷三錄其《論語》「性相近也」一節題文：「聖人之論性，必原其初而稽其所以異也。夫性之在人，未始甚異也。異生於習，而末流之弊然耳，豈可以之誣性耶？聖人欲天下之愼其習也。且夫天下之人品不可以概論也，以其相去之遠而皆諉於性之故，其誣性也亦甚矣。殊不知性者，人之所受於天者也，自其性而言之，有氣稟不齊之等，而未接乎事物無窮之變。惟皇上帝，所以鼓舞於大化之權而與之以保合之道者，兼覆而不私，則亦曲成而不偏，而陶冶之下，固不甚區別於其間。雖理之所在不能不乘乎氣以行，而天地之正性常墮於氣之中者，固其勢之不一也；然氣之所在未逐於物之累，而眞精之妙合尙混於氣之中者，亦其勢之未漓也。故清而厚者可以謂之質之美，而未可必其爲智而爲賢；薄而濁者可以謂之質之惡，而未可必其爲愚而爲不肖。蓋人爲之功未見，則天地之功未成；而濟惡之迹未著，亦不可懸定以不才之名。而賢不肖混混焉者，君子可以觀其初矣。至於習者，人之所以移其天者也，自其習而言之，以其氣稟不齊之等，而接乎事物無窮之變。眾庶馮生，所以交鶩於酬酢之紛而沿之以習尙之異者，殊途而百出，則亦貞勝而不已，而末流之所至，固不能挽而回之。有率其性之所近者，休養滋息而遂至於不可勝用；有反其性之所有者，矯克變易而莫測其所歸。故厚而清者可至於聖，亦或罔念而至於狂；薄而濁者可至於愚，亦或克念而至於聖。蓋人爲之功既見，則天地之功亦終；而違離之行既彰，斯自致於悖德之地。而賢不肖遼絕焉者，君子可以觀其終矣。是知人品之異在習而不在性，則知謹修之功在人而不在天。諉諸天而不知自盡，此天下之所以迷於習而不自返、遷流正性而失厥中也久矣。」評謂：「沈潛儒先訓義，積之深醇而出之顯易。然非浩氣充溢，則亦不能若是之揮斥如志也。」

　　卷四錄其《中庸》「喜怒哀樂之未發」二節題文：「《中庸》論人心體用之妙，而推之以極功化之隆也。夫人之所爲心者，性情而已，而天下之道在是焉。則功化之隆，孰謂不由此以致之哉？君子是以知心之爲大而道之不可離

也。且夫世之論道者，多求之廣博泛濫之地，而不知夫反己致約之功，取之吾心而足也。何則？喜怒哀樂，此匹夫匹婦之所同，而夫人之所必有者也，道初不外是矣。故自其未發也，外之所以感於吾者不至，而中之所以應於外者未萌，時則幾藏於密，而鑒空衡平之體立於無感無形之先，初未嘗有倚於事物之偏者，而謂之中焉；自其已發也，外之所以感於吾者既至，而中之所以應乎外者遂形，時則機動於有，而物來順應之際得夫揆事宰物之宜，初未嘗或戾其性命之正，而謂之和焉。惟中也，則處於不偏之地而至虛，以待天下之實，沖漠無朕之中而萬象畢具，取之不竭，用之不窮，淵乎天下之大本也；惟和也，則循其大道之公而至正，以通天下之志，事物無窮之變而一理以貞，放之四海，推之萬世，坦乎天下之達道也。觀於其大本，可以見性之無所不該而萬事萬化之所出矣；觀於其達道，可以見情之無所不通而萬事萬化之所行矣。人惟自失其本然之正，斯有以闕其功用之全。夫苟自戒懼而約之，致吾之所謂中者，非有加也，養其性使不至於鑿而已；自謹獨而精之，致吾之所謂和者，非有外也，約其情使不至於漓而已。中既無所不盡，由之可以昭格於宇宙，而淵默之所潛孚大地，亦此中也，自有以順其紀而成其範圍之功，而覆載生成，不失其常，是大本之所包涵者固如此也；和既無所不盡，由之可以丕冒乎群生，而忻歡之所變通萬物，亦此和也，自有以若其生而普其曲成之化，而蹊行喙息，各得其所，是達道之所充塞者固如此也。是知莫大於位天地、育萬物，而不外乎喜怒哀樂已發、未發之間。功如此其約也，效如此其大也。君子之求道，果在於遠也乎？而可以須臾離乎？」評謂：「看得宋五子書融洽貫串，故縱筆書之，有水銀瀉地、無竅不入之妙。惟『致』字功夫尚未寫出全身耳。」

卷四錄其《中庸》「舜其大知也與」一節題文：「《中庸》論聖人之所以為大智者，以其能公天下之善而已。夫善在天下而不憚於取之，則合天下以成其智矣，茲其所以為智之大，而斯道之行亦與有賴焉者也。且夫道之不行也，小智者隘之也；道之行也，大智者廓之也。古有聰明四達而不牿於聞見之心，明哲無疆而同運於天下之大者，得之有虞氏焉。蓋常人以己之智為智，則拘而有所不及；聖人以天下之智為智，斯大而無所不通。故濬哲之資，不敢自謂曰予聖，諮詢之忱，汲汲於當宁，而屈體以下問，皆出於延訪之虛懷；都俞之餘，不敢自謂其已足，體察之勤，惓惓於邇言，而博采之所及，不遺於芻蕘之至賤。至於言之惡而悖於吾心者，吾不能枉天下之非，而亦無樂於暴

揚其所短；言之善而當於吾心者，吾不能枉天下之是，而尤喜於宣播其所長。是又於問察之外，有以見其廣大光明之度。聖人固無意而為之，然所以使天下敢言而不憚、樂告而無隱者，亦於斯焉在矣。至是而天下之人無隱情，而天下之中無遺用。觀其會通，而兩端之執，精以擇之；行其典禮，而用中之極，一以守之。凡所以辨其孰為過、孰為不及而孰為中，犁然於聖人之心而沛然於天下之故者，皆自夫人有以啟之也。於此可見舜之所以為舜者，非有絕德卓行以立於天下之所異，實能合併為公以得於天下之所同。光天之下，至於海隅蒼生，莫非有虞氏之智也，茲其所以為大也歟？苟為自廣狹人，而欲以一己之見格天下者，其愚孰甚焉？」評謂：「不創奇格，循題寫去，而法度之變化因之。文境清粹澹逸，稿中上乘。」

卷四錄其《中庸》「雖聖人亦有所不知焉」一句題文：「以聖人而有遺知，可以見道之費也。夫以聖人無所不知，而猶有遺知焉，則道又出於聖人之外矣，道不既費矣乎？何則？語道而至於夫婦之所能知，宜天下人人皆知之也，而又有聖人之所不知者，何哉？蓋無不知者，聖人之心也，故聖人以心冒天下之道，於是乎道不能勝；聖人有不知者，聖人之勢也，故道常包於聖人之外，於是乎聖人不能勝道。聰明緣耳目而有也，苟不著於耳目，則聰明將無所寄，雖窮神者或病於兼照之有遺；睿智由心思而得也，苟不涉於心思，則睿智將無所通，雖達化者尚阻於週知之不逮。東海有聖人出焉，此心同，此理同也；西海有聖人出焉，此心同，此理同也。其所知者此耳，至於宇宙之寥廓，豈能一一盡履其地而窮其變態之賾？千百世之上有聖人出焉，此心此理無不同也；千百世之下有聖人出焉，此心此理無不同也。其所知者此耳，至於古今之遼邈，豈能一一盡當其時而得其損益之故？我觀夏道，杞不足徵也；我觀商道，宋不足徵也。非不能徵也，勢也，聖人亦無如之何也。六合之外，存而不論也；六合之內，論而不議也。非不能議也，勢也，聖人亦無如之何也。蓋自聖人觀之，其所不知者，其不必知者也，其不必知者，無傷於聖人之知也，而天下不得以聖人病道；自道觀之，聖人之知者，道固在也，聖人之不知者，道又在也，而天下始得以道病聖人。故曰聖人而有遺知者，可以見道之大也。」評謂：「從聖人無所不知處講到不知，既不貶損聖人，而道之費處益顯，並題中『有所』字虛神亦透。」

卷四錄其《中庸》「周公成文武之德……及士庶人」題文：「聖人制禮於天下，緣諸人情也。夫禮者人情而已，禮不行則情不遂，聖人所以曲為之制

也歟？今夫匡世善俗、制禮作樂，道之行也，成文武之德者，周公其時矣。周公運量天下之心，無所不至；而根本節目之大，尤先於孝。是故上爲君思之，下爲民思之。我爲天子矣，而使其親不得享天下一日之養；我爲天子而得以自遂矣，而使天下常有存歿無窮之憾。思之於心，必有大不安者，心之不安，禮之所由起也。於是以祖宗之心爲己之心，王號之崇、王祀之隆，近者備物而遠者亦不失九鼎之榮，勢有所窮而心固無所隔也；又以己之心爲天下之心，祭祀之制、喪服之式，尊者致隆而卑者亦得罄其一日之情，分有所限而心固無所不盡也。蓋天子躬行於上，而六服承式於下。廟貌之新，隱然仁人孝子之意；而律令之著，油然慎終追遠之心。可謂極天理人情之至，而會本末源流於一矣。此周公制禮之本也，此聖人得志於時者之所爲也。」評謂：「古氣磅礴，光焰萬丈。祇是於聖人制作精意，實能探其原本，故任筆抒寫，以我馭題。此歸震川之絕調也。」

卷四錄其《中庸》「郊社之禮」一節題文：「聖人制一代之祀典，而通其義者達於天下無難也。夫天下之治不易言也，而自饗帝饗親者以達之，其精也，非聖人莫之能爲矣。《中庸》論武王、周公之道而贊之如此，若曰：大哉，聖人之制乎！顯之而爲儀文之備，至著之象也，天下之所可得而見也；涵之而爲性命之原，至微之理也，天下之所不可得而知也。是故兩郊之建，有所謂郊而有所謂社，聖人之爲斯禮者，固以爲天覆地載，吾成位乎其中，而思所以事之，多日至於地上之圓丘以兆陽位，夏日至於澤中之方澤以兆陰位，我將我享，所以隆昭事之誠也；七世之廟，或事於禘而或事於嘗，聖人之爲斯禮者，固以爲祖功宗德，吾承藉於其後，而思所以事之，五年一禘而殷禮之肇稱，四時一嘗而春秋之匪懈，致愛致愨，凡以盡對越之忱也。夫郊社而曰事上帝，則以吾之所以爲人者合於其所以爲天，而其禮必有以出於燔柴瘞埋之外；宗廟而曰祀乎其先，則以吾之所以爲明者合於其所以爲幽，而其義必有以超於裸獻饋食之表。故明其禮者，則吾之心即聖人享帝之心，自此以得乎運量宇宙之機，窮神知化，通乎禮樂，上帝居歆者此心也，黎民於變者亦此心也，皇極敷錫而相協億兆之居，不勞顧指而可致矣；明其義者，則吾之心即聖人享親之心，自此以得乎經綸天下之具，盡性至命，本於孝悌，祖考來格者此心也，群后德讓者亦此心也，帝道可舉而邁登三五之治，不動聲色而自裕矣。要之，以聖人之心思而弘爲一代之制，故達一制之原而會本末源流於一者如此。噫，非天下之至精，其孰能與於此？」評謂：「如何明得郊

社之禮、禘嘗之義，便治國如示諸掌？每苦鶻突。文於聖人制作處，寫得深微，早透治國消息。轉落下三句，自然清醒，以能於『所以』二字撥動機關也。刊削膚詞，融洽精義，題文如林，此爲岱華矣。」

卷四錄其《中庸》「小德川流」二句題文：「道之在造化者有萬殊一本之妙焉。夫盈天地之間莫非道也，而萬殊一本於此見之矣，斯造化之妙，而非聖人莫之與配也。《中庸》以仲尼之德言天道及此，謂夫：不觀天地，無以見聖人之德；而不觀聖人之德，無以見天地之大。是故萬物之生、日月之運、四時之紀，均之爲德之所在也。夫苟因其相軋之迹而至於害且悖焉，則疏略而無條理，而天地之化窮矣，今而不害不悖有如此者，斯不謂之小德而如川之流者乎？道固無所謂小也，而自其萬者而觀之，斯則有見於分，而謂之『小德』焉。蓋大化運行之中，無一物而不取足於天地之性；則其分佈散殊之際，亦無一物而不各涵其天地之全。雖其理未嘗不一，而其變蓋有不可勝紀者矣。支分派別，大與之爲大，小與之爲小，莫不犁然各得，以昭其不齊之用而衍其不息之機。道在一物，一物一道也；道在萬物，萬物各一道也；道在日月四時，日月四時又一道也。三者同出而異用，此造化之所以爲萬殊而不可和也。夫苟任其區類之別而不能並育並行，則小者散漫而無統紀，而天地之化又窮矣，今而並育並行有如此者，斯不爲之大德而敦厚其化者乎？道固無所謂大也，而自其一者而觀之，斯則有見於合，而謂之『大德』焉。蓋交錯於宇宙之間而散之在物者，則有萬殊；根柢於於穆之命而本之在物者，則無二致。雖其變至於不可勝紀，而其理有未嘗分者矣。渾淪磅礡，統之有宗，會之有原，固有大而無外，以運其合同之機而敦其淳龐之化。一物之道，即萬物之道也；萬物之道，即日月之道也；日月之道，即四時之道也。萬象異形而同體，此造化之所以爲一本而不可漓也。是知小德者，一之所以分而爲萬也，而仲尼之泛應曲當者以之；大德者，萬之所以統於一也，而仲尼之一理渾然者以之。此仲尼之所以同天地歟？」評謂：「玩《注》中『全體之分』、『萬殊之本』八字，則大德、小德原不是直分兩截。敦化，『敦』字即《易傳》『藏諸用』『藏』字意；『川流』二字即『顯諸仁』『顯』字意。無心成化，天地之功用即在其中。文能細貼《注》意，發揮曲暢。」

卷四錄其《中庸》「是以聲名洋溢乎中國」一節題文：「《中庸》贊至德之遠被，而與天爲一焉。蓋德至於聖，則化之溥也同天矣，天亦烏能獨爲其大哉？且夫中和位育之道，可以合天地萬物者，聖人稟其全焉，若是而可以一

世之事業論之耶？是故溥博、淵泉，吾之德也，敬信而悅民之心也。以是心而觀於天下，則天下無異心，聖人作而萬物睹，光被於禮樂之區，而四海九州近天子之光而誦盛德者何限也，而聖人之德在中國矣；以是心而觀於蠻夷，則蠻夷無異心，中國治而四夷服，混一於華夷之界，而九夷八蠻知中國之有聖人而致賓貢者何限也，而聖人之德在夷狄矣。然此猶可以道里疆界求之也，至於舟車之可以至，人力之可以通，八荒之外明主所以不賓者，則固累譯不能通，而非獨風氣之殊而已；推之又其遠者，至於天地之所覆載，日月霜露之所照墜，六合之內聖人所以不議者，則固人迹所不至，而非特嗜好之異而已。然在含生之類，莫不有血氣心知之性；則德化之充塞，而自極鼓舞感通之速。亶聰明作元后，其尊之之心同也；元后作民父母，其親之之心同也。蓋德以存神，神無體，固莫知其方；業以致化，化無迹，故莫究其所窮。若是而不謂之配天乎哉？天之廣大，謂其無遺化也，物未有出於天之外者也；聖人之廣大，謂其無遺澤也，物未有出於聖人之外者也。彼德不若聖人而強世以就我者，十室之邑，教且不行，而可以語是也哉？」評謂：「題句一氣貫注，用法驅駕，則神理易隔。似此依次順敘，渾然大成，無有畔岸，化工元氣之筆也。」

卷五錄其《孟子》「權然後知輕重……心為甚」題文：「大賢即物之當度，以明人心之尤當度也。蓋心者萬化之原也，本原之地既昧，而何以處天下而使之各得其所哉？有志於治者，亦審於此而已矣。昔齊王明於愛物而昧於保民，以其在我之權度有差也，故孟子教之。以為天下之物，其始輕重混焉而已，聖人制為權焉，由是物之不齊者犁然各以情見，一聽之於無心之權而不失於黍累，蓋權誠懸而不可欺以輕重矣；天下之物，其始長短混焉而已，聖人制為度焉，由是物之不一者粲然各以分殊，一付之於無心之度而不失於毫釐，蓋度誠設而不可欺以長短矣。故使五權之鈞一日而廢於天下，而手之所揣而知之者有幾也；五度之審一日而廢於天下，而目之所測而知之者有幾也？況於人之為心，所以應天下之變者，推移俯仰，不容以一定，而天理之本然而不容已者，亦莫不有自然之權；心之為物，所以通天下之故者，進退屈伸，莫知其紀極，而天理之當然而不可易者，亦莫不有自然之度。存於一心者至微，而運量於宇宙者至廣，九族之親由之以睦也，四海之大由之以理也，可以任其迷繆而不之察乎？根本於一念者甚約，而充極於天下者甚大，庶物之生由之而遂也，庶草之生由之而蕃也，可以恣其悖戾而莫之省乎？蓋物之輕

重有定質，而心之爲輕重者無定質，執其無定質以爲有定質，而天下之權在我矣；物之長短有定形，而心之爲長短者無定形，執其無定形以爲有定形，而天下之度在我矣。然則世主誠患於察識之無機，而又何疑於推恩之不易也哉？」評謂：「精理明辨，如萬斛源泉隨地騰湧。」

卷五錄其《孟子》「爲我作君臣相說之樂……好君也」題文：「大賢述齊人之樂而繹其詩，所以致意於其君也。夫樂以『相悅』爲名，其意美矣，而『畜君』之詩，尤足以諒臣子之心者，此大賢述古之微意歟？且夫君臣之際至難也，君常患於不得其臣，而臣常患於不遇其君。景公之於晏子，何其相遇之深也！蓋其從諫之美，既已推行於致治；而聲歌之盛，尤足於聽聞。其命太師也則謂之『相悅之樂』，亦自負其明良之合而遭逢際會之不偶，悅豫之深而宣志達情之不可已也，信非無因而強作者矣。故今雖世遠人亡，音存操變，而所傳《徵招》《角招》者尚未泯也。徵以爲事，角以爲民，當時之志不在逸豫矣，而其音響則《大韶》之遺，蓋敬仲之傳而太師職之者也；爲君則澤不壅，爲事則務不叢，世主之好尚可知矣，而其節奏則九成之舊，蓋瞽師所掌而肄業習之者也。誦廟朝之遺音，觀內史之記載，而景公君臣之際豈不可尚也哉？且其詩曰『畜君何尤』，此尤足以知晏子之心而極揄揚之妙者也。蓋人主乘其崇高之勢，凡可以恣其欲者可以無不至，而不知夫娛耳目、悅心志之爲禍階也；人臣戀其豢養之恩，凡可以順其欲者可以無不至，而不知夫導淫欲、固恩寵之爲亂萌也。若夫好君之至者，則不得不慮其患；慮君之至者，則不得不止其欲矣。然則逆耳之言，固忠讜者之爲心；而陳義之詞，非世主之藥石乎？晏子畜君而君諒其爲心，今之述晏子之事以畜王者，王不知其何如也？」評謂：「無起無落無煞，不得不行，不得不止，金石叩而風水遭，其斯文歟？」「鏗鏘杳渺，其聲清越以長。」

卷五錄其《孟子》「父子有親」五句題文：「聖人所以立教於天下者，因天之敘而已。夫天敘有典，聖人因而教之，則亦天而已矣，而人何與哉？自古之稱至治者曰唐虞，而唐虞君臣相與吁嗟於一堂之上，不忍斯世之胥禽獸也，於是有董教之官焉，於是有迪教之方焉。蓋聖人固不忍坐視斯民之顒蒙以愚天下，亦不出一己之私智以強天下，惟於其天之所在而加之意焉耳。是故其實不出於人倫日用之間，而其大不越父子君臣夫婦長幼朋友之際。以言父子，其相屬以恩也，慈孝合而爲親，是固其不可解於心者也，聖人亦使之相親而已矣；以言乎君臣，其相臨以分也，忠敬合而爲義，是故不可逃於天

地之間者，聖人亦使之相安以義而已矣。夫婦者天作之合，其偶也不可亂也，聖人明之以室家之道而別焉，燕私之好不形也；長幼者天秩之分，其序也不可紊也，聖人明之以齒讓之節而序焉，徐行之間亦其道也。至於朋友之交，其聚之也本以其心，則其與之也固無樂乎僞矣，故信以成義，而交必以信，是又聖人之教也。若是者，莫非因天之道以施正德之事，順帝之則而非強世之爲。天下未有聖人之教，則固有不親者矣，有不義者矣，有無序無別而無信者矣，然而其天也，人心不死也；天下既有聖人之教，亦儘其爲父子者耳，儘其爲君臣者耳，儘其爲夫婦長幼朋友者耳，是故其天也，帝力何有也？吁！此唐虞之所以教者固如此也，抑亦以見聖人之勤勞於天下也，而暇耕乎？」評謂：「實疏處似稍遜丘（濬）作，而結束精神，迥出丘作意象之外，故足與之埒。」

　　卷六錄其《孟子》「孰不爲事」一節題文：「大賢原事、守之要，而深探其本焉。夫親親乃百行之原，而身則萬化之所由基也，然則親、身非事、守之要乎？而其道之大蓋可見矣。且天下之道，求之於散殊，則浩博而難盡；會之於本原，則要約而可循。所謂親、身爲事、守之大者，果何謂哉？蓋自天下以分相維，而有所謂以卑承尊之道焉。凡崇事於君親兄長之間，而因嚴以致敬者，夫孰非事之類也，而非其本也。求其本，則惟事親焉盡之。蓋愛隆於一本，而良心之發自昭懇惻之誠，由其懇惻之不容已者而以時出之，則禮擴於因心，而隨在著欽承之節；情切於天親，而真性之形自極愛慕之至，由其愛慕之不可解者而以義起之，則道昭於所值而無往非敬應之忱。以之事君，而忠道形也，而孝之理形於君矣；以之事長，而順性成也，而孝之理移於長矣。雖分因人異，不可以強同，而運此心以達之，則自成聯屬之勢。事親非事之本乎？自天下以道相守，而有所謂制節謹度之義焉。凡斂約於身心家國之餘，而循分以自守者，夫孰非守之類也，而亦非其本也。求其本，則惟守身焉盡之。蓋天下之感遇不齊，而皆由吾身以立其本，吾惟愼厥身修，範圍其則而不過，則本原自正而儀刑之道存焉，而所以式和民則以務爲定保之圖者，取則於吾身而不遠；吾人之倫類不一，而皆由我以神其化，吾能克愼明德，陳之藝極而無愧，則標準既立而軌物之道在焉，而所以錫汝保極以懋建安寧之術者，順成於觀感而無難。自是而閑有家，則敦睦九族，而守家之道因於此矣；自是而均邦國，則平章百姓，而守邦之道因於此矣。雖勢因分異，不可以強一，而由吾身以出之，自有默成之感。守身非守之本乎？夫

知事親爲事之本，則事之大者無有過於此者矣；知守身爲守之本，則守之大者無有過於此者矣。君子於事、守可不知所先務哉？」評謂：「歸震川文有二類，皆高不可攀。一則醇古疏宕，運《史記》、歐曾之義法而與題節相會；一則樸實發揮，明白純粹，如道家常事，人人通曉。如此篇及『堯舜之道』二句文，他家雖窮思畢精，不能造也。」

卷六錄其《孟子》「天子一位」一節題文：「大賢詳周室班爵之制，內外各有其等也。夫爵者，先王所以列貴賤也，內外異等而天下之勢成矣。且夫有天下者不以自私，而選賢與能，以與天下共焉，茲明王所以奉若天道者也，而制盡於成周矣。自其通於天下者言之，蓋無所不統謂之天子，天子無爵也，而爵之所尊也，六合之內無以加矣。於是乎天子端冕於內，六服承辟於外，錫之命而重藩翰之寄，胙之土而同帶礪之盟。公也侯也伯也，各一位也，名異而等不同也；子也男也，同一位也，名異而等不異也。合之凡五等矣。要之，先王非私天下而相與爲賜也，顧寰宇之廣、億兆之眾，苟非聞見之所及，則智慮有所不周，而天下之情必有壅而不通者矣。故爲之眾建諸侯，而使之錯壤以居，以大弼成之義，而內外相統，遠近相維，則運臂使指之勢以成，而五服之長，外薄四海矣。然則有天子必有諸侯，有諸侯必有公侯伯子男者，勢也，此先王所以聯屬天下而儘其大者也。自其施於國中者言之，蓋自天子至於子男皆謂之君，君詔爵者也，而爵之所先也，域中之大無以加矣。於是乎各君其國，則各統其臣，論官材而俾之咸熙庶績，亮天工而俾之弼予一人。卿也大夫也，各一位也，官異而秩亦異也；上士也中士也下士也，各一位也，士同而品不同也。合之凡六等矣。要之，先王非侈名號而相與爲榮也，顧委寄之重、幾務之叢，苟非耳目之所寄，則聰明有所不及，而天下之事必有偏而不舉者矣。故爲之廣置官屬，而使之分職以治，以盡協恭之責，而上下相承，體統相係，則絲聯繩牽之勢以成，而九牧之倡，阜成兆民矣。然則有君必有臣，有臣必有卿大夫士者，亦勢也，此先王所以經理一國而儘其細者也。是知合六等以治五等之國，合五等以一天下之勢，周室班爵之制有如此者。」評謂：「其議論則引星辰而上也，其氣勢則決江河而下也，其本根則稽經而諏史也。故自有歸震川之文，制義一術可以百世不湮。」

卷六錄其闈墨《孟子》「天生烝民」一節題文：「大賢引《詩》與聖人之言，所以明人性之無不善也。夫性出於天而同具於人者也，觀《詩》與孔子

之說，而性善之言不益信矣乎？孟子告公都子之意至此。謂夫性善不明於天下，蓋自諸子之論興而不能折衷於聖人也。昔孔子嘗讀《烝民》之詩而贊之矣，詩言『天生烝民，有物有則。民之秉彝，好是懿德』，是詩人所以為知道而通於性命之理者也。蓋造化流行發育萬物者，莫非氣以為之運；而眞精妙合所以根柢乎品彙者，莫非理以為之主。惟其運乎氣也，而物之『能』成焉；惟其主乎理也，而物之『則』具焉。肖形宇宙，謂之非物之象則不可，而有不囿於象者即此而在，其本然之妙，若有規矩而不可越，是聲色象貌皆道之所麗焉者也；稟氣陰陽，謂之非物之形則不可，而有不滯於形者隨寓而存，其當然之法，若將範圍而不過，是動作威儀皆道之所寄焉者也。有一物必有一物之則，天下之生久矣，天不變而道亦不變，蓋有不與世而陞降者矣；有萬物必有萬物之則，生人之類繁矣，同此生則同此理，蓋有不因時而隆汙者矣。是以懿德之好，協於同然；而好爵之縻，通於斯世。仁統天下之善，義公天下之利，天下均以為仁義而孜孜焉樂之不厭，以為其出於性耳，不然，一人好之而千萬人能保其皆好之乎？禮嘉天下之會，知別天下之宜，天下皆以為禮知而忻忻焉愛之無窮，以為其性之所同耳，不然，則好於一人而能保其達於天下乎？可見天下之情一也，而同出於性；天下之性一也，而同出於天。性善之說，折衷於孔子，而諸子紛紛之論不待辨而明矣。」評謂：「舉孔子以折服諸子，不是單引《詩》詞，故歸重孔子。『贊』與《詩》同詞，故但直出《詩》詞，而重發下文。此先輩相題最精處。文之渾雄雅健，在稿中亦為上乘。」

　　卷六錄其《孟子》「堯舜之道」二句題文：「聖人之道，不越乎庸行之常也。夫庸行之常，性之所能也，循性以行，而聖之所以為聖者在是矣，而豈可求之高遠乎？孟子所以起曹交之儒也。意謂：天下之望聖人也太高，而居聖人於絕德，而不知其道之易也。是故堯大聖人也，後世無及焉；舜大聖人也，後世無及焉。語其神聖文武之盛、欽明濬哲之懿，而其道之廣博包涵，悠遠纖悉而無所不盡也；語其光被充格之極、至誠感應之妙，而其道之丕冒洋溢，漸積流行而無所不際也。宜其望而畏之矣。殊不知天下一性而已，而帝降之衷由於付授之公，而眾人無所不與；性一孝弟而已，而知能之良與於夫婦之愚，而聖人於我無加。灑掃應對，積實於庭除，而充之可以達天德，宮庭隱約之際，而道之簡易明白不可離也；雍睦愷悌，敷和於閨闥，而出之可以極神化，行止疾徐之間，而道之切近精實不可遠也。行吾孝而孝焉，孝

之盡而爲聖人焉，率吾性之仁而已耳，仁吾之所同具也，孝吾之所同得也，仁具而真愛形，孝立而天性遂，凡天下之有親者胥能之矣，堯舜蓋盡天下爲子之職者也；行吾弟而弟焉，弟之盡而爲聖人焉，率吾性之義而已耳，義吾之所同具也，弟吾之所同得也，義藏而至敬顯，弟立而天機達，凡天下之有兄者胥能之矣，堯舜蓋盡天下爲弟之職者也。先王有至德要道，而流行於百姓之日用；聖人非絕世離群，而徐行乃舉足之可能。求道於堯而堯不可爲，求堯於孝弟而堯不遠矣；求道於舜而舜不可幾，求舜於孝弟而舜邇矣。然則曹交之徒，猥以形氣自限者，真暴棄之流也耶？」評謂：「堯舜之道與孝弟交關處，探源傾液而出之。樸實醇厚，光輝日新。」

卷六錄其《孟子》「宋牼將之楚」一章題文：「大賢聞時人有以利說君者，因遏其欲而擴之以理也。夫拔本塞源，聖賢教世之心也。觀其於時人問答之間，可概見矣。昔宋牼將爲適楚之行，孟子遇於石丘之地。邂逅之際，見此大賢，可謂遭逢之幸矣。孟子未知其所往，故問其所之，而欲得其說也。牼則曰『吾聞秦楚交惡，兵民重遭其困，吾將入楚則說楚，入秦則說秦。庶幾失此在於得彼，二王期於一遇也，兵民於此獲休息乎？』牼之志如此。孟子欲攻其所蔽，故不求其詳，願知其指也。牼則曰『吾謂秦楚構禍，彼此兼失其利，秦固爲失，楚亦未爲得。使知不利之爲非，將謂利之是從也，吾言舍是無餘策矣。』牼之號如此。孟子於是揭諸古聖賢之道、人心天理之不可泯滅者告之。曰：天下紛紛於爭，而先生從而欲息其爭，志則大也；人心滔滔於利，而先生從而和之以利，號則不可。且義利之辨嚴矣，先生以利說乎二王，上悅而下從之，由是國之有臣、家之有子弟，爭以利心事其君親，天理亡而人欲肆，不奪不厭，其亡也忽焉，天下自此多事矣；先生以仁義說乎二王，則上倡而下從之，由是臣之於君、子弟之於父兄，莫不以仁義激於中，人欲泯而天理明，不後不遺，其興也勃焉，天下自此太平矣。先生何必以大志而用乎小，舍仁義而求之於利哉？是則誤其說則其害甚大，擴以理則其效甚速。解紛息爭，莫有要於此者。先生行矣，其以吾言告諸秦楚，吾將拭目而望太平之有日也。」評謂：「此自來選家所推爲至極之作，其清醇淡宕之致自不可及。但必以此爲稿中最上文字，則尚未見作者深處也。」

卷六錄其《孟子》「有安社稷臣者」一節題文：「大臣之心，一於爲國而已矣。夫大臣，以其身爲國家安危者也，則其致忠於國者可以見其心矣，其視夫溺於富貴者何如哉？且夫富貴爲豢養之地，榮祿啓倖進之媒，人臣之任

職者或不能以忠貞自見矣。而世乃有所謂安社稷臣者，何如哉？蓋惟皇建辟
而立之天子，非以爲君也，以爲社稷之守也；惟辟奉天而置之丞弼，非以爲
臣也，以爲社稷之輔也。人臣之寄在於社稷而已，顧縻戀於好爵，則移其心
於徇利；嬰情於名位，則移其心於慕君。而社稷之存亡奚計哉？惟夫有大臣
者，敦篤棐之忠，凡所以夙夜匪懈者，不惟其己之心而以君之心爲心；充靖
恭之節，凡所以且夕承弼者，不惟其君之心而以天下之心爲心。謨謀於密勿
者，必其爲宗社生靈長久之計，入以告於爾后，苟無與於社稷者不言也；經
營於廊廟者，必其爲國家根本無窮之慮，出以施於天下，苟無與於社稷者不
爲也。其憂深而其慮長，前有以監於先王，而後有以垂諸萬世，而相與維持
之者，不敢有苟且之意，蓋有所謂國存與存、國亡與亡者矣；其志遠而其守
固，上不奪於權力，下不顧於私家，而所以自樹立者，不敢有委隨之心，蓋
有所謂招之不來、麾之不去者矣。故天下無事，則爲之培養元氣、調理太和
而不違啓處，以置國家於磐石之固；天下有變，則爲之消弭禍亂、攘除災害
而不動聲色，以措天下於泰山之安。不以其身也，以社稷也，其心之切切也
猶夫懷祿者之情也，得之而以爲喜，失之而以爲憂矣；不以其君也，以社稷
也，其心之眷眷也猶夫慕君者之衷也，不安則以爲憂，安之則以爲悅矣。吁！
此大臣之心也。」評謂：「從『悅』字生意，易見巧雋。此文止將『社稷臣』
志事規模切實發揮，不咕咕於『悅』字，而精神自然刻露。與《所謂大臣篇》
同一寫照而氣象又別。觀杜詩可知其志節慷慨，觀震川文可知其心術端愨。
故曰即末以操其本，可八九得也。」

卷六錄其《孟子》「君子之於物也」一節題文：「君子所以施仁於天下者，
惟其序而已矣。大仁所以濟天下，而不以其序則有所不達也。序行，而仁之
體爲無病矣。且夫君子之於天下，凡所與者，孰不思一視而同仁。顧其分之
所在，勢有所不能合；而天之所秩，人有所不能淆。於是乎分殊之說起，而
善推之道行焉。是故其於物也，言有『愛』而已，加於愛而謂之『仁』者，
君子勿之行也。非固狹之以示不廣也，使於物而仁之，則於其所當『仁』者
又將何以待之耶？貴賤不明，而人與物之道混，吾之仁將有所窮也，故君子
不敢紊也。其於民也，言有『仁』而已，加於仁而謂之『親』者，君子勿之
予也。非固小之以示私也，使於民而親之，則於其所當『親』者又將何以處
之耶？厚薄無等，而民與親之道混，吾之仁又將有所窮也，故君子不敢易也。
要之，隨物付物，屈伸俯仰，觀乎彼之所當得者以順其天；以事處事，而錯

綜斟酌，即乎吾之所當施者以循其勢。『親』不以施於民，而有親焉；『仁』不以施於物，而有民焉；物無所與『親』與『仁』，而有『愛』焉。推理以存義，始於家邦而終於四海，以其『親』事親，而以其『親』之餘為天下之民，恩之不可解者，天之合也，化之不可已者，人之合也，辨『親』與『仁』，而疏戚之道著矣；別生而分類，始於匹夫匹婦而泊於一草一木，以其『仁』為民，而以其『仁』之餘為天下之物，可以盡如吾之意者，類之同也，不能盡如吾之意者，類之殊也，辨『仁』與『愛』，而貴賤之義昭矣。吁！此君子之道所以仁義相濟、本末兼舉，無尚同兼愛之失、倒行逆施之弊，而卒不廢於天下也。」評謂：「上截於分割處見輕重權衡，下截於聯遞處見施行次第。各還分際，確實圓融。文之疏達者不能遒厚，矜重者不能優閑，惟作者兼而有之。」

陳思育成本科三甲進士。《欽定四書文》正嘉文卷五錄其《孟子》「舉舜而敷治焉」合下二節題程文。

思育，字仁甫，湖南武陵人，官至禮部右侍郎。《欽定四書文》正嘉文卷五錄其《孟子》「舉舜而敷治焉」合下二節題程文：「大賢敘聖人之任諸人者，表聖人之責諸己者。蓋己不可以遍為也，聖人先任人而己之責塞矣，何以耕為哉？孟子所以闢許行也，意謂：聖人之憂天下無窮，聖人之為天下有要。使與民並耕而為賢，宜莫如堯舜矣。然吾觀堯之為君也不自為也，側陋揚，而登庸之命屬於舜焉，百揆納，而俾乂之司屬於舜焉，蓋方任一相以為之總理也，而他無暇也；舜之為相也亦不自為也，以烈山使益而禹乃治水，雖門之三過弗顧焉，以樹藝使稷而契乃明倫，雖民之自得未已焉，蓋方任庶官以為之分理也，而他無暇也。此可見堯之心非不憂民之憂也，而不皆以責之己也，己之憂，惟不得舜耳，舜得而民之可憂者舜代之矣，己可無憂矣；舜之心非不憂堯之憂也，而不皆以責之己也，己之憂，惟不得禹、皋陶耳，禹、皋陶得而堯之所憂者禹、皋陶代之矣，己可無憂矣。蓋君相之體統、治道之先務有如此者。若乃受百畝之常業，而憂百畝之不治，此獨為農夫者則然耳，彼庶官且不宜爾也，而況於君相乎哉？然則許行之說之妄也果矣。」評謂：「鎔下二節，對上一句，非憑意穿鑿，只緣從『堯以不得舜』二句看出本題原分兩扇，故不煩另起爐竃而局若天成。」